◀ 理解科学文丛 ▶

丛书主编│吴 彤 王 巍

本书为国家社科基金一般项目（19BZX039）、深圳市人文社会
科学重点研究基地"社会治理与创新研究中心" 研究成果

社会技术体制的
生态化转型研究

On the Transition of Socio-technical
Regime for Sustainability

李 平 ◎ 著

科学出版社

北 京

内 容 简 介

深入探讨可持续发展与技术创新的内在关系，改变商业利益至上、忽视生态环境的技术创新模式，正成为学界研究热点。

本书立足社会技术体制的生态化转型主题，分别从技术观、转型社会机制以及转型治理三个方面展开论述，重点探讨三个问题：面向可持续发展的技术创新需要什么样的技术观？生态化转型是如何发生的？基于中国的低碳转型实践，如何更好地推动可持续转型？

本书可供技术社会学、产业创新领域的研究和教学人员、政府相关部门人员以及感兴趣的社会人士阅读参考。

图书在版编目（CIP）数据

社会技术体制的生态化转型研究 / 李平著. —北京：科学出版社，2023.9
（理解科学文丛）

ISBN 978-7-03-076407-2

Ⅰ. ①社… Ⅱ. ①李… Ⅲ. ①技术革新-研究-中国 Ⅳ. ①F124.3

中国国家版本馆 CIP 数据核字（2023）第 181668 号

丛书策划：侯俊琳 邹 聪
责任编辑：邹 聪 陈晶晶 / 责任校对：张亚丹
责任印制：师艳茹 / 封面设计：有道文化

科 学 出 版 社 出版
北京东黄城根北街 16 号
邮政编码：100717
http://www.sciencep.com
北京中科印刷有限公司 印刷
科学出版社发行 各地新华书店经销
*
2023 年 9 月第 一 版 开本：720×1000 1/16
2023 年 9 月第一次印刷 印张：18 1/2
字数：240 000
定价：128.00 元
（如有印装质量问题，我社负责调换）

总 序

当今世界，科学技术的发展突飞猛进，日益成为引领和影响社会文化发展的前端和深层因素。认知科学、人工智能、基因编辑、转基因研究、互联网与社会自动化，以及对于基本粒子和宇宙的探索等，都比以往发展得更加快速、深刻和凸显，人类已经进入一个科技无处不在、不可须臾离开的社会。很明显，这要求人们要更加全面、深刻地理解科学技术的发展及其对社会的影响。

的确，这是一个要求人们更加自觉地知晓和全面理解科学技术的时代；是一个要求人们更加自觉地弘扬科学精神、树立正确的科学观、自觉掌握科学方法与提高全民科学素养的时代；也是一个要求人们以高度反思的精神和眼光审视科学技术的发展，审视科学技术与人文社会科学的关系，审视科学技术与生态文明的关系，促进科学与人文融合的时代。

清华大学科学技术与社会研究团队一直致力于推进更全面、更深刻地理解、运用和反思科学技术的研究。我们的研究获得了学界的高度认可，曾经被评为唯一一个科学、技术与社会（STS）交叉门类的北京市重点学科。

在前期的研究中，我们推出了"理解科学译丛"，意在通过译介国外著名的科学技术与社会研究著作，推动科学技术的社会与文化研究，以飨有志于推进理解科学的有识之士和关心理解科学的广大爱好者。该译丛包括《表征与干预》《科学实验哲学》《科学的社会史》《伊斯兰技术简史》《理解科学推理》《理工科学生科研指南》等，丰富和推动了国内科学技术的社会与文化研究。现在，我们将在以往研究的基础上，开始推出一系列国内学者特别是我们团队自己的研究成果。由于"理解科学译丛"这一名称不足以涵盖这样的研究，同时，为了延续之前的工作成果，做最小的改动，我们把后续的系列工作的名称改变一个字，即改为"理解科学文丛"。

"理解科学文丛"将继续以往的研究道路，并且不断推陈出新，从科学技术的哲学、历史、传播、政策和社会研究等多个视角展开研究。文丛成果陆续问世时，望学界同人给予批评和指正。

在我们继续推进"理解科学文丛"研究之际，原"理解科学译丛"第一主编曾国屏教授于 2015 年 7 月病逝，我们失去了一位老领导与好同事。"理解科学文丛"的继续研究与成果出版也是对他的怀念和对他未竟事业的推动。

编　者

2017 年 5 月

前 言

随着全球气候变暖、生态环境恶化以及能源危机等风险加剧,可持续发展成为全球关注的焦点问题。政府间气候变化专门委员会(Intergovernmental Panel on Climate Change,IPCC)2022 年发布的一系列有关气候变化减缓和适应的报告称,如果所有行业不立即开展深入的减排工作,就不可能把全球平均温度上升控制在比工业化前高出 1.5℃的范围之内。

通过技术创新,实现人与自然的可持续发展,已经成为人类社会的共识和努力方向。然而,我们遗憾地看到,在应对生态风险实践层面,不论是生态技术创新还是相应的政策支持手段,往往事与愿违。如何改变商业利益至上、忽视生态环境的技术发展模式,重新思考技术发展方向,以实现可持续发展的宏观目标? 这成为今天研究的重要内容。面对现代化的陷阱以及技术所带来的生态风险,1970 年弗里曼(Christopher Freeman)、奥尔德姆(Geoff Oldham)等科学、技术与社会(STS)、创新经济学和科技政策学领域的著名学者,发表了《苏塞克斯宣言》(*The Sussex Manifesto*),提出并论述了技术创新为人类可持续发展(innovation for sustainability）服务的必要性和可能性。

一些人文学者提出了绿色技术、生态技术概念，对技术发展的经济利益至上和工具理性倾向提出批评，倡导以可持续发展、生态价值观来引导技术发展。这类研究大多停留在宏观理念规范性层面，较少涉及打开技术黑箱的经验主义和实证主义研究。同时，另一部分学者运用技术创新经济学、管理学、系统科学的分析框架，探讨绿色技术创新的系统动力机制、政策措施。[①]这些研究大多具有实证主义倾向，较少从技术合理性、技术社会选择等视角予以论述。

目前，面向可持续发展的转型（transition for sustainability）研究（简称可持续转型），作为一种中观理论正逐步成为研究热点。该研究试图将规范性和经验性分析结合起来，以深化对可持续发展与技术创新相互关系的思考。[②]2000 年以来，一些欧洲学者秉承新技术社会学的研究传统，通过打开技术黑箱，打破技术与社会二分法，对制度和社会情境中技术体制（regime）的生态化变迁进行了深入的剖析。这些研究探究了社会技术体制（社会技术系统）内部要素的重新配置和替代、技术发展路径依赖的打破，及其向可持续发展方向变迁的机理。这些研究基于扎实的微观案例分析，吸收了 STS、演化经济学创新研究、技术史、治理研究（governance studies），以及社会学的反身现代性（reflexive modernization）研究等多学科理论与概念，尝试形成自身独有的核心理论与方法。

由于是多学科交叉研究，研究进路的理论背景不同，当前围绕社会技术体制的生态化转型这一主题的研究，还仅限于一个松散的启发式框架。相关研究对转型所涉及的核心概念以及概念之间的关系还需进一步厘清，对技术与社会相互作用的分析，尚缺乏对技术本质和技术观的深入理解，研究所依据的理论和方法也尚待商榷。此外，在实践层面，中国政府提出

---

① 戴鸿轶, 柳卸林. 对环境创新研究的一些评论. 科学学研究, 2009, 27(11)：1601-1610.

② Grin J, Rotmans J, Schot J. Transitions to Sustainable Development: New Directions in the Study of Long Term Transformative Change. London: Routledge, 2010.

了构建低碳社会、发展循环经济、实现经济增长方式转变的战略目标，但在微观层面，却面临着环境产品的外部效应导致市场失灵和政策失灵等问题，这也说明结合具体的地方情境（context）去分析社会技术体制的生态化转型尤为迫切。

为此，我们需要立足当代"社会技术体制的转型与可持续发展"讨论的前沿，从理论上对社会技术体制的生态化转型问题进行系统梳理。本书分别围绕三个问题展开论述：①面向可持续发展的创新需要树立什么样的技术观？②技术的生态化转型是如何发生的？在转型过程中有特定模式或机制吗？③基于中国目前在全球有影响力的低碳转型实践，相应的政策在支持绿色技术创新和低碳转型方面如何更好地发挥作用？围绕这三个问题，全书分为三个部分十四个章节展开讨论。

第一部分偏重于技术观的讨论。第一章指出社会技术体制的生态化转型已成为学术界面向可持续发展中的创新问题展开研究的新趋势和新视角。近年来转型研究学者借鉴STS、演化经济学和社会学等相关学科的研究成果，结合技术史案例，打开技术黑箱，从而发展出一种社会技术观点来研究转型中的动力和路径问题。针对社会技术体制中技术与社会之间的关系，面向可持续发展创新的转型需要怎样的技术观这一问题，本书认为需要加深对技术本质的认识，以形成坚实的认识论基础。在第二章和第三章分别阐述了技术决定论、技术的社会建构论的认识论困境的基础上，第四章阐释了本书的核心观点——技术的实践视域，即在情境与行动中理解和把握技术创新。

第二部分侧重面向可持续发展的社会技术体制转型机制研究。从社会机制层面描述和解释社会技术体制的低碳转型。第五章介绍了理解转型的四种代表性理论框架，第六章指出权力关系分析成为可持续转型领域重要的研究方向。第七章着重介绍了上述四种代表性理论框架中黑尔斯（Frank Geels）等人提出的多层视角（multi-level perspective，MLP），以及社会技术体制转型的典型路径。为展现转型路径与本地情境紧密相关，第八章以晚清内河航运转型过程为例分析了具体情境中的转型路径与策略。第九章围绕 MLP 的理论争议，介绍了其理论来源及认识论基础。

第三部分为治理机制研究，突出了转型的地域政治特点。以中国的汽车交通电动化转型为案例，探讨中国情境（Chinese context）下的社会技术体制的生态化变迁，以及相应的治理机制与政策举措。第十章运用 MLP框架，就中国情境下汽车交通如何打破高碳"锁定"，实现向电动交通社会技术体制转型的时机与对策进行探讨。第十一章从中国的交通低碳转型层面，基于转型中的知识与权力关系视角，揭示在实践过程中生产者和使用者之间权力关系的重新构建，指出 MLP 框架对行动者的能动性（agency）分析不足。第十二章从深圳的交通低碳转型层面，基于城市空间中的转型视角，进一步揭示城市能源低碳转型中的政治性，特别是以充电设施为代表的城市物质在转型中的政治性。第十三章以深圳新能源汽车起步与发展为案例，基于"合法性"视角，探讨低碳创新与转型的社会接纳。第十四章就如何培育小生境中的颠覆式低碳创新，基于"保护空间"理论视角，针对新能源汽车政策中所体现出的线性决定论和社会建构论的认识论倾向，进一步阐述了转型治理从"建构性打开"到"实践智慧（phronesis）运用"的重要性，呼应了第一部分在情境与行动中理解和把握社会技术体制生态化转型的技术实践论观点。

本书采用的方法有两种，一是文献调研方法。在充分掌握文献和最新研究资料的基础上，坚持历史的和逻辑的相一致的原则，既尊重技术史和技术哲学的发展轨迹，又重视对相关理论的逻辑梳理，进行综合集成。在研究中，以 2016 年前中国电动汽车的发展为案例，来剖析中国情境下的低碳转型。二是在案例分析中，采用了深度访谈等田野调查方法。2012—2016 年笔者在深圳、上海等中国新能源汽车试点城市进行了前后两轮实地调查和深度访谈。访谈对象包括生产商、政府官员、科研工作者、出租车司机、修理厂和充电站的工人、私人消费者等,以考察这些社会行动者对技术生态化的理解,以及他们的实践活动对技术变迁生态化路径选择的影响。需要指出的是,本书对中国电动汽车的案例研究集中于 2012—2016 年新能源汽车产业的艰难培育和起步阶段。

笔者在研究过程中,得到了斯特林(Andy Stirling)、史密斯(Adrian Smith)、黑尔斯(Frank Geels)、肖特(Johan Schot)、瑞文(Rob Raven)、厄瑞(John Urry)、杨舰、王蒲生、雷毅等教授的指点,并与田大卫(David Tyfield)、伊里(Adrian Ely)、侯小硕、祖耶夫(Dennis Zuev)、黄平等学者进行了深入交流与合作,清华大学科技与社会研究中心和深圳市人文社会科学重点研究基地"社会治理与创新研究中心"对本书的写作给予了大力支持,科学出版社邹聪编辑以及清华大学博士研究生赵自强、刘杭博士在文字校对方面付出了辛勤努力,在此深表谢意。

本书希望通过梳理和解读社会技术体制的生态化转型的研究资料,提供相关的学术资源。同时,号召发展面向实践的社会科学,为实现技术的生态化转型以及应对技术风险,提供"弹性的"治理机制和政策意涵。从而在实践中将技术研究的经验转向与伦理转向结合起来,将描述性与规范性问题结合起来。此外,提倡重视本土化的情境研究。选择何种治理方式依赖于特定的社会情境。为此需要重点研究社会技术体制生态化的转型和治理机制,包括特定社会情境下的小生境管理、转型治理和协商机制等,才能就中国情境下如何实现可持续发展,建设低碳社会,进行对策性思考,并通过在本土实践中寻求有中国特色的治理机制,为全球技术创新和风险治理提供中国智慧。

社会技术体制的生态化转型是一把"大伞",涉及技术哲学、技术社会学、技术史、人类学、生态学、社会学、演化经济学等多个学科领域和方法,目前还处于发展和完善之中。本书只是选取了目前比较显学的 MLP 为主要分析框架,而对于其他文献资料,比如技术创新系统(technology innovation system，TIS）、社会实践（social practice）、转型管理（transition management，TM）等理论和方法介绍不多。此外，本书对 2016 年后中国电动汽车的快速发展研究较少。这些不足将在后续的工作中改进。

李　平

2022 年 12 月

目 录

第一部分

面向可持续发展的创新需要何种技术观？

第一章　面向可持续发展的创新研究视角拓展：社会技术体制

  绿色创新长期以来一直是技术发展中减缓环境退化讨论的热点议题。学者们对创新能力的强调，回应了 20 世纪 70 年代罗马俱乐部的报告《增长的极限》（*The Limits to Growth*）（Meadows et al.，2004）中所提出的问题。其核心观点认为，罗马俱乐部报告的模型低估了创新可以重新定义和扩展"极限"概念，从而避免环境和社会崩溃的可能性（Cole，1973；Freeman，1979）。1970 年弗里曼（Christopher Freeman）、奥尔德姆（Geoff Oldham）等有着科学、技术与社会（STS）、创新经济学和科技政策学背景的学者，面对现代化的陷阱以及技术所带来的生态风险，发表了著名的《苏塞克斯宣言》（*The Sussex Manifesto*），其中提出并论述了技术创新为人类可持续发展服务的必要性和可能性。

  史密斯（Adrian Smith）等学者认为，对可持续发展的关注要求拓宽创新研究的视角（Smith et al.，2010），其中包括对创新活动的目的、结果以及研究重点的重新定义。学者的研究从 20 世纪 80 年代关注如何促进清洁技术，扩大到目前对整个创新生产和消费系统的兴趣。与此同时，用来解释创新出现和成功的分析框架也发生了转变，从新古典经济学对引发创新的价格信号的理解，到各种创新系统分析的引入，乃至社会技术体制视角的提出，都可看作是这种转变的体现。

一、创新内涵与创新研究的转变

熊彼特（Joseph Schumpeter）1912 年提出"创新"就是建立一种生产函数，把一种从未有过的关于生产要素与生产条件的"新组合"引入生产体系，其目的在于获取潜在的超额利润。熊彼特（2020）定义的核心在于技术发明的经济和市场价值，即一项创新可以看成是对技术发明的商业或社会应用，特别是其将发明与创新予以区分，指出"先有发明，后有创新；发明是新工具或新方法的发现，创新是新工具或新方法的实施"，"只要发明还没有得到实际上的应用，那么在经济上就是不起作用的"。

熊彼特之后，技术创新经历了 20 世纪 50—60 年代的开发性研究阶段、70—80 年代初的系统研究阶段，以及 80 年代之后的综合研究阶段。研究创新的多数学者继承了旨在取得技术、发明的市场价值这一观点。比如，马瑟（R. Musser）80 年代中期曾作过统计分析，在他搜集的 300 余篇相关论文中，约有 3/4 在技术创新界定上接近如下表述：当一种新思想和连续性的技术活动，经过一段时间后，发展到实际和成功应用的程序就是技术创新（傅家骥，1998）。弗里曼明确指出，创新即"第一次引入一种产品（或工艺）所包括的技术、设计、生产、财政、管理和市场的过程"（Freeman and Soete，1997）。曼斯费尔德（E. Mansfield）认为创新就是"一项发明的首次应用"（Mole and Elliott，1987）。厄特巴克（J. M. Utterback）指出，"与发明或技术样品相区别，创新就是技术的实际采用或首次应用"（傅家骥，1998）。经济合作与发展组织（OECD）在 1994 年《科学政策概要》中指出"技术创新，它是指发明的首次商业化应用"（陈文化和江河海，2001）。德鲁克（P. F. Drucker）认为创新有两种：一是技术创新，它在自然界为某种自然物找到新的利用，并赋予其新的经济价值；二是社会创新，它在经济与社会中创造一种新的管理机构、管理方式或管理手段，从而在资源配置中取得更大的经济价值与社会价值（德鲁克，2021）。

上述对创新所下的定义，都认为创新是指由新概念的构想到形成生产力并成功进入市场的全过程，它包括从最初的科学发现、技术发明到将研究开发成果引入市场和应用扩散，直至最后商业化成功的一系列科学、技术和经营活动的全过程。这些定义都停留在商业价值的实现这一最终目的上，人们检验技术创新成功与否的标志就是产品在市场上能否实现其商业价值。

然而，近年来各国政府已经认识到，需要将社会和环境挑战与创新目标更好地结合起来。许多可持续发展目标需要在较短的时间框架内实现，这些目标包括在 40 年内将人为碳排放量减少 80%，或者将无法持续获得安全饮用水和基本卫生设施的人口比例减半，等等。气候变化、减少不平等、贫困和污染已经转化为科学、技术和创新政策的挑战和机遇。欧盟通过"地平线 2020"计划，期望创新能够解决许多社会挑战，如促进向低碳和包容性经济的转型。《巴黎协定》设定了在 21 世纪下半叶实现零净碳排放的目标。2015 年联合国可持续发展峰会通过了 17 个可持续发展目标（SDGs），呼吁更绿色的生产、增加社会正义、更公平的福利分配、可持续的消费模式和新的经济增长方式。联合国可持续发展目标体现了转型的愿景，其中包括消除贫困和减少各地各种形式的不平等，促进包容性和可持续的消费和生产体系，应对气候变化，等等（United Nations，2017）。通过技术创新，实现技术的生态化转型，以及与之相关的人与自然的可持续发展，确保新产品、新工艺和服务改善人类福祉而不损害环境和生命，已经成为人类社会大多数人的共识和努力方向。

本·马丁（Ben Martin）指出，未来创新研究面临 15 个挑战（表 1.1）。在这些挑战中面向可持续发展和社会福祉的创新成为研究趋势和重点（Martin，2013）。

表 1.1　创新研究的 15 个挑战

序号	挑战
1	从可见创新到"暗创新"（dark innovation，不可见、无法测量）
2	从"男孩玩具"（比如计算机、汽车、电视等）到"平凡但有效的创新"（如将妇女从家庭事务中解放出来的创新）
3	从国家和地区创新体系到全球创新体系
4	从促进经济生产力的创新到绿色创新
5	从促进经济增长的创新到促进可持续发展的创新
6	从有风险的创新到对社会负责任的创新
7	从创造财富的创新到实现幸福的创新（或从"越多越好"到"适度而行"）
8	从"赢者通吃"到"公平对待所有人"？
9	从"市场失灵"补救者的政府到"创业型政府"（entrepreneurial government）
10	从基于信仰的政策（以及寻求基于政策的证据）到基于证据的政策？
11	刺破学术泡沫
12	避免学科僵化
13	识别当前经济危机的原因
14	有助于产生经济学的新范式——从托勒密式经济学到？？？
15	保持研究合乎诚信、道德和共同治理（collegiality）

　　肖特和施泰因米勒提出，科学、技术和创新政策是基于历史背景产生的，当前创新政策经历了支持基础研究和创新系统两个分析框架，目前需要第三个分析框架——社会技术系统变革（Schot and Steinmueller, 2018）。

　　第一个框架侧重于基础研究政策，认为基于科学研究与试验发展（R&D）的创新会促进增长。该框架旨在面向大规模生产和消费来挖掘科学和技术促进繁荣的潜力。它以《科学：无尽的前沿》报告为代表，开启了从第二次世界大战后政府对科学和 R&D 的制度化支持，以解决私人提供新知识的市场失灵问题。第二个框架是国家创新体系，出现于 20 世纪 80 年代。该框架旨在分析民族国家在全球化和国际竞争加剧背景下，如何刺激经济增长以实现赶超的经验。该框架认为，全球化中竞争力的加强是由国家创新体系服务于知识创造和商业化而形成的。科学、技术和创新政策的重点是建立联系、集群和网络，鼓励系统中各要素之间的学习，并扶持创业精神。第三个框架与当代社会和环境挑战、可持续发展目标相关联，呼吁社会技术系统的变革。肖特和施泰因米勒认为，第三个框架"转型"正在形成，其轮廓近年来变得更加清晰（Schot and Steinmueller，2018）。

显然前两个政策框架都强调创新对经济增长的激励作用，基于创新是创造更美好世界力量的假设。其理念是发展新技术将导致更高的劳动生产率和更快的经济增长，以及更好的竞争地位。第三个框架应对的问题是可持续转型。

二、从绿色技术创新到绿色创新系统

我们能指望第一和第二框架中的创新来应对这些挑战吗？史密斯等（Smith et al.，2010）认为，创新研究存在从绿色技术到绿色创新体系，再到面向可持续发展的系统转型的趋势。这一判断呼应了肖特等在创新政策研究领域需要第三个"社会技术系统变革"分析框架的呼吁。史密斯等人的趋势分析可综述如下。

1. 从清洁技术创新到工业生态学

20世纪90年代初，人们开始研究促进环境友好型的技术创新。从早期对末端污染控制技术的关注，转向更清洁的工艺和产品创新，从源头上减少污染、避免浪费。此时的创新政策侧重于刺激 R&D、政府和企业投资于清洁技术开发。人们假设这样的政策可以带来绿色增长、减少污染和清洁环境。

随后，人们发现监管推动往往会引发更绿色的创新（Ashford et al.，1985；Howes et al.，1997），一些行业协会和公司开始实施环境的系统管理。这些环境管理方法从边缘化的现场实践管理，转变为对跨部门核心业务战略和创新议程施加影响；从关注生产过程的信息传递，转变为关注产品和服务全生命周期的环境绩效。环境创新的问题框架不断扩展，不仅包含企业层面的清洁技术，还包括跨部门的组织创新和整个生命周期的绿色产品和服务的开发（Smith et al.，2010）。例如，工业生态学拓宽了研究框架，考察如何使物质流动更加可持续（Ayres and Simonis，1994）。

2. 从环境经济学研究到环境创新演化的研究

环境经济学认为环境创新存在外部性问题。现有市场很难满足环境考量，是因为成本和价格无法将环境外部性内在化，因此无法产生对清洁创新的有效需求（Pearce et al.，1989）。环境经济学家认为，可以通过调整商品和服务的价格来应对挑战。生态税和可交易配额等基于市场的环境政策措施，可以将引发环境恶化的社会成本内在化到市场中，从而为绿色创新商品和服务提供合理的价格信号刺激。

但是，一些案例和调查研究发现价格信号不足以确保市场供应方的创新反应。除了市场壁垒，认知、社会、制度和政治上的壁垒也是绿色创新的关键（Fischer and Schot，1993；Howes et al.，1997；Kemp，1994）。克莱顿（Anthony M. H. Clayton）等认为要考虑到每种环境改善所需的其他资源的分配，这些资源包括设备、技能、资金、基础设施和制度等（Clayton et al.，1999）。

因此需要一个更广泛的分析视角，纳入这些非市场因素。植根于演化经济学的创新研究为（新古典）环境经济学观点提供了有益的修正（Smith et al.，2010）。演化观点将形成供应方创新活动的因素考虑在内，提供了一种更细致入微的方式来考虑生产过程的绿色化（Green et al.，1994）。这一分析将 R&D 补贴视为生态税的补充，并认为其他体制因素包括搜索程序、知识能力、主流技术范式等，对清洁生产过程的创新也很重要（Kemp，1994）。

3. 绿色创新系统以及"系统失灵"问题

侧重于国家、部门、区域或技术的创新系统结构和绩效研究（Lundvall，1992；Breschi and Malerba，1997；Truffer，2008）表明，单个组织的创新能力由更复杂的过程构成。它离不开创新活动所嵌入的环境，包括从业者的惯例和技能、支撑的基础设施、治理制度以及预期的市场需求等。对更广泛的制度、历史、物质、文化和地理背景等因素的考察，有助于解释创新系统的成功（或失败）（Bell，2007）。创新系统由企业能力网络、知识基础设施、政策和市场制度组成。创新系统分析涵盖了这几个核心领域（Edquist，2005）。

创新系统视角可以帮助我们通过制度创新促进环境创新，加快绿色产品和服务的流动。绿色创新系统框架重点关注如何通过要素配置，实现"社会功能"——向市场推广和引入更绿色的商品和服务。绿色创新系统视角在创新系统基础上进行了调整，增加了创新系统实现产出的可持续性的功能（Green et al.，1994）。

然而，绿色创新系统框架虽然有助于解释特定清洁技术的相对成功或失败，但我们还不清楚导致可持续发展功能缺失的能力来自哪里，以及它们是如何发展的；对绿色产品和服务如何引发更广泛的与可持续发展有关的社会结构性变化也不太清楚。一旦绿色创新系统中各要素之间缺乏应有的交互或出现各种错配，就会导致"系统失灵"。绿色创新系统带来的改善如能源效率的提高，可能会被消费的绝对增长所破坏。这意味着需要考虑整个社会技术系统层面的变化。

三、面向可持续发展的系统转型与社会技术体制视角

鉴于上述"系统失灵"问题，需要从更广泛的情境出发关注如何对创新系统施加压力，使其变得更加绿色。情境能够重新配置和优化创新系统，从而激励或约束绿色创新。这种更广泛的分析视角体现在创新系统文献中，以解释技术轨迹的方向性（Bell，2007；Nelson，2008；von Tunzelmann et al.，2008）。

史密斯等认为，上述问题框架对创新系统的分析框架提出了额外的挑战——向"系统创新"视角的扩展（Smith et al.，2010）。系统转型研究首先是要将社会与技术的相互依赖和作用理解为一个动态系统，之后明确

系统创新如何能够向其他潜在的更可持续的系统转型。面向可持续发展的系统创新的对象是指提供能源、食物、流动性或住房等基本服务的社会技术系统，系统创新需要对构成社会技术系统的一整套网络化供应链、使用和消费模式、基础设施、法规等进行革新。正如韦伯（Matthias Weber）和赫梅尔斯卡普（Jens Hemmelskamp）所言，可持续系统创新意味着：从资源开采到商品和服务的最终消费，整个生产消费链条、流动过程、多层次架构、制度和结构，尤其是参与其中的行动者的行为都需要发生重大变化（Weber and Hemmelskamp，2005：1）。

如何找到一个与可持续发展系统创新相适应的分析框架，以理解创新导致社会技术系统的变革，从而实现可持续发展的社会功能？史密斯等认为，可持续转型分析框架离不开对社会中技术大规模变化的历史信息进行案例分析和理论总结，如"技术体制"和"范式"等对技术形成过程的结构性概念（Rip，1995），以及强调网络中的创新者对选择环境的预期、重新解释和改造的方式（Rip，1992；van den Belt and Rip，1987；Disco and van der Meulen，1998）。相关的研究有从煤气灯到电灯的转型（Schot，1998）、蒸汽船击败帆船（Geels，2002）、航空涡轮喷气发动机的兴起（Geels，2006a）、公共卫生的改善（Geels，2006b）等。虽然上述案例研究不涉及可持续等规范性目标，但这种分析新技术参与广泛社会变革过程的历史研究，为社会功能的转型提供了一个"准演化"的框架。

霍格（Hoogma）等认为，生产和消费模式的生态重建并不只是新技术取代旧技术，而是需要技术体系或技术范式（包括消费模式、用户偏好、法规和人工制品的变化）的彻底转变（Hoogma et al.，2002：5）。研究食品系统意味着要把技术要素与赋予人工制品意义的社会要素紧密联系在一起进行研究。技术要素如生产要素投入、植物育种、杀虫剂、收割技术、畜牧、运输、食品加工、烹饪技术，等等；社会要素包括对农业的普遍态度、关于土壤健康和营养食品的想法、官方农业政策和价格支持机制、组织利益、食品零售结构、流行食品消费，以及对长期环境可持续性的社会考量等（Smith，2006）。

需要明确的是，创新系统和系统转型两者对创新结果和方向的反思不同。创新系统关注如何更好地促进绿色产品和服务的市场化和产业化；而系统转型关注如何通过社会技术系统的重新配置，实现社会功能——可持续发展，而不仅仅是经济发展。现代社会的能源、流动性、食品、水、医疗保健、通信、主干系统都需要社会技术系统的转型（Grin et al.，2010；Markard et al.，2012；Steward，2012；OECD，2015）。

社会技术系统转型与开发新的激进技术的解决方案明显不同。以汽车交通的环境影响为例，前者的科技创新政策会重点关注电动汽车及其弱点，试图通过电池开发来克服电动汽车续航里程有限的问题。此时电动汽车只是燃油汽车的替代品，汽车产业结构可能会发生变化，但人们会继续使用以汽车为主导的交通系统，低碳社会的到来会很缓慢。后者是将创新政策的重点放在支持新的交通系统的出现上。在新的交通系统中减少流动性成为所有行为者的目标，此外小型出租车、公共交通、步行和自行车而非私家车被更广泛地使用。这也是更加符合可持续发展和低碳社会目标的做法。

综上可知，可持续发展强调对创新的规范方向的改变。创新的挑战不仅仅在于经济潜力，还在于创新活动引发的社会变革及其对环境和社会可持续性的影响。要解决这个更广泛的问题，史密斯等认为需要扩展对创新的分析视角——社会技术系统及其转型。肖特认为，我们不能指望第一和第二框架中的创新来应对可持续发展目标中提出的挑战。是阐明并在实践中试验一个新的旨在转型的创新政策框架的时候了。这个创新研究框架比以往的框架更能解决可持续发展和包容性社会的问题。

第二章　技术决定论及其认识论困境

社会技术体制中技术与社会是何种关系？面向可持续发展的社会技术体制体现了什么样的技术观？在绿色技术创新和应对生态风险的实践层面，绿色技术创新以及相应的政策支持手段往往事与愿违。这些问题的出现与技术创新内在的技术观是紧密相关的。在讨论技术-社会体制转型的机制之前，需要对技术创新的两种态度及其共同的技术决定论倾向，以及更深层次的技术本质主义困境予以阐释。

一、技术与社会相互关系中的技术决定论倾向

鉴于技术强大的社会影响，一些学者从结构功能主义视角分析技术在现代社会中的作用，技术决定论在相关话语中占据着主导地位。20 世纪 30 年代起，受到贝尔纳（J. D. Bernal）的《科学的社会功能》（*The Social Function of Science*）和《历史上的科学》（*Science in History*）两本著作的影响，人们在关于科学技术和社会交互作用的论述中，开始强调科学技术对社会的影响。更有一些学者把它推向极端，提出了所谓技术决定论和技治主义思潮（李三虎和赵万里，1994）。技术决定论（technological determinism）这一术语最早可追溯到凡勃伦（Thorstein Veblen）1929 年在

《工程师与价格体系》（*The Engineers and the Price System*）一书中的表述。技术决定论在不同语境下有多种表述方式，如技术统治论、技术自主论、媒介决定论、技治主义（technocracy）等。

　　"技术决定论把技术看成是人类无法控制的力量，技术的状况和作用不会因其他社会因素的制约而变更；相反，社会制度的性质、社会活动的秩序和人类生活的质量，都单向地、唯一地决定于技术的发展，受技术的控制。"（于光远，1995）技术决定论有两层含义：一是强调技术的自主性，技术与社会分离，是外生于社会的独立力量，技术根据其自身的逻辑发展；二是技术从社会外部对社会的变迁和发展施加影响，这种影响是支配性的和不可逆的。麦肯齐和瓦克曼（J. Wajcman）评价技术决定论时，认为"技术确属一个独立因素，并且技术变化引起社会变化。其最为强烈的观念是声称技术变化是社会变化最重要的原因"（MacKenzie and Wajcman，1999）。一旦技术被引入社会，它就会引起击打台球式的社会变化。这一理念集中体现在技术创新的线性模型中，即新技术出现在 R&D 阶段，随后被引入市场从而更广泛地传播，之后它们会产生社会影响。

　　按照技术决定论的逻辑，人类社会的发展与变迁在整体上取决于技术的变革与创新。影响社会变迁的技术在多大程度上是自主的？在这一问题上，技术决定论有硬技术决定论和软技术决定论之分。前者认为技术是社会变迁的唯一因素，技术是绝对自主的；后者则认为技术是社会变迁的重要但非唯一因素。

二、技术决定论的两种技术发展态度

　　受到技术决定论深刻影响的技术创新观暗含着一个前提：技术的发展变化对经济具有巨大、决定性的推动作用。然而，这种理论指导下的技术创新在带来经济快速增长的同时，却面临自身无法解决的困境：自然环境遭到极大破坏和人的异化。人类进入 20 世纪后期以来开始面临技术生存危机。技术成为工具理性的代名词，技术越发达，经济越繁荣，而人的生存危机却愈发严重。

当技术风险来临时，人们或者是持技术悲观主义的态度，即认为人们面对技术创新的后果是无能为力的；或者持技术乐观主义的态度，即相信风险最终能够通过新的技术创新来克服。

1. 悲观主义技术创新观

悲观主义技术创新观对技术创新、技术发展的批评主要从人的技术生存危机入手。人类通过技术创新创造人工自然的初衷，是给自己带来更多的幸福。但是随着人工自然的高度发展，人对技术物的依赖程度加深，人的技术生存的反自然和"非人"属性却愈加显露出来。技术生存危机在自然界中表现为生态危机，人自身则表现为人的"非人化"，即人的高度物化和人性扭曲。正如弗洛姆（Erich Fromm）所说，在技术社会中"人创造了种种新的、更好的方法以征服自然，但他却陷入在这些方法的网罗中，并最终失去了赋予这些方法以意义的人自己。人征服了自然，却成了自己所创造的机器的奴隶"（弗洛姆，1988）。

作为西方近现代文明的深层核心观念，技术决定论体现了对自然和文化的祛魅过程。在这一过程中，技术决定论与工具理性交织在一起，共同推动人与自然以及人类社会中的理性吊诡问题的产生。霍克海默（M. Horkheimer）和阿多尔诺（T. W. Adorno）在《启蒙辩证法（哲学片断）》中就曾批判了启蒙思想通过工具理性——知识对自然进行支配，使启蒙从解放走向奴役，进而向社会历史领域扩展。"不能深入研究的东西，不可解决的东西，非理性的东西都通过数学原理加以改造了。"（霍克海默和阿多尔诺，1990）。"导致根据数学结构来阐释自然，把现实同一切内在的目的分割开来，从而把真与善、科学与伦理学分割开来。"（马尔库塞，1988）在工具理性的"世界支配意识"之下，人类把自然界看成是一个有着内在规律的客体，是相对于主体的"他者"，为了谋取自身的幸福，人类可以透过理性去认识和征服它。这种把"理性"概念等同于"工具理性"的狭隘理性观，经过西方社会几百年来的现代化进程，已经显露出它内在的颠覆性。这种颠覆性不但导致了技术官僚意识的出现与泛滥，使人类社会笼罩在一种单一的支配形式之下；而且从自然的基础上逐渐破坏人类生活的基础，从而导致人类生活的各种制度、结构以及价值观念正受到摧毁。于是在人的解放历程中，人遭受了与人的世界相同的命运。人对自然与社会的统治最终导致了自然与社会对人的统治，对个人主体性的高度迷恋最终导致了个人主体性的根本丧失，对人的直接关怀却更远地离开了人。通过割裂自然来终止自然的每一次尝试，只不过是加强了这种奴役。由于技术决定论必然导致价值一元论和文化一元论，并由此破坏了自然界多样生存的能力和文化的多样性，人类所面临的技术生存危机便由此产生。

如何摆脱人的技术生存危机？韦伯（Max Weber）不无悲怆地说："没人知道将来会是谁在这铁笼里生活；没人知道在这惊人的大发展的终点会不会又有全新的先知出现；没人知道会不会有一个老观念和旧理想的伟大再生；如果不会，那么会不会在某种骤发的妄自尊大情绪的掩饰下产生一种机械的麻木僵化呢，也没人知道。因为完全可以，而且是不无道理地，这样来评说这个文化的发展的最后阶段：'专家没有灵魂，纵欲者没有心肝；这个废物幻想着它自己已达到了前所未有的文明程度。'"（韦伯，1987）哈贝马斯（Jürgen Habermas）提出沟通理性（communicative rationality）试图解决人类面临的这一技术生存危机（Habermas，1985）。在他看来，人类可以透过理性的沟通建立共识。但连哈贝马斯本人也很清楚，沟通理性需要有个"理想的言谈处境"（ideal speech situation）。在这种处境之中，权力和欺诈都不存在，只有最佳论据的力量发生作用，而这种处境在现实社会是不可能存在的。对于福柯（Michel Foucault）、利奥塔尔（Jean-Francois Lyotard）、布尔迪厄（Pierre Bourdieu）、德里达（Jacques Derrida）等一批后现代思想家来说，哈贝马斯提出的绝对"交往理性"和"话语伦理"，不可能实现。

不论是韦伯的悲观主义论调，还是哈贝马斯的乌托邦思想，其结果都是把人引向悲观主义立场。由此，很多人认为现代技术的高度发展对人类的生存与发展构成威胁，人类文明的衰落与人性的毁灭是无法避免和克服的，人类的未来充满黑暗。于是，有些人高举反技术的旗帜，主张为了挽救人类、消除技术发展带来的消极后果，只能阻止技术的发展，甚至有人主张回归到中世纪的田园生活。

2. 乐观主义技术创新观

现代技术在给我们带来新的发展的同时，却伴随着新的不确定的技术风险。以转基因技术、核技术等技术的不确定性为例，新技术所带来的环境和生态危机呈现出愈演愈烈之势。贝克认为当代社会甚至已经进入了风险社会。如何规避技术风险，并通过技术来实现人类社会的可持续发展，成为我们的时代命题。

乐观主义技术创新观从生态视野批评传统技术创新引发的环境和生态危机。传统技术创新模式的不可持续性可以从目的、过程以及系统三个角度来阐述。从目的看，传统技术创新认为经济利益至上，为了提高经济效益，往往强化对自然资源的消耗与掠夺，导致工业生产的高生产、高消耗、高污染（肖玲，1997）。而且随着创新力度的加深，创新目的的单一性程度就越高，兼顾性就越差，对生态环境造成的破坏也就越大。从过程看，传统技术创新中的技术运行模式是线性和非循环的，即原料—产品—废物，为了追求某一生产过程或产品的最优化，传统技术创新允许技术在生产过程中大量消耗自然资源以及大量排放废物。从系统看，传统技术创新系统是由技术、经济与社会三个子系统相结合而成的，不包括自然子系统。这样就割裂了技术、经济、社会三者与自然之间的有机联系，导致自然资源的过度消耗与废弃物的大量排放，而一旦过度消耗资源以及大量排放废弃物超出自然子系统的自身承载能力，传统技术创新系统将随之解体。

于是，人们提出绿色技术创新观，用绿色技术研发与创新替代传统的技术创新。目前对绿色技术创新的讨论基本是按照"绿色技术创新=绿色技术+创新"的逻辑展开的。从创新领域看，绿色技术创新可分为产品生产与产品开发两个领域的技术创新，即清洁生产与绿色产品开发。清洁生产旨在师法自然生态系统的"生产—消费—复原"这种周而复始的开放闭路循环特性。它将生产和生活系统整合到生态系统的大循环之中，形成周而复始的良性循环。由此使技术系统在生产过程中对生态系统的负面影响降至最小，有利于重建或恢复生态平衡。绿色产品开发的目的在于，绿色产品功能的发挥以及产品报废后的自然降解过程对生态系统不产生消极影响。

但是，仅仅从工程学、经济学和生态学意义上来强调绿色技术创新的重要性是不够的。绿色技术创新建立在绿色技术研发的基础之上。它既是一项使绿色技术及产品商品化的经济活动，又是一项改善生态环境、提高人类生活质量的社会公益化活动。绿色技术创新的本质既体现在技术自身的逻辑展现之中，又体现在技术与社会、自然及人类的活动关系之中。绿色技术创新实现的不仅仅是一种功利价值观，还包含了工程学意义上的绿色技术的研发，以及人文意义上的技术创新。人文主义的技术创新强调用可持续发展观、环境伦理观等绿色和谐的价值观来引导技术创新行为，并通过绿色技术创新来促使绿色文明观的形成。这两个层面上的意义缺一不可、不可偏颇。从目前的社会发展状况来看，后者的意义更为重大。

目前对绿色技术创新意义的讨论大多集中于前一个视角，导致这种偏颇的原因在于技术乐观主义。持有这种立场的人没有认识到环境污染等人类技术生存危机是工具理性和价值理性相互分离的结果。不论从理性悖论还是从人的异化角度来看，绿色技术创新的根本目的都在于实现人的生态化的技术生存，即人的生态化生存。要做到这一点，更多的是实现绿色的价值观、文明观的回归，否则对绿色技术的盲目推崇与乐观会导致新的技术决定论变种，人类仍将陷于技术生存的泥沼不能自拔。

通过上述分析可知，技术悲观论与技术乐观论两种态度具有共同点——技术决定论。虽然上述两种应对技术创新观分别指出了传统技术创新观的内在缺陷，并试图给出悲观主义和乐观主义两种截然相反的态度和解决方案，但技术决定论这一前提却是一致的。在对待技术创新引发的技术与人类社会发展的关系问题上，两者都以技术万能为立据来讨论问题，将技术独立和游离于社会之外孤立地加以考察，认为技术是社会发展的唯一决定性力量，人类的命运或幸福完全依赖于技术的力量，技术能创造一切，技术也可以毁灭一切，淡化其他社会因素对技术发展的影响。于是，这两种技术创新观非但没有摆脱受技术决定论影响的传统技术创新观困境，反而使自己又陷入技术决定论的窠臼。这一点在预见和评价技术所带来的风险时也很明显。

三、风险对线性技术创新观的挑战

与技术决定论的线性思维相一致，传统技术创新观一般认为技术是科学知识的应用。这与西方近代科学发展中，特别是工业革命以来，技术与科学关系的重大变化有紧密的关系。19 世纪中叶以后，自然科学知识对技术发明活动起到明显的引领作用。这使得越来越多的人认为技术实际上是科学知识的应用，是一种在科学理论指导下的实践行为。它直观体现在机器大工业生产中的各种工具和设备形态上。由此，形成了近代以来技术的知识观，即技术是一种用来实现某种实践目的的知识与规则体系，是对一种普遍知识（episteme）应用的技艺（techne）。

然而，"现代对技术的大多数定义断言说，与技术在前工业化时代的先行者不同，现代技术系统是应用科学的系统，从客观的、以语言来编码的知识中获得了其生产的力量。但在进一步的考察中，我们看到标准观点的神话的影响。技术史学家们告诉我们，实际上构成我们当前社会景观的技术几乎没有一种是通过科学的应用产生的，相反，科学和有条理的客观知识在更常见的情形下是技术的结果"（Pfaffenberger，1992）。

虽然，在技术设计过程中的科学知识表现出很强的严密性与可靠性，但是，以科学为基础的普遍主义知识观并不能提供确定性的令人满意的技术后果，而是表现出复杂的风险"不确定"、"歧义"和"无知"等特点。

以"后果"和"概率"两个要素为基础，综合成风险概念，即 risk（风险）=outcome（后果）×probabilities（概率）。以发生风险的概率和后果为轴，建立二维象限，我们会发现风险存在四种情况：危险、概率不确定、后果不确定、无知（图 2.1）。

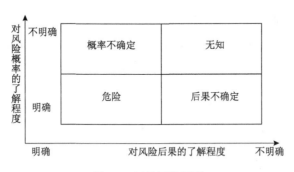

图 2.1 四种风险情形

在危险不确定或后果模糊的情况下，人们通常并不能依赖数据导出有效的判断。当风险处于"概率不确定"情形，比如判断一些药物的致癌性时，人们能够辨别可能出现的结果，但根据现有的资料或分析模型并不能得出确定的概率。此时，严谨的科学方法只能承认各种可能的解释，而不能得出单一的评价或建议。当风险处于"后果不确定"情形时，仅仅依靠确定性的概率分析，也并不能得出确定的答案。当风险处于"无知"情形，比如平流层臭氧损耗等一些重要的环境问题时，无论是风险的概率还是结果，都是不确定的。此时问题的关键，已不是专家意见的分歧或风险概率的不确定，而是人们对此的一无所知。

同时，传统的科学评估方法尽管表现出很强的严密性与可靠性，却无法将技术风险还原成一幅可靠、科学的图景。比如，科学评估方法的"实践的稳健性"（practical robustness）体现在对风险评估结果的精确表达上，而不是评估方法自称的精确（Stirling，2008）。在能源政策领域，以科学为基础的、还原性的风险评估方法常常被认为是非常成熟、完善和精致的。这些方法影响了气候变化、核能利用和核废料处理等相关政策的制定。但是通过调研发现，那些貌似精确的调查结果大多以其整体的一致性掩饰了内部意见巨大的多样性。在基因政策领域也存在类似情形。早在 20 世纪 90 年代后期，专家们就呼吁英国政府管制转基因技术。尽管政府咨询委员会声称他们的集体意见是精确规范的，但是很明显，在集体意见的背后各个专家的观点表现出非常大的差异性。

贝克（Ulrich Beck）认为风险对系统的伤害常常是不可逆的，而且这些伤害一般是不可见的。然而，它们却基于因果解释，而且最初仅仅是以有关它们的（科学的或反科学的）知识这样的形式而存在的。因而，它们在知识里可以被改变、夸大、转化或者削减，并就此而言，它们是可以随意被社会界定和建构的（贝克，2004）。"风险归根结底不是任何一种具体的物。我们早已说过：它们是看不见的。它们是人的感官感觉不到的东西。它们是一些社会构想，主要是通过知识、公众、正反两方面专家的参与、对因果关系的推测、费用的分摊以及责任体系而确立起来的。它们是认识上的构想，因此总是带有某种不确定性。"（贝克和威尔姆斯，2001）

总之，技术方法在风险不确定情况下的失败，实质是风险评估中以科学为基础的还原论的失败。正如菲尔特（Ulrike Felt）所说："科学被抽象为价值中立、客观且内部逻辑'完善'的形象，于是科学似乎成了社会运转的理想基础。科学作为真理的一个源泉，作为道德优越的社会事业，被认为是所有政治与伦理判断的理想基础。"（菲尔特，2006）布赖恩·温内（B. Wynne）也认为，"任何调查方法就其本性而言，都将导致知识和理解的去情境化，都将强加这样的预设，即它们的意义独立于在社会互动关系中存在的人类主体。调查数据内在的连贯性不足以证明它具有更大范围的有效性——而只能证明它具有内在的一致性，后者常常被误认为前者"（温内，2004）。由于科学理性的风险计算倾向于忽略实际语境的非确定性、复杂性和多样性，忽视了风险产生的各种社会、心理、行为因素以及社会对风险治理提出的多元要求，把风险认知和管理局限于科学理性层面，这就造成了对风险产生、传播、治理等诸多环节的偏差。那些不可计量的、被忽视的不确定威胁，则汇合成一种未知的风险。大卫·布鲁尔（David Bloor）认为，"如果我们的知识纯粹受来自物理世界的控制，那么，就不会存在有关我们应当相信什么的问题了。但是，由于我们的知识中包含社会成分，所以，我们并不是机械地适应这个世界"（布鲁尔，2001）。因此，有必要在历史的、具体的语境中运用和反思技术创新和技术风险评估方法，强调社会语境、社会关系和价值观念所起的作用。

四、技术决定论的本质主义倾向及其困境

一些学者认为，技术决定论的含义模糊是因为技术决定论背后的技术观存在分歧。这些技术观大致可分为技术工具论和技术实体论。技术工具论认为技术是价值中立的合目的性的工具，技术对社会影响的能力是内在于技术自身的，与外在如何使用无关。技术实体论则认为工具性规定并没有表明技术的本质。

海德格尔（Martin Heidegger）批判了"技术是合目的的工具"的观点。他认为，常理上关于技术的工具性规定是"非常正确的"。然而，正确的工具性规定并没有向我们表明技术的本质。因为我们一旦把技术看作手段，就总是致力于使人与技术有恰当的关系，总是试图以合适的方式把握技术、控制技术，从而完全忽视了现代技术在人与自然和与世界关系方面所发生的深刻变化，因而不可能解决技术世界中的严重问题（赵乐静和郭贵春，2004）。埃吕尔（Jacques Ellul）也认为，有一种完全可以理解的错觉，希望能够避免技术"坏的"方面而保持其"好的"方面。这种信念意味着技术现象的本质尚未被把握（舒尔曼，1995）。海德格尔认为，"现代技术的突出特点在于这样的事实，即它在根本上不再仅仅是'工具'，不再仅仅处于为他者'服务'的地位，而是相反……具有鲜明的统治特征"（赵乐静和郭贵春，2004）。他认为技术不仅仅是一种工具，而且是一种揭露手段，是一种展现的方式"座架"。"人被坐落于此，被一股力量安排着、要求着，这股力量是在技术的本质中显示出来而又是人自己所不能

控制的力量。"（北京大学外国哲学研究所，1980）由此，海德格尔通过对技术本质的追问，导出了宿命的技术悲观论。

芬伯格（Andrew Feenberg）认为，技术工具论和技术实体论对技术的理解均属于本质主义立场。根据赵乐静和郭贵春的研究，"一旦我们试图为事物下定义，立刻便会面临诸如'是否存在共有属性'、'如何从事物所具有的众多性质中辨识出某种"本质"'等问题"（赵乐静和郭贵春，2004）。因此，当一些技术哲学家认为技术或技术人工物有其唯一不变的普遍本质，人们可以透过变化无常的、多样性的现象看出普遍的、共同的本质，并试图下定义时，我们可以认为他们是技术本质主义者。

赵乐静和郭贵春分析了芬伯格批评技术本质主义的三种困境：反历史的、实体论的和单向度的。反历史的困境来源于技术本质主义期望用一种"超历史的概念建构"来解释具体的技术历史现象，企图"在技术这样一种历史流变物中，固化出某种单一的本质"。如韦伯与哈贝马斯以"理性控制""效率"来理解技术的本质（Feenberg，1999），海德格尔将技术的本质还原为事物的功能与材料。实体论的困境来源于将技术本质视为超出人类掌控的，这一态度导致了宿命论立场。如按照海德格尔等的实体论观点，人类控制和改变"技术本质"的努力注定是徒劳的。以海德格尔"座架本体论"为代表的单向度的技术本质主义，在芬伯格看来，由于认为所有的技术装置无论其多样性如何，都具有同样的本质，因而预先排除了技术"为善"或"为恶"选择的可能性（赵乐静和郭贵春，2004）。

针对技术决定论的本质主义困境，技术的社会建构论以技术决定论的批评者姿态出现，打开技术黑箱，提供了解释技术与社会关系的新视角。由此，便打开了技术创新存在多种可能性的向度。

第三章　技术的社会建构论及其认识论困境

　　技术的社会形塑论（social shaping of technology，SST）兴起于 20 世纪 80 年代，它体现了欧美学者研究技术的新思路和新方法。这一时期的学者基于大量的案例研究，提出了技术的社会建构（social construction of technology，SCOT）、技术系统、行动者网络等具有独特视角和方法的理论框架。尽管理论框架不一，技术的社会建构论者在分析技术与社会的关系上持有相近的观点。他们都批评技术决定论，旨在重塑（recast）技术与社会的关系。技术建构论者认为，研究的重点不是技术如何影响社会，而是以人类学等方法打开技术的黑箱，通过分析技术被社会因素形塑的过程，展现社会是如何影响技术的变迁的。

　　SST 学者来自历史学、社会学、哲学、人类学、政治学等多个学科领域，其中知名的学者有平奇（T. Pinch）、休斯（T. Hughes）、拉图尔（B. Latour）、卡隆（M. Callon）、劳（J. Law）、柯林斯（H. Collins）、伍尔加（S. Woolgar）、麦肯齐（D. A. MacKenzie）、比克（W. E. Bijker）等。主要代表作有《技术的社会建构》（*The Social Shaping of Technology*，1985 年）、《技术系统的社会建构：社会学与技术史的新方向》（*The Social*

Construction of Technological Systems：New Directions in the Sociology and History of Technology，1987 年）、《技术和社会过程》（*Technology and Social Process*，1988 年）、《形成技术/建设社会：社会技术的变化研究》（*Shaping Technology/Building Society：Studies in Sociotechnical Change*，1992 年）等。

一、技术的社会建构论兴起的背景

作为技术社会理论研究的一个重要进展，技术的社会建构论以新技术社会学的面貌出现，其产生有着特定的背景。

一方面是对技术决定论的批评。随着研究的深入，技术决定论存在的问题呈现出来。20 世纪初，奥格本（F. W. Ogburn）和吉尔菲兰（S. D. Gilfillan）开始致力于对发明的社会学的研究。奥格本反对把重大发明归结为发明家灵感的闪烁，认为发明是水到渠成的事。吉尔菲兰通过对早期船舶发展的案例研究，推导出社会影响发明的一些基本原则。他们的共同看法是，为了对发明加以解释，从社会角度要比把个人因素放在首位更为合理（MacKenzie and Wajcman，1999）。20 世纪 70 年代，一些学者开始拒斥技术决定论观点，思考从技术的内部来思考技术的发展问题。事实上有许多例证表明社会在决定采用何种技术时起着重要的作用，而且同一技术在不同情境中具有不同的效应（李三虎和赵万里，1994）。

到了 20 世纪 80 年代，此时的研究不再仅仅关注技术发明，而是分析自行车、电力系统、拦海大坝等技术人工物的社会化发展路径；不再以技术和社会二分法的方式，而是以"无缝之网""行动者网络"等整体性观念来考察技术与政治、经济、社会因素的关系。莱顿（E. Layton）认为，需要把技术当作一种知识体或一个社会系统，从其内部来理解技术（Elliott，1988）。多西（G. Dosi）借鉴库恩（Kuhn）的"范式"来描述技术轨道以及技术演化的社会过程（Dosi，1982）。

另一方面是受到科学知识社会学（sociology of scientific knowledge）建构主义思想的影响。1982 年比克和平奇指出，"对科学的研究和对技术的研究应该也确实能够相互受益。我们尤其认为，在科学社会学中盛行的、在技术社会学中正在兴起的社会建构主义观点提供了一个有用的起点。我们必须在分析、经验意义上提出一种统一的社会建构主义方法"（Bijker，1987）。这标志着科学知识社会学渗透和扩张到技术领域，并由此形成了技术社会学的新思想——SST。

为了削弱技术具有自主逻辑的观点，SST 学者对早期上游技术开发的本地实践进行了详细的实证研究。他们特别跟踪参与者及其不断变化的联盟和观念，打开技术变革的黑箱。研究发现，行动者会在科学、市场、监管和生产等领域之间来回移动，当他们在不同领域之间移动时，整合了许多不同的资源和要素，如知识、技术、资金、人员、专利、市场、用户、法规、文化、政治等。这打破了线性序列的模型，表明技术和环境是在一个混乱的过程中共同构建的。社会技术创新是一个建立联系和构建异质网络的系统过程。这就是为什么技术发展被描述为"异质工程"（Law，1987）或"无缝网络"的构建（Hughes，1987）。SST 学者还证明了替代方案的存在、选择以及主导设计出现的偶然性，由此推论出特定的结果和技术形式不是由固有的技术逻辑决定的，而是社会群体（及其选择、感知、网络、战略）之间互动的结果。

二、技术的社会建构论的主要流派

自 20 世纪 80 年代以来，SST 学者们取得了卓有成效的研究成果。按照罗宾·威廉姆斯（Robin Williams）等的观点，新技术社会学的研究纲领是社会建构主义，主要包括以下三种流派（Williams and Edge，1996）。

1. 技术系统方法

休斯在研究美国电气化的过程中发现，爱迪生（Thomas Edison）和英萨尔（Samuel Insull）等是"系统搭建者"（system builder），他们在思考如何实现技术发明以及行业发展时，不是将技术与科学、经济、社会和政治分割开来，而往往采用系统的思维方式（Bijker，1987）。

休斯（Hughes，1987）认为技术系统而非技术发明应该成为分析的真正焦点，"技术系统包含着杂多的、复杂的、各种用来解决问题（problem-solving）的组分，它们都是社会建构和社会塑造的。技术系统的组分中有物理的人工制品、供电公司和投资银行等，也有被标识为科学的组分，如书籍、论文和大学教育与研究项目。起立法作用的人类产品，如规章、法律等，也是技术系统的一部分。为了系统运行而被采用的自然资源，如煤矿，也是系统中的技术物"。发明家爱迪生把通常贴有经济、技术、科学标签的东西完全融合起来使其成为一个"无缝之网"；列宁（Vladimir Lenin）作为技术的热心支持者也曾说过"苏维埃政权+普鲁士铁道组织+美国技术+托拉斯=社会主义"（Elliott，1988）。

在休斯看来，在工程师、科学家、实验室、投资银行家等系统要素的相互作用下，技术系统"无缝之网"的演化经历了开发、创新、转移以及竞争与稳固阶段。相应地，系统搭建者的身份经历了由发明家向企业家的转变。在开发阶段，相对简单的技术发明转变为具有经济、社会等特征的技术系统；在创新阶段，已开发的技术系统通过一系列创新扩张成一个由制造、销售和服务诸多环节组成的复杂产业系统；在转移阶段，技术产业系统做了相应的调整以适应当地的新环境和时代需求；在技术系统的竞争与稳固阶段，技术系统中会出现与其他组分不相容的部分，休斯称之为"反向突出部"（reverse salients）。系统构建者往往通过一些创新来解决问题。之后系统便趋于稳固，从而获得了"动量"。休斯认为"动量"这一概念既有别于技术自主性概念和技术决定论，又符合技术的社会建构论纲领。

2. 技术的社会建构论

比克和平奇将科学知识社会学的研究纲领引入技术的社会学研究。SCOT 侧重于将技术变革解释为一种意义创造和社会认知过程，通过引入社会文化为技术发展摆脱"决定论"的束缚提供了空间（Bijker，1987；Bijker，1995）。

当新技术出现时，它们的形式和功能有很大的不确定性。不同的社会群体对此有不同的问题定义和解释。因此新技术的一个显著特点是解释灵活性（interpretative flexibility），人工物的社会意义是由不同社会群体所赋予的。以安全自行车的演化为例，存在生产厂家、运动员、旅行者、妇女、老人、儿童等不同的社会利益相关群体。由于价值观、社会文化背景和政治地位不同，他们对车轮尺寸、稳定性、安全性、是否增加充气胎等问题有不同的价值诉求。这导致自行车的演化存在多种相互冲突的解决方案，如 1892 年自行车的轮径已增至 56 英寸①，并使用了充气轮胎，但一些人却认为这种自行车设计提高了速度，是"不安全"的，充气轮胎也不美观。

那么，为什么其中某一条技术发展路径会脱颖而出？不同路径之间的竞争不仅发生在市场上，也发生在制度环境中（Garud and Rappa，1994：347）。比克和平奇认为需要将技术发展与社会文化背景联系起来，在社会文化情境中找寻结束争论、形成共识的答案。随着时间的推移，参与者通过相互交流，与技术互动，以及协商、学习，逐渐建立起对新技术的共识。共享认知框架包括"目标、关键问题、问题解决策略（启发式）、问题解决方案需要满足的要求、当前理论、隐性知识、测试程序以及设计方法和标准"（Bijker，1995：123）等要素。这是群体间谈判和成立联盟的过程。此时对技术产品意义的多样性解释逐渐减少，一种解释占主导地位。

由此，SCOT 认为人工物的稳定可以通过"修辞学"来实现。例如，对于高轮自行车是否"安全"的争论，可以通过修辞学如广告宣称其"安全"，或者通过"重新定义问题"来平息争议。在此争论的"问题"并不一定得到解决，关键是相关社会群体"认为问题已经解决"。比如，在自行车的充气轮胎开始使用时，公众认为不美观，且不安全，但其倡导者——自行车竞技运动群体重新定义了问题，认为充气胎不仅能解决振动问题，还能提高成绩。

---

① 1 英寸=2.54 厘米。

显然，SCOT 将技术变革理解为一个社会认知过程。

3. 行动者网络理论

卡隆、拉图尔、劳等学者认为人工物是一个由生物和非生物要素在某一时期内相互联结而构成的"异质的行动者网络"（Latour，2015），网络包含着技术、经济、社会、政治、文化等因素。没有网络就没有行动者。行动者是由其在网络中的位置以及与其他因素的联系来确定的。人工物获得成功的关键在于动态异质性网络的稳定性。

行动者网络理论（actor-network theory，ANT）研究强调重视当地实践。对当地项目的经典研究有法国电动汽车开发（Callon，1986）、英国飞机开发（Law and Callon，1992）、巴黎公共交通（Latour，1996）等。行动者网络理论通过分析当地实践中技术发展的多样性、异质性和混乱性，展示了社会和技术元素从一开始是如何相互关联和构成的。例如，卡隆通过对 1973—1976 年法国电动汽车 VEL 开发失败的项目分析，认为技术创新不是一个线性序列。其开发过程包含了由法国电气公司（EDF）招募的工程师、科学家、研究机构、雷诺汽车公司、通用汽车公司、市政府内阁、公交公司、消费者、环保人士等行动者，以及蓄电池、电解质、燃料箱、催化剂、电子、电极、牵引系统等无生命的非人行动者共同组成的行动者网络。拉图尔以狄塞尔（Rudolf Diesel）内燃机的发明过程为例，说明内燃机的成功离不开狄塞尔的发明智慧，卡诺（Nicolas Léonard Sadi Carnot）的热力学原理、生产和商业化过程，以及社会评价等因素。拉图尔认为技术和科学是"技科学"的一部分。在实际研究中，什么是科学因素、技术因素和社会因素，以及谁是科学家，谁是工程师，这些答案都是相当模糊的。"科学和技术都有一种可以向外部大幅度扩张的隐秘的内容，因此，科学和技术仅仅是技科学的一个子集。"（Latour，2015）

在上述案例中，行动者网络理论强调了行动者网络的"异质性"。卡隆（Callon，1987）认为系统方法预设了系统和环境之间的边界，但没有突出系统内各要素的异质性，削弱了系统方法的解释性，而行动者网络这一分析框架则可避免此问题。在 VEL 的发明过程中，如果一个行动者缺席，如催化剂受污染而失效、雷诺汽车公司不去履行自己的职责，或者消费者拒绝购买导致网络的构建无法完成，那么整个项目也会失败。因此，应该同等重视这些异质性要素。一项技术的成功与否是行动者网络建构的结果，人工制品必须被视为包含了多种异质性元素，否则，我们便不能理解技术及其发展过程。拉图尔认为一项工程从研究、开发到生产、销售是一个争论、协商、改造、联盟的动态发展过程。在行动者之间以及与非人行动者的联盟中，都增加了技术与社会文化因素杂合的异质成分。

综上，尽管这三种研究方法有所差异，但在社会建构论这把"大伞"下，新技术社会学的技术观体现出如下共同点：人工制品的意义是由相关社会群体或行动者赋予的。人工制品是协商的产物，如 SCOT 认为可以通过"修辞学"和"重新定义问题"实现争论终止，达到人工制品的稳定化，这也正是休斯所说的"无缝之网"。此外，技术与科学以及其他社会文化没有区别。卡隆描述了工程师作为社会学家而活动的能力（柯礼文，1991）。在卡隆看来，工程师实际上已成为社会学家。这一观点亦可以在休斯的爱迪生发明电灯案例中得以充分体现。

三、技术的社会建构论的认识论特点及争议

作为技术决定论的对立面，技术的社会建构论在认识论方面受到 SSK 的影响。该理论运用微观社会研究方法打开"小写的"技术黑箱，为研究技术发明、创新与演化发展提供了全新的视角，也为后续学者研究社会技术体制转型提供了新的思路。

首先，技术的社会建构论打破传统技术观中技术与社会二分的思维模式，呈现出自然与社会相互建构的图景。传统技术观以技术与社会的二分法为认识前提，往往难以摆脱技术决定论的窠臼。技术的社会建构论则将人工物的演化视为一个社会化过程。人工物系统或行动者网络的搭建过程是动态开放的。在人工物系统稳定化之前，其搭建所需要的知识、工艺、

经验、基础设施等异质性资源要素是不确定的。新的要素会在演化过程中得以生成。行动者的身份也可以是多元的，比如工程师可以是科学家或企业家。

其次，技术的社会建构论将研究视角从传统技术观强调的"技术发展的自主性逻辑"转向技术的社会化机制。布瑞（Philip Brey）指出，"首先，社会建构主义认为技术发展是一个涉及异质因素的偶然过程。技术变革既不能被分析成遵循一条固定的、单向的路径，也不能用经济学规律或某种内在的技术"逻辑"来解释。相反，技术变革最好被解释为一系列技术论战、分歧和困难，涉及不同的行动者（具有行为能力的个人或群体）或相关社会团体。社会团体由拥有共同的理念框架和共同利益的行动者所构成。这些行动者或团体通过谋划来赢得反对派的支持，并按照自己的计划来建构技术"（Brey，1997）。在技术社会建构主义者看来，技术形成与发展是工程师、企业家、消费者、政府官员等众多社会利益相关者参与的过程，是这些多元主体围绕人工物进行对话、沟通与协商的结果。由于这些社会群体的价值诉求不同，人工物所负载的价值是多元的。因此对技术的认识必然会从主客二分的对象性关系转向主体间性关系。

新技术社会学通过引入建构主义带来了研究新意，但也受到夸大社会因素、忽视权力关系和规范性研究的批评，其不同流派在研究方法上也存在观点分歧。李三虎和赵万里（1994）、安维复（2002）、邢怀滨（2004）等国内学者对此进行过细致的分析。

首先，社会建构论抛开了海德格尔等技术哲学家所不能幸免的技术决定论观念，淡化了技术对社会影响的讨论，但给人们留下了把社会建构论与技术决定论对立起来的印象。早期 SCOT 存在强社会建构论观点，如伯格（Peter L. Berger）和卢克曼（Thomas Luckmann）（Berger and Luckmann，1967：204）所言："建构主义是这样一个概念，实在是我们制造的，而不是被我们发现的。按照建构主义分析，'人类生来就是注定要与他人一起建构并居住在这个世界上'。对人类而言，世界就是由人类控制的并可由人类界定的实在。世界的界限是由自然限定的，但一经被人类建构，这个世界就反作用于自然。在自然和社会地建构的世界的辩证关系之间，人类本身是可塑的。同样的辩证法也存在于人类自身，'人生产了实在，并在生产实在中也生产了自身'。因此，'被社会地建构的'世界也是辩证的。它发生在'人'与'人'之间和'自然'与'人'之间。在自然和社会意义上，人类与生俱来注定要生活在我们自己建构的世界中。"（安维复，2003）

　　对此社会建构论内部存在观点分歧。一些学者认为，技术的社会建构论是对技术决定论的扬弃，它并不等于社会决定论。技术演化中存在对人工制品的解释灵活性和协商过程，并不能推论出技术是社会决定的。社会建构论以社会技术集合(sociotechnical ensembles)作为对技术的理解方式，试图建立一种可以包含技术与社会互动的关于技术发展的一般性话语。虽然其强调"社会"，但也是技术与社会相互建构或形塑中的"社会"。

　　其次，一些批评者认为新技术社会学忽视了对特定情境下技术发展的政治学与伦理学分析。尽管技术社会建构论者通过描述社会与技术路径选择的关系，对某种人工物在特定社会场景下如何取得优势这一过程进行了解释，但技术的社会建构论较少关注人工物产生与特定场景的权力关系，很少解释隐藏于"什么"（What）和"怎样"（How）背后的"为何如此行动"（Why）的问题。比如，技术问题、解决方案是谁定义的？是谁影响了解决方案被采纳？在上述过程中是否存在被边缘化的弱势群体？那些受到技术影响但又没有发言权的社会群体的利益是如何被表达的？这些问题背后重要的技术政治学分析都被忽视了。对当前人们所期待的如何去推动技术生态化转型和低碳创新这样一个紧迫的现实问题而言，这一点尤为重要。

　　同时，技术的社会建构论强调对技术发展的描述性研究而忽视了对其进行规范性研究。该理论较少考虑技术发展对利益相关者的伦理影响。温纳（Langdon Winner）认为这是由于批判和否定技术决定论的观念在很多技术社会建构主义者心中根深蒂固，以致把对技术选择的社会后果的研究也忽视了。麦肯齐和瓦克曼认为关于技术后果的研究已进入死胡同（MacKenzie and Wajcman，1999）。温纳认为这是由于受到科学知识社会学认识论的相对主义纲领的影响。在新技术社会学中社会建构主义纲领对技术成果的最终善恶采取了不可知论的态度，因而不去探讨有关技术的地位、技术选择的正误这样的问题（李三虎和赵万里，1994）。

此外，争论还体现在社会建构的对称性分析方法上。对于在行动者的范畴是否包括非人行动者，技术的社会建构论各流派之间出现了分歧。

SCOT 框架用社会因素来解释技术的成功与失败，自然规律没有进入解释模型。比克（Bijker，1993）认为"机器的运转不应该被当作解释因子（explanans）而应该被当作被解释物（explanandum）"，也就是说，运转的机器并不是其成功的原因而是被相关社会群体接受的结果。SCOT分析框架主要通过社会变量来说明技术的成长与稳定化过程。"自然规律，或曰可行性，并没有明确表明人工制品应是什么样，因此，需要另外的因素来解释荧光灯的形成"（Bijker，1992）。这就不可避免地否定或忽视了自然规律所起到的一些基础性作用。如自行车车轮是圆形而非方形，这是不可能被建构的。尽管 SCOT 框架并不否认自然规律以及技术人工物的物质基础，但其却对技术产生的解释作了社会化的简约，有夸大社会因素及偶然性的嫌疑。

卡隆和拉图尔（Callon and Latour，1992）则认为，自然物质也参与了技术发展中的争论与协商过程。如果不考虑这些因素，将无法得到对技术发展的有力说明。拉图尔（Latour，1993）在《我们从未现代过》（*We Have Never been Modern*）一书中指出，布鲁尔所提倡的基本的对称性原则"在打破传统的不对称分析的同时，将自然抛出了解释视野，而只用社会因素来解释成功和失败，这其实是一种新的不对称"。劳（Law，1987）认为，不仅对成功和失败的技术要运用同样的解释框架，而且对异质性网络中的所有元素，无论是设备、自然力还是社会群体，也要用同样的解释框架，而不应赋予社会因素以优先的解释权力。拉图尔和伍尔加（Latour and Woolgar，1986）甚至丢掉了"社会"二字，而只用"建构"一词，他们认为一切都是在多种因素的共同作用中建构而成的，"行动者"中的自然物和人类是同样重要的。

在行动者网络分析方法中，行动者这一概念将社会因素与非社会因素如自然力都包含进来。劳（Law，1987）则用势力（force）、顽固性（obduracy）等这样一些概念来表示不同组分可被形塑的程度的差异。尽管如此，仍有学者认为，对这些概念的同等使用只会意味着不同行动者在某类性质上存在程度方面的差异，却不足以展现上述根本性的质的不同，是一种牵强的理解方式（邢怀滨，2004）。

综上可知，技术的社会建构论对技术的研究，从批判方法转向采用建构主义的概念先描述后评价，用经验研究打开技术黑箱从内部来理解技术，在情境中"深描"技术和人工物的构成过程。技术的社会建构论反对技术决定论特别是强技术决定论，影响了当代技术哲学研究的经验主义转向。正如布瑞（1997）所言，"社会建构论预示了技术哲学研究的新方向"。"由历史学家和社会学家所推进的拒斥技术本质主义解释的建构论思想，业已成为技术哲学研究的主流。"（Stump，2000）

但是，技术的社会建构论对技术形成、路径选择和发展机制的研究主要诉诸相关社会群体的利益诉求分析，对于影响技术的社会形塑背后更加本质的东西缺乏探讨。比如对技术本质的探讨存在一种相对主义的态度。尽管技术情境研究已成为新一代技术哲学关注的重点，但其自身也面临着经验研究而非哲学的批评。正如克罗斯等所言，经验转向的技术哲学不能失去其哲学性而转变成经验学科，要澄清经验描述时的基本概念和概念框架。这些问题都涉及对技术本质的理解，涉及对"技术是社会建构的"这一共识性的认识论基础进行重新审视。

技术的社会建构论为实践技术观指引了理论进路。技术的社会建构论认为技术是社会的技术，是人类的一种社会行动，是一种特定的社会文化实践。这一观点提供了从行动者的行动和互动之中来理解技术的思想进路。

一是因为既然技术是人和社会的建构，那么导致技术异化以及技术悲观主义问题的核心就不在技术本身，而在于主体自身。"回到真正的人要求某种与朝向机器进程的进步不同的东西。回到我们已经真正找到的地方，就是这样一种道路：达到我们现在所需要的思维的道路。"（舒尔曼，1995）人类建构技术的活动，也是人类超越自己所建构的技术从而争得解放的自主行为。同样，人类不断实现超越性，是在建构技术的实践活动中完成的。

二是从政策层面来讲，根据技术的社会建构论，技术设计和创新是行动者参与和共同协商的结果。技术是不同社会角色的利益表达。在技术创新这样一种特定的社会文化实践中，技术不再是不可变异的铁笼，而是面向未来、开放的、可选择的人工物。这就为我们研究绿色技术创新、实现技术社会系统的低碳转型提供了理论依据和现实可能性，即芬伯格所意涵的可选择的现代性。下一章将从行动者的社会行动视角，从劳动的人这一起点出发来讨论技术和技术创新。

第四章 走向实践：情境与行动中的技术*

人文主义学者认为，将技术片面地理解为技能、技艺、工具或是知识的传统的技术观，主要注重的是技术的"工具"价值，而相对忽视了技术对人自身发展的影响与塑造。然而，针对技术发展所带来的风险问题，人文主义技术观并不能够改变这一图景。究其原因，有学者认为，"在主题上，经典技术哲学强调道德性的问题而忽视认识论与本体论的问题，关注的是技术的使用而不是技术的设计、制造等过程的问题；技术与工程本身，即技术制品的设计、发展、生产、维修游离于经典技术哲学家的视野之外"。"在方法上，经典技术哲学强调规范性而忽视描述性，采取一种外部性的方法看待技术。在这里，技术本身通常保留为一个黑箱，被当作一个不变的整体。"（高亮华，2009）

在认识技术风险的不确定性时，经典的技术研究纲领并不能给予充分的说明。从实践情境中理解和把握技术则提供了一种新的可能性。与传统技术观相比，在情境中理解技术的新视野表现为几个转向，即从关注结果转向关注过程，从单一线性逻辑转向系统复杂性逻辑，从"去情境化"转

* 本章主要内容基于作者已发表的论文：李平. 技术哲学经验主义转向中"技术情境"的实践意涵. 哲学分析, 2021, (12): 156-165, 193, 194.

向"情境化",从话语修辞转向行动研究。实践的技术视角关键不是给出一个具体的技术定义,而是提供一种情境式、多元的理解技术的方法。技术的实践视角既体现了技术哲学的经验主义研究转向,也体现了历史唯物主义的研究视角,更体现了本体论上的实践优位。

一、技术哲学研究的经验主义转向:从情境中把握技术

20 世纪 80 年代以来,技术哲学研究出现了经验主义转向的研究动向。转向的主要原因是经典技术哲学陷入了发展困境。"在 20 世纪 70 年代中期,技术哲学仍然面临着认知认同和职业认同问题。在当时的情况下,学术界对技术的忽视是普遍的。从根本上讲,技术哲学虽然存在,但在学术主题中,它无足轻重。"(李勇和陈凡,2009)

在新一代技术哲学家如博格曼(Albert Borgmann)、伊德(Don Ihde)、芬伯格、皮特(Joseph C. Pitt)、米切姆(Carl Mitcham)、克罗斯(Peter Kroes)等看来,导致上述困境的主要原因在于经典技术哲学强调道德性的问题而忽视了认识论问题。经典技术哲学的研究纲领可以概述为"现代技术的绝对惊异性"、"技术的乌托邦与敌托邦"、"技术与符号-语言文化的两分"以及"救赎"(克服技术)(高亮华,2009)。从主题来看,经典技术哲学被认为基于技术决定论观点,长期以来坚持对技术的批判,"不顾技术对现代社会和文明的正面推动作用,以及技术给人类生活带来的诸多福利等事实,先验地对技术持单边否定(one-sidedly negative)和悲观态度"(潘恩荣,2012)。从方法论来看,经典技术哲学研究纲领采取一种外部性的方法看待技术,技术被当作一个黑箱来对待。其关注的是技术的使用,技术制品的设计、制造、生产、维修等环节游离于经典技术哲学家的视野之外。经典技术哲学反思的是适用于所有情形的、作为总的行为原则的"大写"的技术。技术通常是被作为一个整体看待的,技术是一种抽象的、理想化的对象,而非当下的具体存在,如技术在海德格尔那里被看作是"座架",在埃吕那里被看作是"系统",在芒福德(Lewis

Mumford）那里被看作是"巨机器"，在马尔库塞（Herbert Marcuse）那里被看作是"意识形态"（程海东和刘炜，2014）。由于侧重研究技术之所以可能的形而上的条件，经典技术哲学脱离了技术所依赖的具体社会情境。技术哲学家被认为是"憎恶技术，而且他们对技术一无所知"（Pitt，1995），限制了技术哲学的影响力和自身发展。皮特（Pitt，1990：13）在读到费雷（Frederick Ferré）的《技术哲学》（*Philosophy of Technology*）一书时感叹：他怎能写一本技术哲学的书而不讨论工程与科学呢？米切姆（2018）认为，从观念史中对哲学与技术的研究所带来的贡献一直是非常有限的。伊德（Ihde，1991：140）认为"技术哲学，如果研究人类生活中更为宽广的问题域，必须实现一种转向：把它的重点转向日常生活问题，转向技术伦理上的影响，转向技术和生活世界界面的整个领域"。

20 世纪 90 年代，以克罗斯、迈耶尔什（Anthonie Meijers）、阿特胡斯（Hans Achterhuis）、布瑞、费尔贝克（Peter-Paul Verbeek）等为代表的"荷兰学派"倡导和推动了技术哲学从社会批评向"经验转向"（empirical turn）的学科范式转变。克罗斯和迈耶尔什在其主编的《技术哲学的经验转向》（*The Empirical Turn in the Philosophy of Technology*）一书中指出，对技术的哲学反思必须建立在对现代技术的复杂性与丰富性适当的经验描述上。该书提出了技术哲学研究"经验转向"的研究纲领（Kroes and Meijers，2000）。

布瑞区分了两种路径的经验转向。第一种是面向社会（society-oriented）的进路，在立足于传统人文批判的同时，借鉴了实用主义、后结构主义、STS 等研究，回避了技术决定论和悲观主义，致力于发展一种情境化的和描述性的技术哲学。第二种是面向工程（engineering-oriented）的进路，强调对工程的做法和工程产品进行仔细分析和描述（Brey，2010）。这两种经验转向虽然所面向的对象和对经验的理解不同，但都体现了一种情境化或情境论（contextualism）的立场。在这里，研究对象发生了转变，从使用者阶段切换到技术人工物的设计、发展和生产阶段（Kroes and Meijers，

2002），由此打开了技术设计或演化的"黑箱"；研究层次从高度抽象的一般层面下沉到具体的和局部化的层面（Kroes，2000）；研究方法从批判方法转向用建构主义概念先描述后评价，在情境中"深描"技术和人工物的构成过程。

欧美技术哲学界针对经典技术哲学研究纲领忽视技术本身的问题，展开了向现实感性的生活世界回归的"经验转向"运动。该运动主张技术哲学研究打开技术黑箱，通过关注技术制品的设计、开发和生产的过程来理解技术。进入情境研究成为经验转向的一种共识。但是技术哲学的经验主义转向自身也面临着被视为经验科学而非哲学的批评。正如克罗斯等所言，经验转向的技术哲学不能失去其哲学性而转变成经验学科，要澄清经验描述时的基本概念和概念框架。就技术情境而言，需要回答以下问题：如何通过技术情境来理解技术？如何理解作为关系实在的技术情境的本体论基础？如何在行动中的技术情境中实现技术规范性与描述性的统一？这需要从实践立场出发，分别予以阐述。

二、技术情境的认识论意义：技术与情境的同构性

科学哲学的情境进路认为科学认识总是在主客观统一的语境中进行，并在不断地去语境化（de-contextualized）与再语境化（re-contextualized）的动态发展中得以完善（成素梅和郭贵春，2007）。受到语境论①科学观的影响，技术情境观认为技术与情境具有同构性，人们对技术的理解内嵌在技术发明和创新所在的社会文化情境中。

技术与情境同构性的特点表现在技术情境的空间复杂性和时间延展性两个交织的维度上。一方面技术情境被理解为在人的生存实践过程中工具、技能或知识与人不断生成联结而成的耦合体。情境是技术的存在

---

① context一词在科学哲学文献中多被译为语境，在技术哲学文献中多被译为情境或语境，本章参照这一译法，采用"技术情境"的表述，亦表明科学知识生产的科学语境与技术创新的技术情境有所不同。

方式，技术无法脱离其情境而存在。技术不是外在于它的情境，情境是它自身的一部分，两者构成一个有机的"社会技术"配置（social-technical configuration）。另一方面技术情境表现为一种当下关系的历史延展性。当下、具体的人工物的设计、发明、革新和使用的情境是处于不断变化之中的，哪怕是同一个人工物在不同历史时期或不同场景中也存在"演化"的多样性。

不同于技术自主论、技术工具论等传统技术观，技术情境观认为技术内嵌于情境之中，对于任何一个技术来说，我们无法离开其具体的情境来解释技术的功能及其演化。技术与情境的同构性，为在认识论意义上追问技术开辟了一条新的路径，并表现出两方面的认识论转向。

一是对技术的思考从单一线性逻辑转向系统复杂性逻辑，反对任何形式的单向决定论和"二分法"。不同于标准观点中对技术从简单工具到复杂机器演化的夸张描述，社会技术系统概念提出了一种关于人类技术活动的普适概念。在这一概念中，复杂的社会结构、非语言的活动系统、先进的语言交流、劳动仪式的协调、高级人工制品的制造、明显多样化的社会行动者和非社会行动者的连接、各种人工制品的社会使用，都被认为是一个兼具适应性和表现力的单一综合体的各组成部分（Pfaffenberger, 1992）。

这种社会技术配置的复杂耦合关系超越了主客体的相互割裂和对立，呈现出一种关系实在。传统的技术工具论认为技术在伦理道德上是中性的，技术的影响取决于如何使用它，技术活动往往被理解为改造世界的工具化活动。这一活动中的基本结构就是人与其对象的对立关系，割裂了人工制品的制造所连带着的各种文化。"人类活动则远在近代技术产生之前就早已随着人类各种文明的发展而出现了，只是当时并无像现在这样的技术的明确概念。不过，当我们只是基于近代技术的概念框架在历史中追溯更早的'技术'发明和发展时，却只能'发现'一些与这种技术概念框架相符或相似的东西，而在这个过程中，因为与此框架不符而被忽略和丢掉的东西要更多。"（刘兵，2004）这就是"去情境化"理解技术的问题所在。

技术情境观属于一种整体论思想，从社会技术架构视角来剖析技术创新过程中社会、政治、经济、文化、伦理和主体社会责任等因素与技术活动是如何相互耦合与形塑的。这一系统研究不仅要考察技术的设计、发明、创新和使用等问题，还需要分析技术活动具体情境中的地方性知识、默会知识在上述过程中所发挥的作用。由此一些技术人类学者认为，人类学的田野方法以及整体论取向非常适用于研究技术与文化之间的复杂关系。

二是技术情境的历史延展性的特点表明行动者正是在特定情境当中把握技术活动的意义的。由此便实现了研究视角从静态结果向动态过程的转变。"语境论更注重于动态活动中真实发生的事件和过程，即在特定时空框架中不断变化着的历史事实，而且可变的事件本身赋有主体的目的和意图，主体参与到了事件和语境的构造当中，同时，语境反过来也影响到了主体的行为，这是一种相互促动的、关联的实在图景。"（郭贵春，2006）这就不难理解因历史境遇不同，技术观也相应地有所变化。

在不同的社会经济文化实践形态中呈现出不同的主导技术观（表4.1）。古代农业社会的技术活动以手工操作为主，高度依赖于个体生活世界的经验知识和技能。这一时期人们对技术的理解基本上局限于"技艺"或"技能"，如亚里士多德（Aristotle）认为技术是和人类的实际活动相联系并在活动中体现出来的"技能"。在近代工业社会，到了第一次工业革命后期作为明晰知识的科学，如机器制造所遵循的热力学、电磁学等原理被认为是技术的知识来源。人们更多的是从工具或者科学知识的转移和应用出发来理解技术。到了后工业时代，特别是风险社会的到来，人们开始在"地方性"情境中理解技术风险的不确定性。具身知识和默会知识成为重要的技术知识来源。在这种社会情境中对技术的反思获得了更多的合法性。技术观大致经历了从古代农业社会"技术技能观"、传统工业社会"技术工具观"与"科学知识应用观"，再到风险社会"技术情境观"的转变。正如拉普（1986：21）所言，技术是一种历史现象，只有在特定的历史背景下才能概括出技术的概念。

表 **4.1** 技术观的演变

技术观	时代	技术知识的来源	技术知识的分配逻辑
技术技能观	农业社会	生活世界的经验、默会知识	个人知识的分享
技术工具观、科学知识应用观	工业社会	科学知识的应用、明晰知识	知识转移；知识资本分配（创新）
技术情境观	风险社会	有关风险不确定性的知识、默会知识	公民科学、群体共识

因此，在情境中认知技术，既不是简单地将技术理解为一种知识（episteme）形态，认为技术是普遍的、共性的、可供逻辑分析的科学知识的应用，也不是片面地将技术理解为工具、技艺和技能（techne），注重技术的工具价值。后者的极端表现是工具理性主义的技术观和技术决定论，忽视了社会对技术的形塑。情境主义的技术观是一种开放的（open-ended）技术观，突破了传统的技术批判研究，反对将对技术本质的理解固定化。"就'技术'一词而言，我们最好分析它在特定语境中的合理用法，而不宜提出一个本质主义的定义，只能提出一个非本质主义的定义。"（张华夏和张志林，2002）情境主义的技术观并不是收敛式地给出一个具体的技术定义，而是提供一种开放的情境式、多元化、启发式的视角来理解技术，从而为容纳不同的技术观以及理解技术风险发生的偶然性和技术活动的地方性特点提供了开放空间。这种认识视角强调从关注技术结果或技术本质转向关注技术的创新过程，关注如何在技术与社会的共同进化过程中充分理解技术，并使技术能够更好地为人类可持续发展服务。这一新视角为从社会学、人类学、政治学、经济学维度进入技术研究提供了合法性。

三、技术情境的本体论基础：人的生存实践

技术哲学经验转向体现了技术哲学研究的"'元叙事'的衰落与'小叙事'的兴起"（吴致远，2009）。技术哲学经验转向将研究层次从高度

抽象的宏观层面转向细微具体的微观层面，并不能割裂"小叙事"背后的"元叙事"。技术的"情境化"需要将技术拉回到发生学的起点，回到人的历史生存情境中，探讨技术与人的内在关系，这是马克思（Karl Marx）的实践运思方式。

"现实的人"的现实存在是马克思审视关于人和技术的任何本体论、认识论的前提。"技术不是孤立的社会存在，而是始终与人的生存密切联系在一起，技术发展的结果是人之生存方式的变迁"（王治东和萧玲，2011）。"人，作为人类历史的经常前提，也是人类历史的经常的产物和结果，而人只有作为自己本身的产物和结果才成为前提。"（马克思和恩格斯，1974：545）从人的生存实践出发，就超出了对象性关系的认识框架。在形成笛卡儿的"主体-客体"认识论格式前，人及其本质力量已经存在于现实的实践中，先在于技术、使技术成为可能的主客观条件被现实的"历史境遇"所作用、决定（曹志平和陈建安，2010）。[①]

马克思所涉及的对技术的思考，从一开始就没有游离出人的劳动和生产历史情境，而是贯穿其中。"马克思没有把技术作为直接的研究对象，但他以实践为基点的哲学思考，却使技术与社会历史紧密地关联起来。"（曹克，2003）马克思透过诸如工业、机器、机械、工具、工艺学、发明等实践产物，从现实的劳动实践过程出发，来阐释对技术的理解。在他看来，"如果把工业看成人的本质力量的公开的展示，那么，自然界的人的本质，或者人的自然的本质，也就可以理解了"（马克思和恩格斯，1979：128）。马克思将技术作为实践活动放在人类社会历史及其发展的宏观视域下，分析技术与生产力、社会交往、社会生产、资本、工业、科学以及意识形态等的存在论关系。技术情境就是实践主体在其实践活动中所表现出的一种关系实在。

看似对技术情境理解的层次不同，在技术哲学经验主义转向"小叙事"

---

① 本书认为该文中所表述的实践对科学的存在论关系论述同样适用于技术。

中表现为微观层面具体技术创新活动的技术情境，实质上是马克思实践观"元叙事"中宏观层面物质生产方式的一种特殊的"历史境遇"。将技术情境理解为具有异质性的人的生产实践，强调从一定历史时空条件下特定生产活动中的现实个人出发，从技术产生和创新的情境中理解和把握作为一种"存在"而非"存在者"的技术，体现出在哲学层面对技术哲学经验主义研究的超越。

相对于传统技术哲学研究而言，技术哲学的经验主义转向的可取之处在于，要求打开技术黑箱，研究信息技术、基因技术、纳米技术等"小写的、复数的、特定的"技术。但是，如果仅仅从经验层面研究一个相对独立的技术情境，则会局限在技术制造和工具化使用的偏狭场景中，而"看不到真正的社会历史存在总体，以及决定这种社会历史存在的特定性质的现实物质生产与再生产基础"（张一兵，2010），也严重遮蔽现实资本逻辑对技术的根本性制约以及资本主义生产方式对人的控制。只有将对机器和工具的分析纳入到历史的物质生产方式分析中，才能更好地理解技术与资本、政治利益等的关系。

此外，技术哲学经验主义转向所倡导的情境主义技术观，更接近一种多元论的立场。承认技术建构情境的多样性，有可能会导致认为科学知识、技艺、工具、工程与社会间的"冲撞"是无方向性和偶然性的。"语境具有相对性不等于说语境是主观的，它具有客观性，相当于唯物辩证法中的'联系'范畴，表现出行动者在不同时间与不同情境的一种'上下文的关系'，或许我们可以称之为主体性，却不是与客观性相对而言的主观性"（朱春艳和陈凡，2011）。马克思揭示了人的"历史境遇"在存在论上对人类活动具有先在性。"历史境遇"作为人类创造历史的本体论条件，具有必然性、无条件性。在内容上，马克思将之概括为人类历史积累的"一定的生产力总和，人对自然以及个人之间历史地形成的关系"（马克思和恩格斯，2018）。因此，只有从人的生产实践出发去理解和把握技术情境，才能避免从自然实在论走向社会实在论进而落入相对主义技术观的窠臼，才能更好地理解马克思在其经济学-哲学文本中所展示的技术与社会的"冲撞"向历史唯物主义的回归。

四、技术情境的价值论取向：在实践中实现规范性与描述性统一

随着人类技术化生存风险问题日益突出，以米切姆为代表的新一代技术哲学家认为，"技术哲学中最重要的问题往往与伦理学和政治哲学有关"（米切姆，2018）。那么如何在技术情境中，统摄技术哲学经验转向中面向社会与面向工程物的分歧？如何将经验转向与伦理转向结合起来，实现技术研究的描述性与规范性的统一？

技术情境的实践意涵体现在知行合一上。通过构建微观的低碳创新情境，可以培养人们对"什么是好的技术创新""技术行为是否应当"等问题的伦理敏感性，同时兼顾到"怎样才能把技术转型设计得更加公正"，以及怎样在行动中体现人类社会与自然可持续发展的责任，进而实现技术的"善"。实践视域下的技术观，不仅体现在"知"上，更体现在"行"上，这是一个一体两面的问题。

此处的"知"更重要的是指默会知识。默会知识不是理论的知识传统所代表的知识概念所能摹状和规范的，不能用语言来表达，却能以非语言的方式比如行动来表达，是体现在行动中的技术诀窍（know-how）。就知识的形态而言，亚里士多德将实践智慧界定为一种实践的知识而非理论的知识，不同于理论的知识传统那种建立在主客二分基础上、必须用语言的方式加以表达的表象性知识。亚里士多德认为属于实践智慧的有伦理学和政治学。伦理学研究的目标不是理论知识，而是善的行动和美德。实践的理智追求与正当的欲望相对应的真理。实践的真理和正当的欲望的统一，是善的行动和道德的美德之所以可能的前提。

"行"是对研究者的一种新的要求——行动研究。作为实践智慧，技术更重要的是一种关于行动的知识，是实践活动的一种样式。技术根植于

实践，也复归于实践。技术实践不仅通过"看"和"说"，更重要的是通过"做"，使思维的理性与现实的有效性结合起来。一种技术所涉及的观念和理论被接受，或者最终被接受，并不完全凭借强势的社会权力和动人的语言修辞，最终是依靠这种技术得以展现的改造客观世界和人的生活世界的现实力量。

综上，追问技术的目的不仅仅是获取知识，更重要的是实现善的行动。技术创新的实质是在人类改造自然的实践活动中，技术风险的不确定得以消解并不断产生新的不确定性的过程。解铃还须系铃人。低碳转型既体现在技术自身的逻辑展现之中，又体现在技术与资本、社会、自然及人类的活动关系之中，是人的技术化和生态化生存的内在要求。它体现了人的自我解放与技术健康自由发展的内在一致性需求。通过低碳创新的技术-伦理实践，可以将技术哲学的描述性与规范性问题结合起来，进而实现技术的工具、人文和生态价值的内在统一。通过上述分析，可以认为实践技术观的提出具有以下四种意义。

一是提出了一种开放的技术观。实践视域下的技术观并不是收敛，而是提供一种开放、多元的启发式视角来理解技术。其关键不是给出一个具体的技术定义，而是提供一种情境式、多元的理解技术的方法，不仅为容纳已有的多种理解技术的不同方式提供了空间，而且也为引入新的理解方式和防范技术风险提供了认识论基础。

二是强调了实践优位。技术实践论不仅是方法论和认识论上的辩证法，更是体现在本体论上的实践优位。"实践建构论"把技术理解为具有异质性的实践活动，不但为关于技术的社会学分析、政治学分析和经济学分析提供了正当性和合理性，也使得把技术的政治哲学和科学的经济哲学等纳入到更加广义的技术哲学的框架之中成为可能。正是因为技术实践论体现在本体论上的实践优位，我们才能真正地将这些研究作为通向人类现实生活实践的一个通道，做到像马克思所批判的那样，哲学家不能只是解释世界，更重要的是改造世界。因此人们在实践过程中来理解技术，用历史的观点和发展的眼光去把握技术，以人类的可持续发展为旨归，而不会因忌惮技术风险及其不确定性导致因噎废食。

三是号召发展面向实践的社会科学，为应对技术风险、实现技术的生态化转型，提供了技术治理机制和政策意涵。将技术哲学研究的经验转向与伦理转向结合起来，将描述性与规范性问题结合起来，是对技术哲学经验转向两种分歧的超越。从社会情境视角来理解技术体制的生态化转型，将社会选择机制、沟通协商机制引入转型研究，指出技术体制的生态化转型路径的不确定性，有利于跳出技术发展单一化的技术决定论倾向，避免专家治国论的不足，引入多利益相关者参与的社会治理机制。

四是提倡重视本土化的情境研究。转型治理方式的选择依赖于特定的社会情境。当前中国政府提出了构建低碳社会、发展循环经济、实现经济增长方式转变等战略目标，但微观层面环境产品的外部效应，导致市场失灵和政策失灵，实际效果并不理想。在中国情境下分析社会技术体制的生态化转型尤为迫切。为此需要重点研究社会技术体制生态化的转型和治理机制，包括特定社会情境下的小生境管理、社会治理和民主协商机制等，才能就中国情境下如何实现生态化转型，建设低碳社会，进行对策性思考。并通过在本土实践中寻求有中国特色的治理机制，为全球技术风险治理提供中国智慧。

第二部分

面向可持续发展的社会技术体制转型机制

第五章　可持续转型的理论来源

当前人们对通过创新实现可持续发展的需求日益增大。气候变化、生物多样性丧失以及资源枯竭等环境问题，以及电力、建筑、交通和农业食品等社会技术系统中不可持续的消费和生产模式，共同构成了对人类社会的重大挑战。如何在大幅削减温室气体排放、提高能源效率、实现千年发展目标等方面实现对社会技术体制的转型，摆脱不可持续的锁定和路径依赖变得至关重要。既然从认识论角度看，技术在实践中是可以实现生态化转型的，那么技术的转型是如何发生的？在转型过程中有特定模式或机制吗？我们如何理解并影响长周期、复杂的社会技术转型？基于可持续发展创新的历史研究，形成中观层面的分析框架，是本章将讨论的主要问题。

一、可持续转型的特点

已有可持续转型研究涉及两方面的重要内容，一是如何对转型机制进行理论上的概述，二是如何积极干预、推进甚至管理转型。前者涉及系统转型的一些特点，后者涉及可持续转型相比于其他历史转型的不同特征。

西方学者特别是欧洲学者借鉴 STS、演化经济学和社会学等学科的相关研究成果，基于本土案例研究，发展出一种社会技术观点来研究转型。

这些研究认为，向可持续的生产和消费模式转型不能简单地通过技术革新来推动，只能通过系统的深层结构变化来实现。这是从一种社会技术系统向另一种社会技术系统的转型，需要原有系统向新的社会技术系统进行彻底的转型，这种转型被称为"可持续转型"（Elzen et al., 2004；Grin et al., 2010）。

面向可持续发展的转型是一个长期、多维度和深层次的过程，呈现出系统转型的复杂性特征。乔纳森·科勒（Jonathan Köhler）等将可持续转型的特点归结为以下七点（Köhler et al., 2019）。

（1）多要素多维度的协同演化。转型涉及技术、基础设施、供应链、产业结构、市场、用户、政策以及文化等一系列要素和维度的变化。转型不是线性结果，而是系统要素多维度相互依赖、协同演化的过程。

（2）多元行动者参与的能动过程。转型由来自产业界、政界、民间社会、学术界等一系列行动者和社会团体参与实施。这些行动者和社会团体有其各自的信念、利益和资源，以及决策、战略规划、学习、权力斗争等不同的能动性。

（3）转型过程中伴随着不同权力话语之间的相互作用。由于对可持续发展概念的理解不同，不同的行动者和社会团体在对最理想的创新和可持续转型路径的认识上存在价值观分歧。比如，一些行业行动者担心可持续转型可能威胁到其经济地位和商业模式，为保护其既得利益，会对转型的必要性和进程提出质疑和抵制。

（4）系统变化过程充满"锁定"和"破局"之间的辩证关系。转型一方面体现了系统维持稳定的倾向，如昂鲁（Unruh, 2000）、沃克（Walker, 2000）等提出围绕燃油汽车、煤电厂、集约农业系统等固定生产和消费模式所形成的"锁定"；另一方面展现了推动系统激进变化的力量，如电动汽车、智能电表、太阳能光伏发电、风力涡轮机、共享汽车等新涌现的"绿色"颠覆式创新实践。

（5）长期过程。罗特曼斯（Rotmans）等将转型描绘成 S 形扩散曲线，分为发展前、起飞、加速和稳定等不同阶段（Rotmans et al.，2001）。大量案例研究表明，激进的"绿色"创新从早期小众创新阶段进入到大范围扩散阶段，从克服现有行动者的抵制到"解锁"主导系统的稳定性，往往需要经历几十年甚至更长的转型时间。

（6）结果的不确定性。在可持续转型领域存在多种有前途的创新，由于创新过程（成熟-失败周期）的非线性特征，以及转型路径的多元化（Geels and Schot，2007；Rosenbloom，2017），转型的结果是开放、不确定的，人们往往无法预测未来哪一种绿色创新将会占据上风。

（7）规范性目标需要公共政策的保障。可持续转型提供的是一种集体利益，大多数"可持续"解决方案不能为用户带来明显的好处，存在"搭便车"问题和"囚徒"困境，且性价比往往低于现有技术。如果现有的经济框架（如税收、补贴、监管）不变，那么商业公司、消费者等私人行动者解决这一问题的动力有限。这意味着公共政策必须对转型实现的目标做出规范性声明，通过环境法规、标准、税收、补贴和创新措施在塑造转型方向上发挥核心作用。公共政策对于解决公共产品的外部性问题，改变经济框架以及支持"绿色"小生境市场至关重要（Elzen et al.，2011）。

需要强调的是，规范性目标是可持续转型相比于其他历史转型显著不同的特征。可持续转型有着明确的目标导向——追求环境和能源可持续发展。历史上的许多转型是"自然发生"的，比如 19 世纪晚期欧洲工业化国家的公共卫生转型，这些转型很少从一开始就有长期社会目标导向、集体性的实施规划。

低碳转型等可持续转型不同于以往的社会技术转型，差异表现在以下几个方面（Kuzemko，2013）。

一是全球变暖要求低碳转型具有时间限定性，而社会技术转型需要经历漫长的转型准备期，两者转型的速度是不同的。富凯（Roger Fouquet）对过去 200 年英国能源转型的研究发现，新技术和服务的创新平均需要 100 年以上，之后再需要 50 年扩散（Fouquet，2010）。从木材到煤炭的能源"革命",由于路径依赖、锁定效应减缓了转型,加上缺乏新知识和技能,这一转变需要大约150年才能实现。鉴于漫长的历史准备期以及全球变暖的时间限制,可持续转型存在内部矛盾性,有必要尽早采取行动引导低碳转型。

二是政府和市场在转型过程中发挥作用的阶段不同。转型被理解为长时段内发生的阶段性变化。创新从小众初始创新开始,经过发展、学习曲线和成本下降,进入实施和推广阶段(Fouquet,2010)。罗特曼斯等(Rotmans et al.,2001)提出了分阶段的转型模型:发展前、起飞(系统状态开始转变)、加速(发生结构变化)和稳定。佩雷斯(Carlota Pérez)认为技术革命分为:开发、融资;危机与转型;大规模推广三个阶段(Perez, 2002)。她特别强调市场(通常以金融的形式)和国家在不同阶段发挥的作用。在第一个阶段,市场发挥着主导作用,为新的创新和想法提供资金。在第二个阶段,泡沫破裂,资产被高估了,社会上只有小部分人从这些创新中受益。在第三个阶段,国家往往发挥更大的作用,以支持新技术的大规模部署,从而使利益在社会中得到更广泛的分配。例如很多国家在建立电力网络方面发挥核心作用,以便使全体人民受益于能够负担得起的电力。而低碳转型则与以往的社会技术转型不同。在低碳转型中,国家对第一阶段小生境的支持是重点,如美国政府对提取石油和天然气的高压水砂破裂法早期研发的支持。

三是转型的驱动力不同。以往的能源部门结构性变革是一种更为自下而上的变革,转型主要驱动力与价格、成本和服务有关,更便宜或更好的服务是转变的关键。更低的成本以及更高的销售额是企业投资创新强有力的经济动机。以电灯发明为例,尽管最初新发明的电灯价格高昂,但考虑到安全性,不必在灯里灌满煤气,只要轻触墙上的开关就可照明,消费者愿意支付额外费用。在规模效应导致价格下跌之前,消费者的支持使创新能够逐渐完善,直到它们能够与煤气灯竞争。低碳转型具有不同的驱动力,只有少数人愿意并能够支付更多的钱。如果没有立法,可以预期大多数消费者不会为环境改善支付更多费用，因为好处是社会的而不是私人的。如照明系统中，打开电灯开关的方式不变，只是能源的来源发生了变化，由此产生的好处是长期的，不能立即被感受到。

可持续发展是一个规范性项目（Lafferty，1996），社会制度的运行不会自发地推动可持续发展（Meadowcroft，2007）。市场可能会推动 iPhone 的普及，但不会推动低碳排放的能源系统产生。这种改变只能通过政治程序来实现，并通过国家制度予以合法化并实施。例如，修改监管框架，引入碳税或温室气体排放上限和交易制度，以及加快新技术的开发和部署等，对于鼓励可持续转型至关重要。这使得国家干预和治理对可持续转型至关重要。由于小生境创新在扩散阶段之前都很脆弱，因此需要被保护。低碳创新在小生境市场中有时间发展、边做边学并实现技术改进（Fouquet，2010）。这种保护和开发有前途的新技术的方法，被称为"战略小生境管理"（Kemp et al.，1998）。同时，一些学者提出的"转型管理"（TM）方法，通过愿景共识以及政策制定、实施和学习，以一种共同努力、过程导向的方式来实现低碳转型。

二、理解转型的四种代表性理论框架

可持续转型特点多样、过程复杂，无法通过单一理论或学科来解决。可持续转型研究学者提出有必要从系统层面研究宏大转型的图景。在他们看来，工业生态学、环境经济学等关于可持续发展的研究或者侧重于特定社会群体或单一维度，或者过于强调技术和管理手段，且相对注重于短期行为。黑尔斯（Geels，2004）等学者认为，可持续转型研究的重点既不同于微观层面对个人选择、态度和动机的可持续性讨论，也不同于改变资本主义性质等宏观层面的分析。可持续转型的主要分析单元是位于中观层面的社会技术系统。

在过去 20 多年中，可持续转型研究有了长足发展，通过汇聚来自不同领域的理论和方法，形成了学者普遍认同的四种主要理论框架，分别为

①战略小生境管理（strategic niche management，SNM）（Kemp et al.，1998；Smith，2007；Raven and Geels，2010）；②多层视角（multi-level perspective，MLP）（Geels，2002；Geels and Schot，2007；Smith et al.，2010）；③转型管理（transition management，TM）（Rotmans et al.，2001；Kern and Smith，2008；Loorbach，2010）；④技术创新系统（technology innovation system，TIS）（Jacobsson and Johnson，2000；Hekkert et al.，2007；Bergek et al.，2008）。这四种理论框架都试图捕捉系统演化的复杂性特征，如路径依赖、颠覆式创新涌现以及非线性动态机制。马卡德等人在图 5.1 中勾勒了这四种理论的主要概念的起源和相互联系。

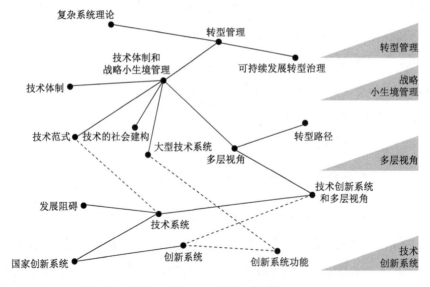

图 5.1　可持续转型领域主要概念的起源和联系（Markard et al.，2012）

1. 战略小生境管理

战略小生境管理是一个被广泛用于分析激进创新出现的理论框架。战略小生境管理学者融合了创新社会学和演化经济学观点，认为激进创新出现在有补贴的示范项目或军方项目等"受保护的空间"里，使其免受主流市场选择的影响（Rip and Kemp，1998；Geels and Raven，2006；Schot and

Geels，2008）。

小生境是转型研究中的一个关键概念。小生境被概念化为技术创新受保护的空间，即特定的市场或应用领域。激进的创新往往出现在小生境中，小生境对新技术的出现起着关键作用。在这些领域中，激进的创新可以不受现行体制的选择压力而发展（Kemp et al.，1998）。小生境创新通常是由新进入的企业家或局外人开发的，这些行业先驱愿意投入时间和金钱来进行一个新兴的创新或替代产品的培育与开发。在小生境实验中，创新能够通过多个社会学习过程以及阐明期望和构建异质性网络，获得发展动力，并最终与成熟的主导技术竞争。

那么，如何有意创造和支持有利于可持续发展创新的小生境？一些荷兰学者提出了战略小生境管理（Kemp et al.，1998；Hoogma，2000）。小生境创新是通过愿景、社会网络和学习过程三个维度上的相互作用而发展起来的（Kemp et al.，1998）。在连续的示范和实验项目中，这一机制循环往复，从而产生了创新轨道（Geels and Raven，2006）。小生境创新轨道受到上述愿景的稳定性、社会网络的深度和广度，以及创新者对一阶和二阶学习的重视程度的影响（Schot and Geels，2008）。

后续一些学者对战略小生境管理进行了细化和拓展研究，主要有：提出了小生境发展的不同过程，包括屏蔽、培育和赋权（Smith and Raven，2012；Raven et al.，2016）；描述了小生境创新和现有体制之间契合与顺应、延伸与转化的关系（Smith and Raven，2012）；阐述了期望在小生境发展中的作用（Brown and Michael，2003），及其可能引发的炒作-失望循环（Bakker and Budde，2012；van Lente et al.，2013；Konrad，2016）；通过草根创新研究，探讨了活动家和当地社区在转型中的作用（Seyfang and Smith，2007；Seyfang and Haxeltine，2012；Hargreaves et al.，2013）；以及作为变革种子的小生境实验研究，从研究国家驱动的、西方的、地方情境下的单一项目，转向研究跨越多个空间维度的、去中心化的、民间形式的网络化实验（Castán Broto and Bulkeley，2013；Wieczorek et al.，2015；

Sengers et al., 2019）。

2. 转型的多层视角

转型的多层视角由瑞普和肯普（Rip and Kemp, 1998）、黑尔斯（Geels, 2002）、史密斯等（Smith et al., 2010）发展起来，融合了演化经济学、创新社会学和制度理论的思想。尤其是黑尔斯的工作推动了这一研究。

黑尔斯（Geels, 2002）基于对大量长期转型的历史案例研究，提出了小生境、社会技术体制和社会技术景观三个不同层次动态相互作用的转型框架。小生境是受保护的、激进创新的空间；社会技术体制代表现有系统的制度结构，会导致创新的路径依赖和渐进变化；社会技术景观则是对小生境和主导社会技术体制产生影响的外在环境。社会技术体制是转型研究的中观核心概念。它结合了演化经济学的技术体制概念（Dosi, 1982）、技术史的大型技术系统概念（Hughes, 1987）和技术社会学建构主义的观点，强调知识、技术以及工程的社会嵌入，即它们与用户期望、制度结构以及更广泛的基础设施无缝地交织在一起（Kemp et al., 1998）。社会技术体制包括技术、政策、市场、消费者行为、基础设施、文化意义和科学知识等要素（Elzen et al., 2004; Geels, 2004）。这些要素由企业、决策者、消费者、民间社团、工程师和研究人员等行动者复制、维护和转化。能源供应、供水、运输和食品等部门可以被概念化为社会技术体制或系统。

当这些部门发生系统性变化时，系统会出现整体配置的改变，被称为社会技术体制转型。转型涉及体制的技术、物质、组织、制度、政治、经济和社会文化等不同层面的深远变化。社会技术体制转型不同于技术转型。因为除了技术之外，它还包括用户实践、制度结构以及辅助性基础设施的变化。在转型过程中，新的产品、服务、商业模式和组织出现了，消费者对特定技术或服务的认知也会发生变化。例如，以汽车为核心的运输系统的出现，需要道路基础设施、燃料供应系统、交通规则、维修保险等服务以及用户实践等的辅助发展。事实上，转型不仅改变了现有交通系统的结构，还关联到生产、贸易、工作、住房、生活等社会领域。

　　转型的多层视角认为转型是通过小生境、社会技术体制和社会技术景观三个层次之间的动态过程来实现的。如果景观给主导体制带来压力，导致主导体制内部紧张并出现裂痕，则会给小生境内小众创新的突破带来机会之窗。随后，小生境和主导体制将在技术、市场、法规、文化等多个维度上相互作用，表现为相关行动者之间进行着解释、谈判、斗争、搜索、学习和建立联盟等活动。在上述转型过程中，小生境、社会技术体制以及社会技术景观三个层面之间的相互作用，及其所导致的主导和新兴社会技术系统的紧张关系，以及关系的稳定、变化与结构化是转型的多层视角的分析核心。黑尔斯和肖特（Geels and Schot，2007）还从上述三个层面相互作用的不同时机和性质，阐述了不同类型的转型路径。关于转型的多层视角的理论基础和存在的争议，本书将在后续章节予以详细阐述。

　　转型的多层视角在转型研究中产生了较大的影响，一些学者在此基础上在以下几方面开展了后续研究。一是对小生境创新和现有体制之间的相互作用关系做了更多呈现，而非小生境替代主导体制这一种情况，如分析小生境转译为主导体制（Smith，2007）、小生境的赋权活动（Smith and Raven，2012）、小生境和体制行动者之间的政治斗争（Hess，2016）等。同时，研究改变了新进入者发展激进创新而现任者进行渐进式创新的固有观念，表明现任者可以转向激进的小生境创新（Berggren et al.，2015；Penna and Geels，2015）。此外，如用户（Schot et al.，2016）、民间社会行动者（Smith，2012）、文化话语（Roberts，2017）和企业（Farla et al.，2012）等特定行动者在转型中的作用成为研究重点。二是对转型路径进行了分类研究。如贝尔库特（Frans Berkhout）等区分了有目的的转型、内生的更新、轨迹的重新定向以及突现转型等四种类型（Berkhout et al.，2004）。黑尔斯和肖特（Geels and Schot，2007）提出了替代、转化、重组、联盟解散和再结盟的转型路径。

3. 转型管理

　　转型管理是由洛尔巴赫（Loorbach，2010）、罗特曼斯等（Rotmans

et al.，2001）提出的一个面向政策的分析框架。它融合了复杂性科学和治理研究的思想，基于小生境的演化，将目标导向的过程管理引入到社会技术系统的变革之中。

转型管理将这一过程管理描述为一个需反复进行的、四阶段循环治理框架（Loorbach，2010）。决策者和政策制定者可以通过四个连续的步骤来促进转型。第一步是形成共同的可持续发展目标。将可持续发展共同愿景，转化为未来可持续的社会技术系统的具体目标和方向。范德布吕格（van der Brugge）和范拉克（van Raak）认为，由于在转型领域有多个利益相关者，由政府部门推动这一步骤完成更为合适（van der Brugge and van Raak，2007）。第二步是设计转型的路径并进行实验。管理者需使用倒推方法来识别实现转型愿景的路径，提供小生境创新的组合（portfolio），并在实验中对小生境创新进行预开发。第三步是学习和适应。学习和吸取以往经验教训，以便在短期目标实验中改进小生境，从而培育具有长期目标的社会技术路径。第四步是小生境创新在政治和经济上的体制化。体制化是转型管理成功最重要的因素（Smith and Kern，2009），这一步通常很艰难，需要决策者在主导体制受到压力出现松动时抓住机会，将复杂的制度、经济和政治等因素重新体制化，引导到决策者所期望的、有利于可持续小生境发展的社会技术路径上去。

4. 技术创新系统

技术创新系统方法建立在创新系统理论和产业经济学的基础之上（Hekkert et al.，2007；Bergek et al.，2008；Negro et al.，2008；Markard et al.，2015）。卡尔松（Carlsson）和斯坦凯维奇（Stankiewicz）强调在特定制度下企业和其他行动者之间系统性的相互作用是技术创新产生、传播和利用的重要驱动力（Carlsson and Stankiewicz，1991）。

技术创新系统的理论来源除了上述观点外，还包括国家创新系统（Freeman，1988；Nelson，1993）、产业创新系统（Malerba，2002）以及创新系统方法（Edquist，1997）等概念和分析框架。创新系统理论的主要贡献在于抛弃了相对狭隘的"市场失灵"概念，代之以更广泛的"系统失灵"概念，如不良网络运行、制度失灵、基础设施失灵等（Jacobsson and Johnson，2000；Bergek et al.，2008）。

技术创新系统认为技术创新系统由技术、行动者和制度组成。贝耶克等（Bergek et al.，2008）认为，新技术的发展是积极实现知识开发传播、创业实验、影响技术搜索方向、市场形成、合法化、资源调动和积极发展外部性等七个系统功能的结果。新技术的出现以及与技术发展齐头并进的制度和组织变革是技术创新系统的研究重点。技术创新系统不关注现有技术系统的稳定性，而是识别面向可持续发展的技术创新的驱动和障碍因素，关注这些新的技术创新是如何出现的。技术创新系统的兴趣点从关注有助于国家经济增长的技术创新，转变为能够挑战既定社会技术系统的、新的可持续的技术创新。这是技术创新系统与创新系统理论的不同之处。

在技术创新系统框架建立之后，后续技术创新系统的重要研究有：分析技术与产业、地理和政治情境的相互作用（Bergek et al.，2015），捕捉更复杂的技术动态机制，包括竞争性和互补性技术（Markard et al.，2009；Magnusson and Berggren，2018），技术创新系统的动态性对制度情境的依赖性（Dewald and Truffer，2012；Wirth et al.，2013）；描述不同类型行动者在技术创新系统构建中的战略行动，及其对系统资源的使用（Musiolik et al.，2012；Kukk et al.，2015；Planko et al.，2016）；阐述技术创新系统建立合法性的动态机制和策略（Bergek et al.，2008；Binz et al.，2016；Markard et al.，2016a）。

上述四种理论为代表的可持续转型研究，主要探讨如何对转型机制进行理论概述，以及如何对转型进行积极干预、推进和过程管理。

三、可持续转型研究需进一步探讨的问题

随着人们对可持续转型的兴趣越来越大，社会学、管理学、经济学、政治学等学科的理论和方法正汇集在这一领域，转型研究这把"大伞"成

为一个集体性研究主题。借助于各种社会科学的理论视角，从特定的社会群体出发，以提供关于转型更深刻的见解。如科学哲学研究关注理论框架的本体论基础；社会学研究强调转型情境本身并不存在，而是由多元参与者不断重构的；管理学研究关注组织战略和能力的作用；政治学研究指出权力斗争在转型中的作用；经济地理学研究强调创新的空间和地方性制度情境等。

乔纳森·科勒等在《环境创新与社会转型》（*Environmental Innovation and Societal Transitions*）上发表专题文章《可持续转型研究议程：现状和未来方向》（"An Agenda for Sustainability Transitions Research：State of the Art and Future Directions"），总结了过去十年学界的转型研究（Köhler et al.，2019）。专题分别展望了进一步研究的九个主题方向：理解转型的概念框架，以描述可持续转型的复杂性和多维度；转型中的权力与政治；转型治理；转型中的公民社会、文化和社会运动；可持续转型中的组织和行业；实践和日常生活中的转型；转型地理学；转型中的伦理问题；转型的研究方法，如量化、建模和质性研究等。

对转型的整体性理解，科勒等（Köhler et al.，2019）认为聚焦在以下五个重要问题。①转型速度以及如何加速（Bento and Wilson，2016；Sovacool，2016）。转型需要几十年吗？能更快吗？如果可以，在什么情况下可以发生加速？②锁定机制及其如何因时间或不同部门而变化（Klitkou et al.，2015），从而更精确地评估路径依赖，以及体制内部出现紧张或裂痕的程度。③分析现有主导系统和体制是如何不稳定、衰落和逐步被淘汰的（Karltorp and Sandén，2012；Turnheim and Geels，2012；Roberts，2017；Kungl and Geels，2018）。现有系统可能会因为小生境创新的压力而衰落，但也可能会被故意地逐步淘汰，以便为小生境创新的加速传播提供空间（Stegmaier et al.，2014；Rogge and Johnstone，2017）。④对转型的突破、扩散和引爆点的研究，有必要超越单一创新，关注多种新兴技术创新（Sandén and Hillman，2011），或者小生境之间的共生和竞争关系

（Raven，2007a；Verbong et al.，2008；Papachristos et al.，2013），以及这些动态关系对更大系统"功能"的影响（Markard and Hoffmann，2016）。⑤分析多系统之间是如何相互作用的（Raven and Verbong，2007；Konrad et al.，2008；Papachristos et al.，2013）。一些学者提出更大的问题，关注"深度转型"，研究多重体制更迭如何影响景观发展，从而影响整个社会（Schot，2016）。

　　同时，一些学者认为转型的理论研究需要有效地借鉴其他社会科学领域的见解，如制度理论（Fuenfschilling and Truffer，2014，2016）、权力理论（Avelino and Rotmans，2009）、政策变化（Markard et al.，2016b）、组织理论（Farla et al.，2012）和经济地理学（Coenen and Truffer，2012；Hodson and Marvin，2010；Bulkeley et al.，2014；Truffer et al.，2015）等，以实现更深层次的理论锚定。比如，实践和日常生活中的转型，提出了转型研究中的扁平化的本体论问题；鉴于特定区域的体制、小生境和创新体系结构存在地理纬度上的差异，转型的地理维度（Coenen and Truffer，2012）成为关注重点。现有文献研究对非 OECD 国家所发生的转型过程没有给予足够的重视。转型地理维度也有助于真正从全球视角分析转型的规范性，明确在转型过程中谁获利以及谁承担了转型成本。这是气候变化、生物多样性等全球环境变化治理研究所亟须的。转型中新出现的分配正义等伦理问题以及描述持续性转型的概念框架的复杂性和多维度，均涉及关于转型中的权力与政治问题，将在下一章展开详细讨论。

　　在政策研究层面，转型管理和战略小生境管理等思想已被欧洲一些国家或区域政府的决策者所运用（Hendriks and Grin，2007；Kemp et al.，2007；Kern and Smith，2008）。OECD 和欧洲环境署等国际组织呼吁在大规模的社会层面和长期可持续性挑战中应用转型思维（Köhler et al.，2019）。研究人员呼吁需加强对转型后期管理工具的研究，如特定具体政策对可持续转型的长期影响；使地方、区域、国家和国际各层面的转型举措更加有效的新政策框架的制定和实施；等等（Markard et al.，2012）。

目前关于如何管理转型的许多想法集中在该过程的早期阶段（例如转型行动场、实验）。转型治理的研究还需进一步加强对转型的前瞻性分析，以及转型后期阶段的管理研究。比如，如何实现加速转型（Sovacool，2016；Gorissen et al.，2018）。这种前瞻性分析需要将转型研究与更深入的制度和治理分析相结合。

此外，转型研究在强调发挥转型行动场（促进学习过程、网络建设和愿景）等新型治理工具的作用的同时，依然肯定传统的政策工具（如税收、补贴、资本赠款、贷款、豁免等）以及监管在转型中的作用。例如，战略小生境管理中，小生境需要由公共政策培育和保护（Kemp et al.，1998）。这种保护包括监管或市场补贴，以及通过研发资助保护实验空间等。公共政策与推广、加速和升级特别相关，也影响到对可持续转型至关重要的创新的速度和方向。

第六章　可持续转型中的政治

在能源转型和气候变化等转型中，由于存在根深蒂固的利益，一些国家不愿将稀缺的社会资源投入到未来几十年才会见效的项目中。社会发展轨道的转型必然是一个漫长、混乱和痛苦的过程。向可持续转型的风险通常非常高（Meadowcroft，2005）。

可持续转型的风险和不确定性突显了转型在本质上是一个政治过程。在转型研究相关领域，权力和政治的问题最初被忽略了（Scrase and Smith，2009；Markard et al.，2012）。梅多克罗夫特（Meadowcroft）认为在转型的世界里，没有可逃避政治的东西。转型为政治提供了情境和竞技场，政治伴随着社会技术转型，充当着转型的障碍与推动者、仲裁者、管理者等角色。不同的个人和群体会对转型的理想方向、引导这一过程的适当方式产生分歧。主导产业因为受到威胁，会行使权力来保护自己的既得利益，抵制变革性创新。与此同时，新进入者或支持替代性社会技术配置的行动者将会游说公众支持。比如在向可再生电力转型的情况下，公用事业公司和行业协会等关键行动者的经济和政治斗争正在加剧（Markard，2018）。社会技术体制的结构性变革，会导致赢家和输家。20 世纪 70 年代以来的环境政策经验表明，可持续转型成本和收益的分配会创造赢家和输家，这成为冲突的焦点。随着转型的加速，赢家和输家的两极分化会变得更加明显。

可持续转型是应对社会挑战的基本社会变革过程。转型要摆脱主导实践和体制的路径依赖，需要长期的结构性变革。广泛意义上的转型政治伴随着社会内部和不同社会之间的所有合作和冲突，这些活动包括人类社会生活的生产和再生产中对人类的组织，以及对自然和其他资源的使用、生产和分配（Leftwich，1983）。在转型过程中，权力和制度是如何运作的？谁的声音和话语仍然无人知晓？哪些转型是合法的？如何对此进行评估？什么可行？什么不可行？梅多克罗夫特认为，把这些关键问题回答清楚了，才能更好地解释为什么有效的气候变化治理等面向可持续发展的转型所需时间很长。

一、转型中的能动性和权力关系

阿韦利诺（Flo Avelino）等认为，转型的政治研究涉及三个重要方面：转型政治的物质性和能动性，权力的分散性，以及历史和空间情境（Avelino et al.，2016）。转型中的政治和权力以及能动性在早期关于转型及其治理的工作中被忽视了（Shove and Walker，2007；Meadowcroft，2009；Smith et al.，2010；Scoones et al.，2015；Kern，2015）。

一是已有转型研究对转型情境及进程中不同行动者的能动性理解不够（Garud and Karnoe，2003）。企业等战略行动者或行业联盟的作用在已有的社会技术转型研究文献中没有得到太多的关注（Markard and Truffer，2008；Farla et al.，2012）。对不同类型的行动者如何通过战略相互作用，创建和改变创新系统和范式结构（Musiolik and Markard，2011），消费者的日常实践在消费行为中的作用（Shove and Walker，2007），以及公民社会和文化运动在转型进程中的作用（Seyfang and Smith，2007；Penna and Geels，2012）也需要进一步研究。中介机构以及承担中介角色的行动者在不同转型阶段发挥了重要的作用。对他们在促进和加速转型、破坏现有范式的稳定性以及在转型后期运作中的作用缺乏足够的研究（Ingram，2015；Bush et al.，2017）。

目前这一方面的研究正在加强。比如梅多克罗夫特（Meadowcroft，2011）认为，政治的影响不仅体现在政府和其他行动者的行为上，还体现在多层视角的三个层面上。在社会技术景观层面上，政治会影响总体经济的增长或停滞、贸易自由或保护、创新的方向和技术部署方式。在社会技术体制层面，法律和监管机构会支持占主导地位的体制。在小生境层面，特定的政府项目可以保护、鼓励或阻止创新。在替代技术途径中的选择上，政府可能会明确鼓励某些技术路线并接受相应的转型后果，如产业兴衰对区域、工人和所有者的影响等。

二是在广泛的转型过程中，权力和能动性具有分散分布的性质。在多层视角中，制度权力通常被认为集中于"体制"，改变的能动性来自对景观发展做出反应的"小生境"（Geels，2005a，2010）。斯维林（Swilling）等认为有必要将社会技术体制重新视为社会政治体制（Swilling et al.，2016）。但是，很明显转型过程中的权力并不集中在"小生境"或"体制"等特定的层面或特定的行动者内部，而是不同维度的权力分散在许多层面相互关联的主体之间。这强调了转型的物质性嵌入和能动性分散分布的性质，意味着行动者参与转型政治的方式是通过社会-物质程序、与基础设施的纠缠（Chilvers and Longhurst，2016）、惯例和物质实践（Hoffman and Loeber，2016）以及制度逻辑（Avelino and Wittmayer，2016）共同产生的。

三是体现了转型政治的物质性（materialities of transition politics）。"社会"与"物质"的纠缠是转型研究的核心。但大多数转型研究采用了浅层的"社会"与"物质"的关系本体论（Avelino and Wittmayer，2016）。这些研究强调社会过程如何与技术、基础设施和生态系统共同发展，政治能动性似乎只归因于政治制度和社会行动者，没有明确地解释物质在实践中的"政治性"。这种物质性政治体现在分散的地理空间和日常社会实践之

中，体现于体制与实践治理和社会物质安排之间的交互界面上。布罗托
（Castán Broto）以西班牙在 20 世纪中期的能源转型为例，说明新的水利
工程和水库共同创造了新的管理安排（Castán Broto，2016）。在人工制品
与其背景之间的关系中，"微观政治"使得人工制品获得了意义。这种物
质性参与有助于说明社会技术转型的政治如何超越正式政治的决策领域，
延伸到温室建设（Hoffman and Loeber，2016）、智能电表安装（Chilvers and
Longhurst，2016）和道路管理（Pel，2016）等不被注意的活动中。

上文中的反思表明需要重新思考传统的小生境和体制间的二分法，强
调在转型政治中发挥作用的多元行动者竞技场。一些学者提出了"发展竞
技场"（Jørgensen，2012）、"场域"（Hoffman and Loeber，2016）、
"参与的生态"（Chilvers and Longhurst，2016）、"特洛伊木马"（Pel，
2016）以及"制度情境"（Avelino and Wittmayer，2016）等概念。阿韦利
诺和维特迈尔（Flo Avelino and Wittmayer，2016）认为，这些更细致描述
小生境-体制关系的概念，挑战了新奇只存在于异常的创新空间中的流行
观念，强调创造也可以在主流实践或现有体制的更新中出现（Hoffman and
Loeber，2016；Pel，2016），避免了将商业和政府行动者归因于"体制"，
将民间社会等同于"小生境"代理人的简单概述式分析。小生境和体制
间的相互作用被理解为行动者共同参与的创新、捕获新奇和转译的辩证
过程。

二、政治动态性对转型管理的挑战

在转型过程中起关键作用的政治动态性挑战了转型管理方法所采用
的直接管理理念（Smith et al.，2005；Smith and Stirling，2007）。批评者
认为，已有的转型管理理论和方法忽视了转型发生更广泛的政治格局。一
些研究尽管声称治理在转型中发挥核心作用，但没有详细地分析转型中政
治或政治变革，其结果会让人觉得转型管理非常简单。采用不同的转型管
理模式被认为是由理性行为主导的，情境在其中的重要差异被忽略了。譬

如，在面对气候变化和环境压力时，直接管理模式对共识的认识过于简化，愿景的制定也看上去似乎很少有争议。对于某些治理形式比其他形式更受青睐，直接管理模式没有过多地解释这一点是如何实现的，也没有解释这些形式在其他特定的制度环境下是否可能发生。

史密斯（Adrian Smith）和斯特林（Andy Stirling）认为转型管理需要回答三个问题（Smith and Stirling，2010）：谁来管理？谁的社会技术系统说了算？以及谁的可持续性优先？

第一，谁来管理？转型管理的倡导者认为，影响数百万人生活的社会技术体制结构转型，被视为由一群有远见的先行者所领导。转型领域建立了一个转型代理人网络，该网络部分独立于由现任利益集团主导的正常决策网络（Kemp and Loorbach，2006）。这些先行者思想开放，对可持续发展目标感同身受，能够将转型愿景传达给他们的支持者，并影响支持者的行为。他们愿意将时间、精力和资源投入到以下挑战中：集体设想可行的可持续发展目标；培育有希望的小生境市场；搭建包含行动者、机构和市场的支持社区；不断地预测、学习和适应（Kemp and Loorbach，2006）。

批评者认为这类似于高度的技术专家治国论（Hendriks，2008；Scrase and Smith，2009）。一个始于精英先行者远见的转型管理过程真的能推翻结构性嵌入的体制吗？在实践中，体制内外不同的社会群体对不同的社会技术可能性采取了截然不同的立场。社会技术体制的典型特点是顽固性。不能假设现有的制度和基础设施会为转型治理所需的各种持续适应和社会学习提供必要的空间和资源（Meadowcroft，2005）。转型管理会产生分配结果。体制内现有行动者不可避免会参与社会技术转型，他们在体制的复制和变革中占据着关键位置。令人担忧的是，变革会遭到现任体制内行动者的反对，他们有可能争夺对转型管理进程的主导权（Smith and Kern，2009）。此外，以能源转型为例，能源公司等基础设施企业以及监管机构的投资决策对社会技术体制的可持续发展至关重要。然而，用户所做的数以百万计、小而常规的决策也会使前者精确预测结果的能力复杂化。

第二，谁的社会技术系统说了算？转型行动场中的参与者处于不同的环境中，持有不同的兴趣和目的，带来不同的知识或经验。这些行动者将携带各自不同的社会技术系统模型以及他们认为对可持续转型有益的战略。不同的群体会带来不同的系统框架，包括系统结构和功能（Scoones et al., 2007）。转型治理需要协商这些不同的框架，以获得对系统和转型路径的共识性表述和承诺。

那么，不同的知识和利益主体是如何协商的？多元发展道路在多大程度上能被容忍？对话是如何保持的？共识是如何达成的？异议是如何调和的？史密斯和斯特林（Smith and Stirling, 2007）认为，强调谁的系统说了算这一问题，不仅仅涉及民主，更因为它对构建所讨论的社会技术体系产生实质性的影响。它要求转型管理的参与者包括分析人员具有开放的反思性（Stirling, 2006），需要关注体制的开放性以及替代系统。目前转型管理倡导者眼中的转型管理往往侧重于实现微观层面给定的愿景，而非考虑转型愿景的多元化。史密斯和斯特林认为，相比只是围绕特定的可持续发展愿景来展开协商，转型治理更为复杂。可持续转型的目标、方向和模式在实践中更加多元化，并不断重构开放着。

第三，谁的可持续性优先？在实践中，对可持续发展定义和具体目标的解释存在模糊性和争议性。例如，人们对碳减排目标具有广泛的共识，但对其具体的环境、经济和社会等标准存在激烈的争论。就低碳的能源系统而言，人们对放射性废弃物、核扩散和生物多样性丧失的不同态度决定了对核能、风能、潮汐能和生物燃料等不同愿景的排序。即使在物理效应、排放或其后果没有重大的科学不确定性的情况下，在指标（Shove and Walker, 2007）、衡量标准（Stirling, 1999）、设定的保护水平以及不同形式损害的相对权重（Dreyer and Renn, 2009）的选择上也存在明显的模糊性。因此关键问题是谁的判断应该占有优势。

此外，对转型管理而言，多层次和多中心的治理要求至关重要。由于社会技术体制的转型涉及多个政府机构、组织和政策网络，存在于全球化的资本、知识、人员、技能和资源网络中，转型过程会跨越多个政策决策部门和管辖边界，这对转型管理提出了挑战。比如，自下而上的治理举措如何应对当前全球再生产模式中的深层经济权力结构？以问题为中心的、适应性和反身性的治理活动应该如何与更正式的制度相联系？由于在实际操作过程中，干预转型的关键节点不仅在空间和时间上高度分散，而且还受制于不同的利益关系，推动转型面临很多困难。

有鉴于此，面向可持续发展的转型管理，需要进一步理解转型中的政治与权力机制，以及它们是如何影响政策选择的。社会技术体制的转型不同于技术转型，它允许文化、解释框架、历史形成的规范和权力结构来发挥作用（Scrase and Smith，2009；Markard et al.，2012）。因此，推动转型必须考虑如何利用权力关系来实现设想的转型，促进有希望的小生境市场的发展。

同时，可持续转型的政治性呼唤反身性治理形式。这种反身性治理会不断质疑特定的社会技术体制和转型管理框架，通过辩论、施压和挑战，重新打开现有的社会技术系统的治理框架。从而在环境和可持续发展的政治实践和日常生活中，不断反思经验，贡献理论洞见。

三、在历史和空间情境中分析转型政治

目前可持续转型研究人员主要关注转型的具体政策，比如关于气候政策和工具设计的学术文章非常多，但是，很少有人关注采取这种政策的政治环境。多层视角和协同演化方法考虑了政治因素在内的各个领域间复杂而动态的互动关系，但分析往往侧重于描述个别政策，而不是质疑采取这些政策的政治情境（Meadowcroft，2011）。政策的背后总是有政治，合适的政治似乎是合适政策的先决条件。在定义环境、支撑或破坏体制稳定、保护或暴露小生境市场等方面，政治发挥着潜在的强大作用。洛克伍德（Lockwood）等建议借鉴历史制度主义视角以理解不同制度安排对转型结果多样性的影响（Lockwood et al.，2017）。

阿韦利诺等（Avelino et al.，2016）强调了情境对转型政治的重要性。他们认为，需要对转型政治进程中展开的历史和空间情境有更深的了解。在促成转型的政治过程中，位于其中的实体会受到多种交互作用的影响，并会随着时间的推移而改变身份。更强大的国家会促进转型（Berkhout et al.，2009）。如何更好地理解国家能力的演化，以及将愿景转译为物质和空间结构中的转型历史路径，是一个迫切的研究问题。斯维林等（Swilling et al.，2016）和布罗托（Castán Broto，2016）都讨论了国家在转型中的角色，得出了不同的结论，这也说明了情境的重要性。

关注可持续转型的政治需要追问在历史和空间情境中相互关联的"利益"、"观念"和"制度"（Meadowcroft，2011）。首先，需要了解可持续转型中的"利益"和"社会需求"是如何被定义的，进而了解政治行动者如何能够在经济、社会和环境改革议程之间建立联系，什么形式的政治联盟最有利于鼓励可持续转型，哪种改革会产生积极的反馈，什么样的抵制策略最受转型反对者的欢迎，支持者如何反击，等等。其次，对问题的定义以及解决方案背后的观念，为可持续发展决策提供了情境。决定新技术前景的不仅仅是消费者的品位和偏好，还有选民和政治家持有的观念，如对环境问题的严重性、公共支出的优先排序，以及政府"适当的"角色和职能的认知等。为此，需要更多地了解可持续价值观是如何被纳入不同的政治意识形态的，如何培育有利于可持续性的政治文化，以及公众和政治家是如何改变他们的看法的。

最后，制度是规范、实践和权力关系的沉淀，塑造了转型可能性的边界。需要回答什么样的制度环境有利于引导和加速可持续转型，为什么在特定的制度情境下某些形式的治理优于其他形式的治理，哪种关注环境和可持续发展的制度创新能有所作为。

总之，可持续转型作为社会技术系统多维变化的长期过程，本质上是政治性的。这不仅仅表现为正式的民主进程或地缘政治斗争，还体现在转型过程中被忽视的"微观政治"方面。比如，当未来被设想、范式被复制、新奇被捕获、参与程序初步形成、行动者角色被框定时，转型的政治性都会表现出来。因此，人们需要通过跨学科、层次和区域的研究，分析不同的行动者和机构是如何行使作为转型工具权力来实现或阻碍可持续转型的，同时仔细研究转型进程对阶级、种族、性别和地理位置等方面造成权力结构性不平等的影响，从而体现在转型中重塑治理和能动性的重要性。

第七章 社会技术体制转型的动力和路径

技术转型是如何发生的？在转型替代过程中有特定模式和机制吗？西方学者主要是欧洲学者基于本土案例研究，发展了一种社会技术观点来研究转型。恩德（van den Ende）和肯普（Kemp）曾做过一个关于办公技术变化的研究，分析了 1930—1960 年从打孔卡片技术和小型办公技术向数码计算机转变的过程（van den Ende and Kemp，1999）。他们认为技术转型不仅涉及技术改变，也涉及使用者实践、科学规律、工业网络、基础结构、象征意义或文化等要素的改变。技术转型被定义为在实现交通、交流、住宿、饮食等社会功能的过程中，主要技术的长期转型。其中涉及两种技术演化观点：技术演化既是一个技术革新（novelty）的多样性、选择和保留的过程，同时也是一个多重要素重新配置的过程。黑尔斯等将演化经济学和技术研究的见解汇集起来，提出了多层面技术转型框架。黑尔斯的多层视角分析框架提出之后，一些学者批评其过于强调技术小生境在体制变化中的作用。针对上述质疑，黑尔斯和肖特（Geels and Schot，2007）等在案例比较分析的基础上对转型路径进行了分类。本章将主要介绍黑尔斯等学者提出的多层视角理论，以及围绕转型路径展开的讨论。

一、多层视角分析框架的提出

技术转型的系统性分析起源于技术社会学的技术系统研究。这一视角认为只有在行动者联盟中，社会结构和组织才能发挥功能。休斯（Hughes，1994）提出了"无缝之网"，认为系统的功能来源于人工制品、组织、自然资源、科学要素、立法机构等要素共同发挥作用。瑞普和肯普（Rip and Kemp，1998）将技术视为一种"有效配置"。配置涉及不同要素之间的结合，"有效"就说明了上述配置发挥了作用。被视为"技术"的人工物和技能，与规制、行为模式、组织一样只是配置要素的一部分，它们只有植入整体才能发挥作用，即社会技术配置实现了社会功能。在图 7.1 所描述的陆路个人交通的社会技术配置中，正是由于不同要素之间的相互连接和作用，交通系统的功能得以发挥。

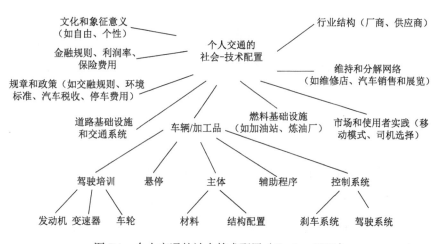

图 7.1　个人交通的社会技术配置（Geels，2002）

在上述学者的定义中，技术转型被视为技术替代物的社会技术配置的转型，转型不仅包括技术替代物，还包括其他要素的改变和替代。由于社会技术配置的要素之间相互关联，这一重新配置过程并不容易发生。激进的新技术想要获得突破十分困难，是因为规制、基础设施、使用者实践、维护网络等要素在现有技术社会配置中形成了"结盟关系"。新技术经常与现有社会制度框架不匹配（Freeman and Perez，1988）。但是社会技术配置是动态的，这种配置关系很少能够永久地保持不变，封闭、稳固的配置关系也可能在新的条件下被打开。因此，技术替代或技术转型的问题，就变成了如何理解及克服社会技术配置中的惯性问题。

在对技术转型研究的欧洲学者中，黑尔斯是典型的代表，其研究主要建立在演化经济学和技术研究方面的文献基础之上。演化经济学关于技术演化过程有两种观点。一是演化是变异、选择和保留的过程。可以基于纳尔逊（Nelson）和温特（Winter）关于"技术体制"的定义来解释现有技术惯性。二是演化是实现"新组合"（Schumpeter，1934：66）形成技术轨道的过程。对于如何理解"变异"，演化经济学内部存在很大的争议，此处不作赘述。以往学者对于技术选择的理解是，市场被假设"就在那里"，"选择"在一定程度上被视为理所应当的。但是很多学者对此提出了批评，一种批评认为激进的新技术并没有一个已经建成的市场去匹配和选择它。事实上，激进的新技术与市场以及使用者的选择是共同演化发展的。此外，选择不只是去接受，而是使用者将新技术在使用和实践过程中与组织、条例等其他要素结为一体，并在此过程中通过学习调整来实现"驯服"（Lie and Sørensen，1996）。另一种批评认为，新技术被选择的环境比新技术的使用者和市场范围更广。尽管纳尔逊（Nelson，1994，1995）扩展了共同演化过程，但这一命题在演化经济学中描述得不够充分。

基于上述研究，黑尔斯作了两方面的理论贡献。一是结合演化观点提出了多层视角分析框架，二是使用社会技术配置概念，丰富扩大了对变异的选择环境范围的理解。在新技术社会学研究中，行动者网络理论虽然也强调技术和社会要素的结合是一个联盟、替代、重组的过程，但是对这一过程的实证分析往往采用微观视角，很少有关注长期的、大规模的技术发展的研究。多层视角是对社会经济体制的长时段研究，也是对行动者网络理论的一种补充和发展。

在 MLP 提出之前，很多 STS 学者对社会与技术变化的复杂动态关系做过非常详细的描述（Kemp，1994；Schot et al.，1994；Kemp et al.，1998；Rip and Kemp，1998；van den Ende and Kemp，1999；Geels and Kemp，2000；Rip，2000；Kemp et al.，2001）。这些研究都认为，社会技术配置的稳定性由不同成分的元素间联结形成。这些关联是社会群体活动的结果。例如，汽车制造的工程技术知识来自设计者和工程师，使得汽车作为人工制品从汽车制造公司生产出来。马路基础设施和车辆管理依靠交通施工与管理部门建造和维持。汽车文化及其符号含义产生于使用者、媒体和社会群体之间的互动。使用者的实践和移动模式诞生于使用者群体的日常使用过程。工业结构既是共识的产物，也是汽车厂商及其供应商的策略。这些不同群体间的活动使他们相互之间围绕汽车形成了结盟与合作。为了理解这种结盟关系，纳尔逊和温特（Nelson and Winter，1985）提出了"技术体制"概念。纳尔逊和温特将合作定义为组织行为和认知惯例的结果。他们认为，组织及相关行动者通过行动来获取记忆。以此为基础，工程师就会形成解决问题、寻求启发的规则。工程师群体和公司内部共享类似的规则，这些构成了一个技术体制。工程师团体均向同一方向即在同一技术体制内探索，其结果是产生了特定的技术轨道。技术体制在引导创新活动沿技术轨道不断做出改进的同时，维持了自身的稳定性。

瑞普和肯普（Rip and Kemp，1998：340）在纳尔逊和温特的研究基础上，扩大了技术体制的概念，将它定义为一定的社会"规则"："一个技术体制是规则集合或语法，它被嵌入一个包含工程实践、生产过程技术、产品特性、技能和程序、相关人工制品和人的管理方法、定义问题的复合体中；它们全部嵌入体系与基础设施中。"当纳尔逊和温特的认知路线嵌入工程师的思想和实践中时，这些规则就被更广泛地嵌入到知识基础、工程实践、管理结构、制造过程和产品特性中。这种扩展也意味着工程师团体以外的更多社会群体被纳入其中。由此技术轨道不仅受工程师的影响，还受到使用者、政策制定者、社会群体、供应商、科学家、资本银行等的影响。

　　在瑞普和肯普研究的基础上，黑尔斯（Geels，2002）采用了由社会技术景观（socio-technial landscape）、社会技术体制（ST regime）和小生境（niche）三个层面构成的多层视角，如图 7.2 所示。社会技术景观、社会技术体制和小生境三个概念之间的关系，可以被理解为一个嵌套的多层级制度。

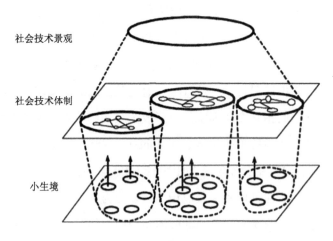

社会技术景观

社会技术体制

小生境

图 7.2　转型的多层结构（Geels，2002）

　　宏观层面的社会技术景观由缓慢变化的内部元素组成，它们使技术轨道发生渐变。黑尔斯采用景观作为比喻，是为了描述城市、工厂、高速公路和电力基础设施等社会技术体制在更广阔的物质和空间上的安排，可以看成是社会技术体制的外部结构或者环境。社会技术景观包括一系列不同的因素，如油价、经济增长、战争、移民、广泛的政治联盟、文化和标准价值、环境问题等。基于行动者的互动关系，社会技术景观会涉及更广泛的技术外部行动者。相对于社会技术体制，社会技术景观的网络联盟关系更加广泛，也更难改变。因此景观可以发生改变，但要比社会技术体制慢得多。

　　中观层面的社会技术体制可以说明现存的技术发展轨道及其稳定性。

社会技术体制表明不同社会群体活动要遵循的稳定、动态的规则。通过为相关行动者群体提供方向和合作，社会技术体制导致了社会技术配置的稳定性。这种稳定性是动态的，意味着创新仍会发生但处于累积的状态。因此在技术演进和替代过程中，社会技术体制是选择和保留新技术的深层社会结构。

微观层面的小生境可解释激进式创新的产生和发展。小生境概念来源于战略小生境管理理论（Kemp et al.，1998；Hoogma，2000；Kemp et al.，2001）。激进式创新产生于小生境之中。小生境因为与占主导地位的市场选择绝缘，它们像是突破性新事物的潜在空间（Schot，1998）。突破性的新技术需要这种保护，因为他们通常作为"充满希望的可怕东西"而出现（Mokyr，1992）。这种新奇事物往往技术上不成熟，价格也昂贵，之所以能出现在小生境中，是因为小生境能够提供某种选择条件，使其获得相比主导体制有很大不同的保护。军队就是一个很好的小生境例子，其促进了电子计算机、喷气式发动机、雷达等很多激进式创新的初期发展。小生境很重要，它们为学习过程提供了场所，如对制作、使用和相互作用的学习（Rosenberg，1976；von Hippel，1988；Lundvall，1988）。小生境也为建设支持创新的社会关系网络提供了空间，如供应链、使用者与生产者之间的关系。

瑞普、肯普和黑尔斯认为，三个层面之间存在相互作用的动态关系。新技术最初建立在旧的框架之上（Freeman and Perez，1988）。小生境对技术转型至关重要，因为它们萌发了变化。图 7.3 展示了替代是如何从小生境开始的，虚线箭头表明小生境的出现受到现存主导体制和景观的强烈影响。多层视角框架的新意在于，其认为新技术的成功不仅受到小生境内部的管理约束，还受现存体制和社会技术景观发展的影响。"正是整体发展（体制层面和社会技术景观层面的变化推动的小生境成功）决定了体制转换的出现。"（Kemp et al.，2001：277）景观变化会向体制施压，并为新技术创造机会窗口。

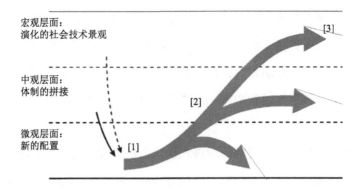

图 7.3　社会技术体制变化的动力机制（Rip and Kemp，1996；Kemp et al.，2001）
[1]表示新奇的事物；[2]表示新奇事物被接纳的演化过程，可以改变现有体制；[3]表示景观的转换

　　黑尔斯认为瑞普和肯普的上述图示（图 7.3）存在缺点，其过于关注新奇事物和小生境。应将更多注意力放在主导体制以及景观与小生境的相互作用上。为此，黑尔斯提出了一个动态的技术替代的多层次视角，对瑞普和肯普的观点进行了丰富，如图 7.4 所示。在社会技术体制层面，构成体制的要素分为七种：技术、市场和使用者实践、产业政策、技术-科学知识、产业网络和战略博弈、文化和符号意义、基础设施。图 7.4 中用细长箭头表示占主导地位的社会技术体制有规律的、发展中的、不断累积的变化过程；用短箭头表示体制内部的紧张关系所导致的发展方向的不确定性。

　　在景观层面，变化通常发生得很缓慢，如文化变化、人口趋势、广泛的政治变化。这种缓慢进化的景观发展在图 7.4 中用粗长的箭头表示。景观的改变会给体制施加压力。

　　在小生境层面，因为颠覆式创新还处于不成熟阶段，主导设计或主导体制还未建立，所以小生境内部创新的发展方向呈现出多样化。图 7.4 中用指向不同方向的小箭头来表示这些变化方向的多样性。尽管激进式创新看似很有前途，但谁也不能保证它未来的发展是成功的。有些激进式创新

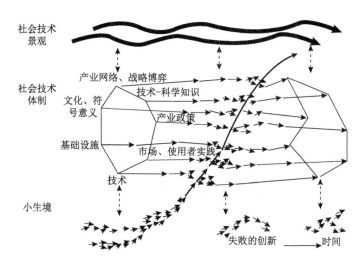

图 7.4　技术替代的动态多层次视角（Geels，2002）

会失败，但也有些激进式创新有可能在与主导体制的竞争中逐步站稳脚跟，从而稳定下来，进而进入占据优势的主导设计中，黑尔斯用图 7.4 中变长变粗的箭头来表示这种变化。

黑尔斯的重要贡献在于，其认为技术转型是作为多层次相互之间作用的结果而出现的。图 7.4 中用垂直的箭头来表示各层次之间的作用。比如，由于景观的施压，激进式创新突破了小生境层面；或者是由于景观和小生境的施压，主导体制内部张力被打破，主导体制内部产生了机会窗口。图 7.4 中也展示了技术转型不仅涉及技术和市场，还涉及了更广泛的领域，如科学规律、基础设施、文化象征意义、工业网络等。

为更好地理解 MLP，解释激进式创新从小生境层面到体制层面的突破过程，以及新体制产生的要素重新配置过程，黑尔斯运用英国船运业从帆船到轮船转型的案例进行了分析。

二、黑尔斯对英国船运业从帆船到轮船转型的案例分析

从小生境到体制层面的突破是如何产生的？体制重新配置的过程是怎样的？黑尔斯认为，当激进式创新被应用于相关领域和市场中时，这种

从小生境变化发展到体制水平的过程并非一瞬间完成，而是渐进式的变化的积累（Levinthal，1998）。

黑尔斯以 19 世纪在全球海运中占据统治地位的英国船运业为分析对象，通过描述社会技术体制的不同元素如市场、船舶设计、保险规则、行动者群体、制度、常见的意外问题、管理实践等是如何复杂重组的过程，来展示轮船替代帆船的转型是如何在局部发生进而在整体形成的（图 7.5），避免了像传统的转型分析那样将轮船视为对抗帆船的英雄，就像大卫对抗巨人那样将故事简单地英雄主义化。本章在此对黑尔斯的案例研究作一综述。

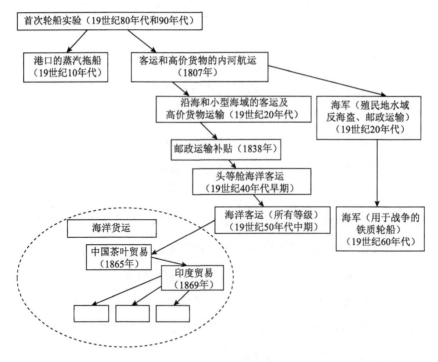

图 7.5　轮船技术在小生境突破的累积轨迹（Geels，2002）

1. 轮船的出现与革新（1780—1845 年）

18 世纪晚期，英国依然实施 1651 年通过的《航海法案》，这一法案旨在保护本土航海贸易垄断，由国家控制航运业。当时船主更注重船只的载货能力而非船速。建造的船只都是宽敞、沉重、慢速的木质帆船。

到了 19 世纪早期，国家通过建造运河和加深河道来组成内河航运网络，运河航运开始繁荣。英国、法国和美国开始在内河上进行最早的蒸汽动力轮船实验，用轮船在港口及河口拖动帆船。早期的轮船使用的是低压蒸汽发动机和桨轮的小木船。由于需要消耗大量煤炭，其载货能力十分有限。为提高煤炭使用效率，改进的蒸汽发动机、锅炉和冷凝器变重，会加剧木质船体弯曲变形。此外，在恶劣天气下海浪会导致桨轮无法和水面接触，大大影响了轮船功能的发挥。因此轮船只能运输乘客、邮件，以及贵重且质轻的货物。在海运方面，蒸汽机是海运船只的辅助物，在微风时使用（Dirkzwager，1993）。

由于帆船运输速度慢，以及抵达与离开时间不确定，加上原始的通信技术，邮件和商船一样慢，反馈和沟通十分有限，使得远距离贸易不易控制。蒸汽轮船不受风的影响，能提高服务的规律性和可靠性，为解决这一问题提供了方案。1838 年英国政府引入邮政补贴，以此推动轮船在特殊航线进行邮政运输。1838—1862 年，英国邮政轮船公司在帝国邮政补贴基础上建立了全球网络（Broeze，1982）。

邮政补贴对轮船的发展与革新起到了重要的保护和推动作用。19 世纪30 年代，轮船设计和制造工程师，特别是新的造船技术轨道——高效蒸汽发动机、螺旋桨和铁质船身开始出现。19 世纪 30 年代船舶锅炉的蒸汽压力平均为 5 磅/英寸²，40 年代提高到 10 磅/英寸²，50 年代随着管状锅炉的引入可达 20 磅/英寸²（Graham，1956）。优质润滑油的使用提高了发动机的效率。此外，高频率的旋转桨会将木船震碎。为解决这一问题，需要抛弃木船制造规则来设计铁船，并采用铆接、加热、锤击和钻孔等新的加工技能。为此要求助于铁匠和锅炉制造者等业外人士（Smith and Cowan，1938）。振动问题也导致客舱被转至船体中央。按传统习俗，船尾是尊贵之地，想要改变这一约定俗成的文化并非易事（Gilfillan，1935）。

2. 轮船在客运市场的起步（1845—1869 年）

19 世纪 30 年代中期，国际贸易和殖民地贸易扩张促进了英国政治、经济的开放进程。英国成为"世界工厂"，在全球自由贸易的背景下，英国《航海法案》于 1849 年废除。不断扩大的全球市场推动了船运业的进一步发展。快速帆船进入鼎盛时期，同时英国轮船制造革命在 19 世纪 50 年代和 60 年代迅速开展。

由于木船存在自然长度的限制，以及英国木材持续缺乏且价格上涨，英国逐渐将造船材料由木材改为铁。具有铁制船体和铁制桅杆的船出现了。随着 1863 年修改的吨位法案降低了相关保险费用，铁船被更多人接受。此外，当手榴弹用于克里米亚战争后，海军改变了之前对铁船使用的犹豫态度。铁制船体使得与之相匹配的螺旋桨推进成为主要推进方式。能减少 60%能耗的混合发动机的出现使得轮船用于远距离客运成为可能（Graham，1956）。此时螺旋桨、铁制船体和混合发动机被逐步联系到一起，产生新的轮船技术体制。其典型代表是 1858 年启航的"大东方号"。

这一时期爱尔兰土豆饥荒（1845—1849 年）、欧洲政治革命（1848 年）以及加利福尼亚淘金热，导致了欧洲到北美的大规模移民潮，这为轮船提供了第一个重要的小生境市场（Geels，2002）。1863 年 45%的欧洲移民乘坐轮船，到 1866 年这一数字增至 81%（Maddocks and Rudolph，1985）。大西洋成为班轮公司争相抢夺的领域。轮船公司转变为管理班轮船队的大型专业公司，并与铁路服务联合制定有规律的时间表（Ville，1990）。管理方式也发生了变化，包括船队管理、财务账单、成本控制、精细预算、长期计划等。

3. 轮船对帆船的逐步替代（1869—1900 年）

1869 年苏伊士运河开放，大大缩短了英国到东方的距离。由于风向帆船无法通过运河，轮船的优势得以突显。苏伊士运河 1869—1874 年的中国和印度新客运航线促进了轮船的大规模使用；英国船队中轮船吨位占比从 17%升至 31%（Geels，2002）。然而轮船的扩散是渐进的，20 世纪前帆船在海运中仍被使用。黑尔斯（Geels，2002）认为有以下三个原因来解释这一点。

一是轮船技术进步导致的"远距离优势"是逐渐增加的。桨轮、润滑油、高压蒸汽锅炉、混合发动机的技术性能是逐步提升的。由此带来的轮船的劳动力使用成本、运输成本和造价降低也是逐步实现的。

二是帆船采取了"防卫战略"。一方面帆船通过技术创新，在海洋贸易上与轮船竞争激烈。例如，19世纪60年代使用复合材料以及70年代使用钢铁来制造更大的帆船船体，从而增加其货运能力。引入机械设备，帆船可减少30%的管理者和操作者（Graham，1956）。另一方面帆船积极开辟新市场，如更看重低成本而非短时间的散货市场。帆船仍被继续使用运输钢铁、煤炭、小麦、大米、黄麻和羊毛等原材料。

三是轮船航运体制在更大规模上的重新配置，需要时间来适应、调整和转变。比如因轮船体积增大，港口需要扩大和挖深。为满足快速转场，需要定做新一代港口设备，如链钩、起重机和传送机体系。所有改变都要求巨额投资（Jackson，1998）。随着轮船航线的增加，一个世界范围的煤炭站点等基础设施需要建立起来。与此同时，船舶制造由木制帆船转向铁制轮船。因新工艺需求，造船厂出现金属工、电工等新工种。新工人使用特殊工具和机器，如机器铆接和其他铁板制造设备。新机器通常使用新能源。当船只体积变大，造船厂及其管理规模也随之变大。此外，航线管理体制也需要调整，如成立大型专业班轮公司，为避免恶性竞争而创立船舶协会等。

综上所述，为了回答转型是如何产生的这一问题，黑尔斯在案例中展现了一个多层视角分析框架。多层视角由社会技术体制、社会技术景观和小生境三个层次组成。社会技术体制中的要素是稳定和相互关联的。这些关联通过不同行动者群体之间的结盟和合作维持并进行再生。激进式创新是小生境市场中的先驱，要突破小生境层次十分艰难。三个层次的发展相互关联并彼此影响。当社会技术景观层次产生压力和新机会时，就会触发更多变化。另一个改变的动力来自特别行动者的出现，他们将引导活动朝着改进和扩张新要素的方向发展。例如，19世纪40年代晚期轮船从补贴的邮政运输中脱颖而出，与社会技术景观层次因爱尔兰土豆饥荒、欧洲政治革命和加利福尼亚淘金热而产生的欧洲移民紧密相关。如果社会技术体制面对压力出现紧张局面，其要素的联系也将变得"松散"。这就为激进式创新脱离小生境层次以及并入社会技术体制结构创造了机会。主导体制的重新配置就出现了。正如黑尔斯在案例中展现的那样，对帆船体制的改善是从蒸汽拖船到邮政轮船一步步开始的，激进式创新的"突破"是逐步积累的过程。

三、转型路径的多种类型

黑尔斯的多层视角方法提出之后，一些观点批评其过度强调技术小生境在体制变化中的作用（Berkhout et al., 2004：62），忽视了转型中多要素相互作用导致的路径多样性。针对质疑，黑尔斯和肖特做出了回应。

有一种观点简单地认为小生境是在"外面"等着变化，黑尔斯认为这是不对的。小生境随着景观发展而产生变化。例如，早期的轮船实验发生在运河繁荣的背景下。19世纪40年代的海上客运得益于因欧洲政治革命、爱尔兰土豆饥荒和加利福尼亚淘金热而产生的移民。印度贸易市场的扩张得益于苏伊士运河的开凿。此外，从一种新技术的出现到新社会技术体制的形成不是一个简单的过程，这涉及试验、学习、调整和重新配置。例如班轮公司需要学习新的管理模式来应对轮船在海上客运的使用。

历史案例表明，小生境中激进式创新发展的一种途径是新技术进入传统的社会技术体制，形成一种混合形式。新技术的早期形式与传统技术有着物理上的联系，新技术往往被用于解决一些特定的瓶颈问题。旧技术与新技术并没有在一开始就处于竞争状态，而是组成了某种合作关系（Pistorius and Utterback, 1997）。例如蒸汽发动机最开始是帆船上的辅助装置。19世纪40年代的轮船是帆和蒸汽推动的混合形式。电力生产中的汽油涡轮机，最初是作为辅助设备来提高蒸汽发动机的能效。当汽油发动机改进后，它们逐渐成为混合循环的主要部分，而这时蒸汽发动机则成了辅助设备（Islas，1997）。激进式创新发展的另一个途径是新技术通过在特殊市场的成长而打破了已有平衡。例如，轮船的繁荣与大西洋客运交通的强劲增长有关。同样地，电动发动机与 20 世纪早期大型工厂的快速增长有关（Bryant and Hunter，1991）。

黑尔斯认为，技术转型出现不是因为从一个体制快速转变为另一个，而是一个渐进的重新配置过程。新的体制逐渐完善取代了旧体制（van den Ende and Kemp，1999）。最开始作为改革而出现的那些事件可看作一系列适应和改变的结果（Summerton，1994）。动态性十分重要，体制中一个元素发生的改变触发了其他元素的改变，这些改变也触发了进一步的改变。这些重新配置的过程发生在社会技术体制的方方面面，如市场、使用群体、使用实践、技术、生产网络、政治等。比如，轮船的转变不只是一个跟市场和技术有关的故事。这种转变改变了元素之间的拼接方式，这一改变重塑每个个体，这一过程逐渐将它们联系起来并加强。新元素的引进改变了其他元素的结构和环境。不同方向的新机会出现。因此技术转型是一个集合转变的过程或者一个社会技术元素的重组。

针对学界对 MLP 过于强调小生境替代作用的质疑，黑尔斯和肖特（Geels and Schot，2007）在案例分析的基础上提出了对转型路径分类的思考。黑尔斯和肖特的工作首先来自对史密斯等人转型分类研究的回应。

史密斯等（Smith et al.，2005）认为，如果没有内在或外在的压力，那么体制的发展轨迹就不可能有实质性改变。新的压力包括经济压力（如竞争、税收、费用等）、广泛的政治社会经济景观发展所带来的压力（如人口统计变化、消费者文化增长、全球化的自由主义模式等），以及颠覆式创新从小生境中产生并开始挑战主导体制的压力。他们认为体制通过两个条件而改变：一是体制所承受的不断变化的压力，二是为适应新的压力，体制从内外部获得的资源。假设压力一直存在，史密斯等相应地划分了体制转型的两个维度：可获得的资源（能力、知识）和可分配资源的合作程度。贝尔库特等（Berkhout et al.，2004）按照这两种维度划分出四种转换类型（图7.6）：内生更新、重新定向、意外转型和有意替代。

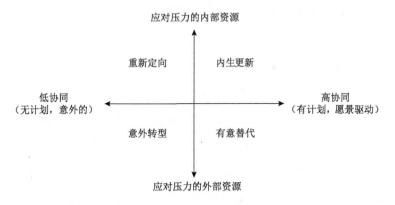

图 7.6　转型过程的分类（Berkhout et al.，2004：67）

　　贝尔库特等认为，内生更新源自体制内部行动者使用体制内在资源做出有意识、有计划的努力来回应觉察到的压力。重新定向源自体制内部行动者面对压力时，使用内部资源的低协同度所导致的。意外转型通常由小型的新公司所带来的颠覆式创新所驱动，这种压力来自体制外部。有意替代是指面对外部压力如清晰地希望体制转变的社会期望，体制行动者使用资源的协同度高，通过规划进行主动调整的体制改变过程。

　　对于史密斯和贝尔库特等对转型过程存在差异的上述观点，黑尔斯和肖特（Geels and Schot，2007）给予了认同。但是，他们质疑了史密斯和贝尔库特的分类维度。黑尔斯和肖特认为，没有一种替代"在最开始时"是有计划的。每一个转型在某一个时间点当不同行动者的活动和视野形成结盟后变成了一种合作行为，这种融合是在转型过程中产生的，而非一开始就有的。因此，他们对于史密斯和贝尔库特分类的横轴——协同紧密度表示疑问，认为这由史密斯等的研究兴趣在于有目的地转型治理所致。

　　黑尔斯和肖特认为，体制是动态稳定的。企业在市场中竞争、投资新品开发、开创改变、从事模仿等的这些过程，发生在稳定的规则和可预测的轨道方向中。"生产力增长大部分表现为缓慢的、渐进创新并在无形中增加的形式。"（Rosenberg，1982：62）此时体制是不易更改的。体制内部会存在一些问题，但体制具有充分的潜力来解决这些问题成为一种共识。体制行动者认为，这些内部面临的一些"小"问题都能被后续的创新予以解决。体制行动者很少关注外来者和边缘行动者建立的小生境创新。此时，虽然存在激进的小生境创新，但是只要体制还具有动态稳定性，激进创新很少有机会能够获得突破。因此，如果没有内生的景观压力，体制将会保留动态的稳定性以及自我复制。

为了回应对多层视角分析框架存在假定的、自下而上的小生境驱动偏好路径的批评，以进一步完善多层视角，黑尔斯和肖特基于不同的多层次互动来建立体制替代途径的类型。为区分转型的途径，他们提出了划分的两个维度。

第一个维度是三个层次交互作用的时机。多层次交互作用的不同时间会产生不同结果。尤其重要的是，考虑到与小生境发展相关的景观对体制施加压力的时机。在小生境内部的创新还未完全成熟时景观压力所导致的体制替代路径，会跟小生境内部的创新已经成熟时景观压力所导致的体制替代路径不同。

判断小生境内部的创新是否成熟进而从小生境的保护中突破出来的标准并非完全客观，小生境行动者与体制行动者对此会有不同的看法。为此，黑尔斯和肖特提出了判断小生境内部创新成熟的几条指标：①主导设计中的学习过程是稳定的；②强势的行动者加入到对关系网的支持中；③性价比有明显的改善，并对进一步改善（学习曲线）有很强的期望；④创新应用于市场小生境中，其累积的市场份额将超过 5%。关于小生境的研究文献强调三个主要过程：学习、网络建设和期望表达（Kemp et al.，1998；Hoogma，2002）。第四个过程来自传播研究，可估算出传播曲线将会自我维持并在累积接受度达到5%至20%之间获得成功（Rogers，1995：360）。

新奇事物经常出现，但这个可能是隐藏的新奇事物，由相关联的圈外人、边缘行动者或者外部世界爱好者带来。处在胚胎阶段的小生境创新还不能对体制产生威胁。在某些时候内生的景观发展可能会给体制创造压力，为替代创造机会之窗。但如果小生境创新还未完全建立，他们无法利用这扇窗户，而这扇窗户之后可能会关闭。

第二个维度是交互作用的程度。即通过压力或竞争，小生境创新以及景观发展与社会技术体制之间的联系是加强、减弱还是断裂了？

加强性质的景观发展对体制有稳定作用，而不是驱动体制的转型。分裂性质的景观发展对体制施加压力，驱使其改变。当小生境创新想要取代对方时，小生境创新和现存体制是竞争关系。如果小生境创新被现存体制接受，用于增强自身能力来解决问题和改善性能，那么小生境创新与体制之间就是共生关系。结合上述两种标准，黑尔斯和肖特区分了四种不同的转型途径（图7.7），即P1：体制的自我调整、P2：体制的解散和再结盟、P3：旧体制被新体制所替代、P4：重新配置产生新体制。

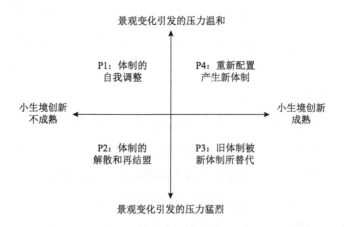

图7.7 转型的不同路径（根据黑尔斯等的研究整理）

（1）路径 P1：体制的自我调整路径。在 P1 中景观的初始变化小且温和，景观压力发生在小生境创新还未完全建立时，小生境创新无法利用景观对体制的压力。体制行动者在压力下会在体制内调整路径和创新活动的方向（图 7.8）。

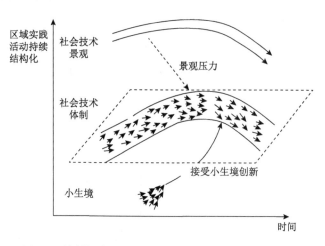

图 7.8　体制的自我调整路径（Geels and Schot，2007）

　　黑尔斯以荷兰城市卫生系统从污水井到下水道系统的转型为例说明。19 世纪 50 年代，来自体制外的卫生专家发现传染病和肮脏的环境条件如街道和运河污水之间存在统计学上的相关性，其批评了体制内行动者，并且要求他们提供解决好人类排泄物的办法。但是当时健康被视为个体责任，城市管理者也希望控制公共领域的财政支出，来保证对约占总人口15%、有投票权的中产阶级的较低征税水平。他们只实行了辅助性的改变，如清理运河中的淤泥来改善水循环，使用蒸汽发动机从运河抽取新鲜水。

　　到了 19 世纪 70 年代和 80 年代，工业化造成城市垃圾处理问题恶化。同时，微生物学家巴斯德（Louis Pasteur）为传染病的传播提供了因果解释。这些景观层次的变化促成卫生学者与工程师形成了卫生改革的联盟。为应对这种日益增加的压力，一些城市的市政当局实施了干清粪工艺来转移人的排泄物：用滚筒储存或使用中央厕所，将排泄物处理成肥料。然而，这种办法的规模太小以至于无法解决卫生问题。

　　19 世纪 90 年代清洁成为被人们普遍认可的价值观，肮脏被看作文明社会中的道德污点和疾病威胁。公众要求政府关注工人阶级的居住条件，加大财政投入，实施促进健康和卫生的措施。最终下水道系统于 1893 年应用于海牙，1914 年应用于阿姆斯特丹。

在 P1 路径中，新的体制通过不断调整和重新定位从旧的体制中产生。小生境创新不会破坏体制的基本结构。例如，下水道体系取代了污水井，但是下水道体系在技术上并不是颠覆性的。砖块、管道、水流和泵的知识已经存在，虽然关于下水道管道的形状、下水道斜度、流动速度、土壤环境等一些额外的知识需要建立，但是新的知识可插入现存知识体系中而不是进行破坏。在这种路径中，体制外知识与体制内知识"差距"不大，体制内行动者将会引入外部知识，逐步取代体制规则。社会群体、外部科学家或工程师等圈外人十分重要，他们引导体制内行动者去关注外在事物，并通过转译的方式让小生境里的创新实践为体制内行动者所接受。

（2）路径 P2：体制的解散和再结盟路径。如果景观的改变是剧烈和突然的，类似于雪崩式变化，那么体制受到的日益增加的压力和出现的问题，最终会使体制内行动者失去信心，表现为他们会降低体制内的研发投入。体制内联盟形成的规则如技术创新指导原则、使用者偏好、选择标准、法规等开始出现不确定性，体制联盟最终会形成"真空"或解散。但是，此时还不存在稳定的小生境创新来填补"真空"。因此不会有明显的替代。景观变化所带来的体制"真空"为多个小生境创新创造了空间，这些小生境之间既相互共存，又为了资源相互竞争。最终，其中一个小生境创新占据了主导地位，成为新的社会技术体制重新结盟的核心，如图 7.9 所示。

黑尔斯（Geels，2005b）列举了 19 世纪末到 20 世纪初美国城镇交通系统的转型予以说明。首先是以马为主导的交通体制联盟解散，多重创新产生并共存。之后轨道电车迅速占据主导地位，然而它没能保持优势，最终被另一个新奇事物——燃油汽车所取代。

19 世纪 20—80 年代，北美城镇交通开始发展，公交马车逐步出现并

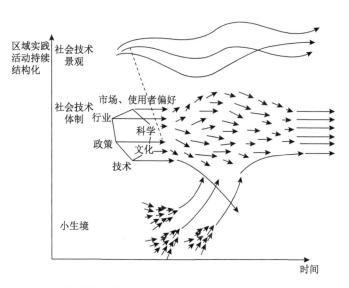

图 7.9　体制的解散和再结盟路径（Geels and Schot，2007）

成为主要交通工具。公共交通公司为扩增载客量盈利，开发出了轨道上的公交马车，这也是有轨电车的早期原型。1885 年前后，美国有 415 家轨道交通公司，轨道长度超过 9700 公里，通过动物牵引车辆，每年运送 18 800 万乘客（汉唐有轨电车，2018）。

19 世纪晚期伴随美国社会城镇化、移民潮、卫生运动等重要的政治、社会和文化变化，以及电力技术等划时代技术的革新与推广，提倡新的价值观的中产阶级开始兴起。这些景观的"雪崩变化"给城镇交通体制带来了很多问题。例如，卫生意识提高了人们对街道上马的粪便的关注；城镇扩张需要更远距离的旅程；等等。以马车为主导的城镇交通体制难以满足这种需求。

上述景观的改变为多种小生境创新创造了机会，尽管此时还不存在一个强有力的小生境创新来替代马车。有轨电车满足了社会对电力应用的渴望，并得到马车公司的大力支持，因为马车公司需饲养上千匹马，成本十分高昂，有轨电车得以迅速普及。1890 年美国城镇道路上行驶的车辆中 16% 是电力驱动，70% 靠马匹拉动，14% 是蒸汽动力。到了 1902 年，电力车辆占比达 97%。此时，自行车和汽车是流行的小众创新。两个轮子同样大小的安全自行车广泛应用于乡村旅行，成为人们消遣娱乐和锻炼身体的工具。电动汽车被用作出租车，以及人们在公园和林荫大道上散心的"奢侈品"。燃油汽车被用于竞赛和旅行。

但是之后燃油汽车一骑绝尘，取代有轨电车成为城镇的主导交通体制。主要原因在于福特确立了流水线生产方式，极大降低了 T 型车生产成本。T 型车价格从 1908 年的 850 美元下降到 1916 年的 360 美元，为普通大众所能承受。随着道路系统的扩展和旅游业的蓬勃发展，汽车开始强势嵌入社会，城郊购物中心、汽车影院纷纷建立，汽车进一步普及。黑尔斯（Geels，2005b）通过有轨电车和燃油汽车两个后发技术对四轮马车的先后替代过程，展现了体制的解散和再结盟路径。

（3）路径 P3：旧体制被新体制所替代路径。激进式创新已经在小生境中发展起来，但发展停滞。如果景观引发的"特殊震荡"或"雪崩变化"导致主导体制内部被撕裂，则会为小生境创新打开机会之窗。后者会抓住机会快速进入更大的市场，最终取代现有体制，如图 7.10 所示。

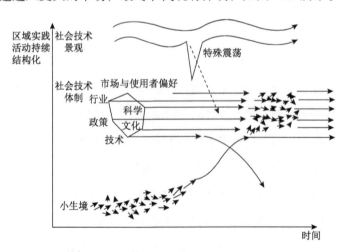

图 7.10　旧体制被新体制所替代路径（Geels and Schot，2007）

英国轮船替代帆船的案例就是很好的 P3 实例（Geels，2002）。19 世纪初英国船运业中帆船主导体制相对稳定，轮船虽然已经存在，但是局限在运河、港口小生境中，作为帆船的拖船使用。1838 年政府补贴支持的邮政轮船也是一个保护轮船技术革新的小生境。但随后爱尔兰土豆饥荒、欧洲政治革命以及加利福尼亚淘金热形成了景观"特殊震荡"，大规模移民潮促进了大西洋客运市场数十年的发展。轮船抓住了这扇机会之窗，形成了以螺旋桨、高效蒸汽机和铁质船身为代表的新的轮船技术轨道。1869 年苏伊士运河开放是另一个景观"特殊震荡"。轮船在海洋运输贸易尤其是英国与印度和中国贸易中具备明显的距离优势。规模效应降低了轮船的运输成本，最终轮船在 1870 年到 1890 年通过经济竞争替代了帆船的主导地位。

P3 路径发展的结果往往是原有主导公司倒闭（Tushman and Anderson，1986；Christensen，2016）。这一路径与 P2 体制的解散和再结盟路径相似，都是主导体制消失并最终被另一个社会技术体制取代。但两者也有不同之处，P3 中小生境内的创新已经成熟稳定。

（4）路径 P4：重新配置产生新体制的路径。小生境中产生的激进式或颠覆式创新已经成熟，一开始被现有体制采纳以解决体制内某一具体问题。当体制内的多个要素被替换后，新成分之间产生新的联结，进而引发对整个体制的重新配置，如图 7.11 所示。这是这一路径与 P3 体制的解散和再结盟路径的不同之处。

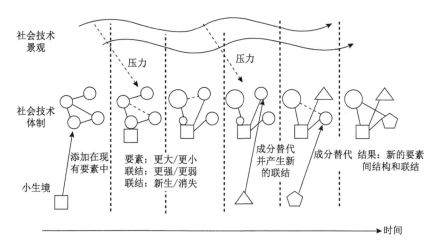

图 7.11　重新配置路径（Geels and Schot，2007）

黑尔斯（Geels，2006c）以美国大型制造业替代传统制造工厂的例子予以说明。工厂制造是一个由多个分散要素组成的、复杂的社会技术体制，一系列大大小小的技术和社会要素发生改变，如专用机械工具、可替换零件、电动机、劳动分工和生产线被吸收到制造体系中，导致了制造系统的重新配置，在美国出现了大规模生产制造业，如图 7.12 所示。

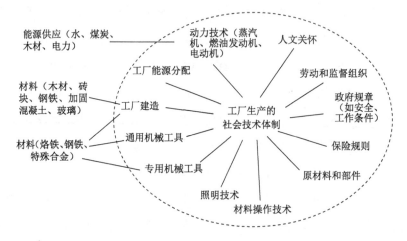

图 7.12　工厂生产的社会技术体制（Geels and Schot，2007）

这一转型过程来源于一系列较成熟的小生境创新，并逐步被吸收进生产体系（Geels，2006c）。19 世纪 50 和 60 年代，车床、刨机、钻孔机等通用机械工具不断涌现，蒸汽机、皮带和滑轮组成了动力驱动机器。19 世纪六七十年代，高架传送带、移动工作台在罐装、肉类包装、钢铁制造等加工行业尝试；开始使用小型、由电池驱动的电动马达。19 世纪 80 和 90 年代，制造可替换零件的专用机械工具得到发展；电力进入工厂，用于电灯照明以及电风扇除尘。19 世纪 90 年代早期，服装、电力机械、印刷出版等行业开始使用电动机给机械工具供能。化学制品、石油、橡胶、电力设备、钢铁、交通设备等领域的工业财团开始出现。20 世纪前 10 年，生产规模和机械设备的扩大使得工厂规模扩张成为十分严峻的问题。产业工程师着手在更大空间内使用机械工具。流量、生产力和效率成为工厂安排的重要原则。钢铁和强化混凝土使建设大型厂房成为可能。上述制造工厂的新配置最先被福特运用在汽车行业中,形成了福特大规模生产方式。1920年大型制造新形式在胭脂河工厂成为现实。

与此同时,景观出现了一些变化,如全国市场形成,人口、经济和购买力增长,电力普及,工程师群体出现,中产阶级和消费主义产生,以及提高生产效率的社会运动等。这些外在变化提供了机会,影响了这一替代过程。

需要指出的是,重新配置路径P4中,体制被替代不是由于一种技术的突破而产生,而是通过多重组成要素的创新实现的。多种分散的技术相互交织作用导致社会技术体制的重组。例如,制造工厂体制的替代不是被某一突破性创新驱动的,而是被一系列多重的创新驱动的。这些创新最初用于解决某一特殊问题,最终使工厂生产体制发生了重大改变。这是与P2的不同之处。

黑尔斯和肖特(Geels and Schot,2007)总结道:如果小生境中的激进式创新与体制具有共生关系,它们就可以很容易地加入其中,实现对体制的部分替代而被接受,诸如改进性能、解决小问题等,这时大多数体制规则并未改变。如果体制内部制度和结构保持原状,这就出现了途径P1。但是,如果体制行动者探索旧元素和新元素的新结合并且深入了解新奇事物时,被接受的新奇事物可能导致体制内部制度和结构进一步调整,这可能导致技术改变或者使用者实践、认识、搜寻启发式的改变。与P1的不同在于,重新配置路径P4经历了体制规则和结构的实质性改变。

"颠覆性改变"是景观发展的一种特殊类型。因为它的速度较慢,行动者最初只能意识到温和的变化。当压力持续在某一方向增加时,景观改变会逐渐变得更加具有颠覆性。基于此,黑尔斯和肖特提出了第五条路径P5,来解释转型可以从一种途径出发,却转向其他途径:始于P1,之后是P4,并可能伴随着P3或者P2。最初,体制行动者意识到温和的景观变化,通过内部资源来解释这些问题,改变活动方向和改变活动和发展轨道的方向。如果体制压力增加并且问题恶化，体制行动者可能会愿意接受共生的小生境创新并试图改变体制组成成分。如果这些新的附加物并未脱离体制基础结构，将会导致体制的自我调整路径（P1）。但是如果这些附加物引起基础变革，结果将是重新配置产生新体制路径（P4）。如果景观压力变得更加具有颠覆性，体制问题恶化，现任行动者开始丧失信心。一旦特定的小生境创新已经完全建立起来，将利用这一机会之窗，进行体制替代（P3）。如果此时小生境创新还未完全建立起来，将会出现体制的解散和再结盟路径（P2），即通过一段时间的多重小生境创新兴旺和共生后，其中一个最终占据主导地位。这种连续模式表明，在不同的转型路径之间会发生跨越。例如，未来数十年气候变化将在交通和能源体制中引起一系列不同路径间的转换。

综上，黑尔斯在案例分析的基础上所提出的多层视角模型，是一个具有代表性的、描述整体替代过程的全局性的模型。黑尔斯和肖特通过细化体制、景观与小生境三个层次相互作用的不同类别，进而提出了对转型路径类型的思考，丰富了我们对于创新转型的认识。多层视角小生境、体制和景观三个层次之间的相互作用方式决定了转型路径的特征。成功的小生境不仅仅是通过自身增长和取代体制来施加影响的，而是会使小生境要素和体制组成部分之间产生各种形式的合成和反应（Geels and Schot, 2007）。激进的小生境要素可以被体制吸收，而不是过度扰乱和改变体制（Smith, 2007）。可以看出每种转型都是视条件而定的。可持续转型路径的多样化是合理的。黑尔斯认为，多层视角模型不是一种本体论观点，而是一个解释技术转型的分析、启发式框架。这种观点在演化经济学和技术研究之间搭建了一座桥梁。其经验主义分析方法有助于我们面对真实世界发展的复杂性。

但是，社会技术体制作为一个分析单元，涉及范围很广，难以精确划定其边界（boundary）。小生境和体制之间的界限并不像多层视角所显示的那样清晰。此外，多层视角理论被很多学者认为有结构功能主义的嫌疑。

MLP 这种全局性模型倾向于从整体结构而非行动者视角来关注转型。根据
吉登斯（Giddens，1984）的观点，被理解为结构的规则是通过行动者在使
用和改变规则中发挥其能动性，而被回溯式地复制的。在黑尔斯及其与肖
特的研究中，尽管通过各种案例分析，展示了多种转型路径的可能性，摆
脱了理解转型路径中的决定论思维，同时也强调了行动者在转型中主体作
用，但这些分析大多轻描淡写，分析的重点并没有着墨于多种路径可能性
背后的行动者的能动性。转型既可被理解为一种理性行为，更是一种认知、
转译策略以及权力关系变化的结果。针对这些争论特别是知识与权力的能
动性问题，本书的第三部分将结合中国情境案例予以深入探讨。

第八章　转型路径与策略：晚清内河航运的转型过程*

晚清内河行轮是西方轮船进入中国替代帆船，进而促进中国内河航运业转型的一段历程。1830—1860 年是轮船进入我国航运的阶段。此时帆船贸易繁荣，轮船作为帆船运输的补充工具，主要活动在我国沿海地区。1860—1872 年是轮船与帆船在内河激烈竞争进而占据上风的阶段。此时轮船技术不断完善。由于第二次鸦片战争之后清政府被迫同意开放内河口岸，外国轮船公司得到长江航运的控制权。从 1872 年我国第一家轮船公司成立开始，内河航运逐渐从轮船与帆船之间的竞争过渡到中外轮船公司之间的竞争。至 1900 年晚清内河航运进入到轮船业主导的稳定阶段。

尽管轮船拥有技术上的优势，且西方列强通过战争打开了进入中国内河航运的窗口，轮船替代帆船已是大势所趋，然而轮船在内河成为主导的交通形式已是 1900 年前后的事情。整个转型过程并非一帆风顺，大致跨越了 70 年。这场转型以及相应的技术替代体现了技术与社会相互作用的复杂过程，呈现出从被动"意外转型"到主动"有意替代"，以及从延缓

---

* 本章主要内容基于作者与清华大学研究生于衍衍的合作研究。

到加速的特点。其中清政府针对轮船的态度和策略转变对这场转型的发展方式和进程产生了重要影响。

西方新技术进入中国并对本土技术加以替代，呈现出技术与社会相互作用的复杂特点。在晚清航运体系中，帆船作为当时占统治地位的技术，已经在社会系统中建立一套适应自身的运作模式。虽然轮船在技术发展上是先进的，且西方列强通过战争逐步进入了中国内河航运业，在这场与帆船的较量中轮船看似占据了优势，但实际上这一替代过程并非想象中那样顺利，从 1830 年轮船出现在中国沿海直至 1900 年轮船全面压倒帆船，转型仍然经历了 70 年左右的时间。为什么会经历这么长的一段时间？其内在过程是什么样的？使用船舶运输的商人、以帆船为营生的船主和船工、清政府官员等等这些和航运息息相关的群体，他们各自采取怎样的看法？在相互博弈和利益平衡的过程中，他们的看法与行为发生了怎样的变化？一些社会制度如基于帆船运输的清朝漕运制度，以及与轮运业相关的商业保险制度在技术替代中发挥了何种作用？这些都是本章将要探讨的问题。

一、轮船进入我国沿海地区时期（1830—1860 年）

在进入我国内河之前，西方轮船在我国沿海已经存在了一段时间。轮船有很多别称，在清代历史资料中出现过"火轮""轮舶""汽船"等名称，皆指以蒸汽机为动力的船只。出现在中国领海的早先十几年间，轮船还只是提供拉力以拖曳帆船的拖船。轮船只是较小的船舶，由于机械效率较低，轮船上往往需要装载大量燃煤。尽管除了自身载煤，被拖曳的帆船上除货物外还要装载供轮船发动机使用的煤，但轮船仍因为燃料不足致使最后一半航程只得靠帆前行（Lubbock，1933：78-79）。此时，轮船自身的运力有限，只在风小的时候使用蒸汽机，且使用轮船的成本很高。

1830 年中国领海出现第一艘轮船。"1830 年 3 月 14 日，'福士号'拖带着'杰姆茜娜号'从戴蒙德港起航……于 4 月 19 日驶抵伶仃岛（今珠海市附近）锚泊点……是在中国领海见到的第一艘轮船。"（Lubbock，

1933：78-79）"福士号"配备两台 60 马力发动机和一台铜锅炉，登记吨位 302 吨。它的用途是顶着季风将一艘帆船从印度基德波尔拖到中国。由于当时鸦片贸易利润丰厚，这趟高成本的航行变得可以接受。至此，这种以蒸汽为动力的新式交通工具，成为晚清航运体系新的参与者。

　　值得注意的是，在第一次鸦片战争中，洋人已经开始在军事行动中使用轮船（图 8.1）。如道光二十二年（1842 年）四月，"据称初七日午刻。有逆夷火轮船二只。大小夷船二十余只。由乍浦所辖之黄盘山东省洋面而来。未刻。火轮船拖带三板船。自彩旗港驶入西行汛停泊等语。该逆猖獗异常"（大清宣宗成皇帝实录：卷之三百七十）。

图 8.1　第一次鸦片战争中的英国蒸汽船"复仇女神号"（Bernard and Hall，1845：3）

　　到了 19 世纪 40 年代，随着技术的进步，轮船航速更快、更加坚固、受风向等天气条件影响较小的优点凸显出来，其技术先进性所带来的商用价值进入了更多晚清民众的视野。

　　一些中国商人开始雇佣或购买轮船用于沿海贸易护航，防止海盗。一些史料有所记载，如咸丰五年（1855 年）七月，"公雇火轮船一只，外借夷船二只，并呈出船照，及苏松太道谕帖，旋即驶往奉天"（大清文宗显皇帝实录：咸丰五年七月上）。《大清历朝实录》中记载，"江苏绅董，复另购小火轮船一只，现饬整备齐全，即行自沪启碇等语。此项船只，虽据声称系商火轮船，不及兵火轮船之坚利，而灵巧整齐，已较内地船只为胜。以之驶行江面，焚毁金山贼堤，攻克瓜州，绰有余力"（大清文宗显皇帝实录：咸丰六年九月下）。轮船护航的花费也十分昂贵。如道光三十年（1850 年），"又闽省南台停泊火轮船五六只，向商船每只索洋银三百圆，代其护送，往来于闽浙闲"（大清文宗显皇帝实录：道光三十年十月下）。

在特殊时期，轮船也曾被清政府用于漕运护航。如咸丰八年（1858年）二月，"惟近年闽广艇匪，往往随漕北上，尤须格外慎重。东省在粤新造广船，一时恐难赶到。请饬令江南商局，所置轮船，随漕北上等语"（大清文宗显皇帝实录：咸丰八年二月上）。当时正值清政府围剿太平天国，粮草供应尤为关键，因此清政府选择轮船护航漕运。

19 世纪 40 年代之后轮船开始作为运载工具，逐渐成为帆船的竞争者。在沿海地区一些轮船开始搭载乘客。1843 年为处理《南京条约》善后事宜，清朝钦差大臣耆英就是乘坐"雌狐号"轮船到达维多利亚港口的。1845年汽船首次作为货船在中国出现。之后轮船频繁出现于沿海运输。

但是总体上看，这一时期帆船依然在航运业中占据主导地位。轮船的应用之所以还没有大范围普及，除了自身技术优势不明显外，还与轮船在我国沿海的活动受到清政府和沿海居民等多方抵制有关。

1. 清政府的严防

尽管在第一次鸦片战争后清政府开放了广州、厦门、福州、宁波、上海等五处通商口岸，但出于海防安全的考虑，清政府官员对于轮船在沿海附近的行动踪迹保持高度警觉，对于轮船在非通商口岸停留更是十分抵制。道光二十一年（1841 年）八月，针对轮船所载外国人在厦门口岸填河烧船并抢夺食物一事，道光皇帝认为"前此准令通商，本非正办，此时若再有要求，断断不准议及"（大清宣宗成皇帝实录：道光二十一年八月下）。

此外,清政府对外轮进入内河的企图十分警惕。如道光二十二年(1842年)五月,"逆夷由海入江,先遣火轮船闯入江阴,即难保无大帮逆船跟踪内犯,大江形势,究与外海不同。如果逆船驶进,务将备防之火攻等船"(大清宣宗成皇帝实录:道光二十二年五月下)。到了咸丰年间,反对外国轮船进入内河的因素又多了一个:断绝列强与太平天国的联系。当时太平军会攻击悬挂清朝旗帜的船只,但外轮进入太平天国所管辖的河道时没有受到过多阻拦。咸丰四年(1854年)六月有史料记载,"中国海口,除通商五口外,向不准夷船驶入。乃近日夷船肆行无忌,或往镇江,或往金陵,与逆匪相见,显违成约。该夷既与中国和好通商,何故与逆匪往来,殊非和好之意。况当江中征战之际,设或枪炮误伤,我兵不能任咎……于五月二十三日,带火轮船赴镇江。如果实与俄罗斯构难,何能从容往来内地,其为包藏祸心,已可概见"(大清文宗显皇帝实录:咸丰四年六月中)。

针对沿海贸易中中国商人雇佣外国轮船护航的情况,清政府也是持杜绝态度,担心先例一开,不可抑止。如咸丰五年(1855年),咸丰皇帝认为"夷通商船只,止准在五口往来,山东奉天洋面,皆非该夷应到之地。火轮船虽由商雇,究属夷船,岂可任听商民驾驶北行,致令夷船溷迹",处理办法是追回船只并通告商民不能借用外国船只。对于海盗等危害沿海船只安全的对象,他认为"自有师船勇船剿捕,何必借助外夷"。他最担心的是"宁波所雇火轮船,即系一只,何以北来之船,竟有四只,种种影射。此端一开,该夷任意游行,何所底止"(大清文宗显皇帝实录:咸丰五年七月上)。

2. 沿海居民的阻挠

西方列强在第一次鸦片战争中使用轮船以及战争对于沿海口岸的破坏,使得轮船在一定程度上成为民众心目中敌对的象征。如道光三十年(1850年)五月,"有夷火轮船一只,驶至天津……该夷初到天津,颇形桀骜……"(大清文宗显皇帝实录:道光三十年五月上),以及"有骑马夷人四处踏勘,口出狂悖之言乡民协力驱斥"(大清文宗显皇帝实录:道光三十年十月下）。

此外，外国轮船引发的沿海航运的激烈竞争，已经严重影响到沿海航运从业者的生计，这令他们奋起反抗。其中较为著名的有"青浦事件"。当时三个英国传教士违反规定进入江苏青浦县进行传教活动，"被山东船夫追到他们的船上用锄头、木棒、铁棍、铁链等物殴打成伤"，这些人是"一群为数不下一万三千人的漕运水手，他们的职业就要被剥夺，又没有钱"（马士，1957：443）。1859 年，清朝官员桂良上奏，认为运输豆石、豆饼关系到东南各省数千万人的生计，禁止英商装载，对漕务民生都有好处。并举例说牛庄、登州的商民只给载货的外商粮食，"不肯与之交易"。

此时，官民虽还不能理解轮船的制造原理，但是通过观察与接触，对轮船的外部构造和行轮条件有了一定的了解。在对外轮阻拦的过程中，官民利用轮船吃水深的特征，设法致使河流下游水位较低，阻止轮船继续前进。如咸丰八年（1858 年）四月，官民"沿途设法沉船，阻其上驶。若于海河上游，筑坝束水，或决口旁洩，使下流水势浅阻，则逆夷轮船，不能上窜"（大清文宗显皇帝实录：咸丰八年四月上）。

二、轮船与帆船在内河的激烈竞争时期（1860—1872 年）

1858 年是轮船与帆船在我国内河航运竞争的开端。第二次鸦片战争之前，进入内河进行贸易的外国船只很少，且会受到当地政府或军队的驱赶。《天津条约》迫使清政府不得不开放汉口、九江、南京等沿江城市作为通商口岸，使得我国原先完全由帆船主导的内河航运体系受到强烈的冲击。获得官方合法性的外轮开始大规模、深层次地进入内河，与帆船进行激烈的商业竞争，并建立起特有的轮船交通运营体系。自此，外国轮船及其所属公司新进入者和竞争者，逐渐占据内河航运的垄断地位。这一情况直到1872 年我国第一家轮船公司轮船招商局设立后才有所变化。

1. 内河行轮的机会窗口打开

早期外国商品在中国内陆的销售情况并不乐观，要从跨国贸易中获利，获取工业产品倾销的利润，需要进一步打开中国市场。1850年美国驻厦门领事说："这里对棉织品的需要，和广州、上海一样，长期受到限制。……大批的美国床单、衬衣布、斜纹布，发生积压，卖不出合适的价钱。"（Davids，1973：20-21）19世纪50年代初，一个在中国南方多地居住过近十年的英国人说："我还没有看见过一个靠劳作生活的中国人穿过一件用我们布料做的衣服。"（严中平，1955）

由此轮船作为大宗商品运输工具，介入内河航运是很有必要的。此外，轮船在沿海地区与帆船竞争并获利颇丰的先例，让洋人认识到内河轮运的巨大商机。如"总之，我们必须跟上时代……在中国人无力装运的时候，由我们来装运……只要谨慎判断，很少会亏本"，1856年旗昌洋行的中国代理人金能亨在给美国投资人的信中说，参与中国的货物运输是紧跟当下趋势的选择（Liu，1962：308-309）。1859年，金能亨已经查明长江沿岸的运量，并认为从即刻起建立上海到汉口的定期航线，旗昌洋行可在短时间内获得扬子江航运业的控制权，且能够获得每年30万美元以上的纯利，这一收入要远远高于在美国投资债权的每年2万美元利润。也有一部分人如赫尔德兄弟的琼记洋行对此持悲观态度，但第二次鸦片战争接近尾声时（1859年初左右），他们的看法发生改变，开始购置用于内河航运的轮船。

第二次鸦片战争迫使清政府于1858年签订《中英天津条约》，其中第九款是"英国民人准听持照前往内地各处游历、通商"，第十款是"长江一带各口，英商船只俱可通商"，外国轮船公司就此得到长江航运的控制权。由于当时商品流通缓慢，英国商人除了运输和贩卖商品外，还利用轮船速度快的优势，通过时间差进行异地交易，如把铜钱从贬值的商埠运往升值的商埠来获取利润。

2. 轮船技术革新和轮运体系的建立

到了19世纪70年代，西方国家轮船技术发展迅速。钢取代铁成为造船材料，船的耐久性加强。燃油发动机取代了蒸汽机，后者体积小，且油质燃料比煤炭的贮藏空间小，节省了空间、重量以及操作人员的数量。这些技术革新使得轮船的货运能力大为提升，经营成本也随之降低。相较木船，轮船显示出了快速、运量大、安全等性能上的优势。如 1866 年夏季，长江上行的 9 条木船就有 5 条出了事故，使得各保险公司将保费从 1% 提高到 2.5%（聂宝璋，1983：603）。

1869 年苏伊士运河的开通是世界轮船发展历史上一个具有里程碑意义的事件。苏伊士运河开通后，从中国到伦敦轮船能比帆船快两倍，帆船则不能在苏伊士运河航行。轮船因而获得了大量的茶叶运输业务。自此在商业运输上，轮船对帆船的替代成为全球航运的趋势。

在中国获得内河行轮的官方合法性后，轮船与帆船之间以及英美轮船公司之间的竞争除了加速轮船新技术的使用外，还构建了一个与轮船相配套的轮运体系，大大提高了航运管理能力。

轮船水运便利是各国租界选址的必备因素。以汉口为例，英国人在租界选址问题上，主要考虑到三个因素，江汉交会口交通条件优越，属于"四大名镇"，商业条件优厚，以及河道较深适宜轮船通行（朱滢，2014：17-18）。

保险等与轮船相配套的先进航运体制也随之被西方公司引进。外国轮船公司多投资于保险公司，如怡和洋行和谏当保险公司、香港火烛保险公司、宝顺洋行和于仁保险公司等。外国保险公司不承保国内帆船，"必以西人为船主，则保险乃可行"（王韬，2002：卷十，代上广州府冯太守书）。中国商人在雇佣船只时，会将没有保险的船只排除，使得中国帆船的生意大为减少。

当时税收政策对外国船只也更为优惠。《海防档》中记载，洋商运输之货物只需完税没有捐项，而华商运输之货物既要完税又要报捐。

洋人在租界内建设码头、货栈、保险公司等配套设施，地理位置优越，配套体系完善，并具备一定的规模。洋人的先发和规模优势为华商后期另立场所发展轮运业设置了较高的门槛。据《清史稿》记载，"华商领官船，另树一帜，洋人势必挟重赀以倾夺，则须华商自立公司，自建行栈，自筹保险，本钜用繁，初办恐亦无利可图"（赵尔巽等，1998：志一百二十五）。

3. 轮船业对帆船业的冲击

上述的技术及其配套系统的优势，使得采用轮船运输和出行的人群日益增多。据《清史稿》记载，外国轮船进入长江之后，"商旅乐其利便，趋之若鹜"（赵尔巽等，1998：志一百二十五）。1864 年广州"江轮所运货物，已达半数以上"。1865 年在福州，原本部分茶叶和木材等货物由帆船运往上海与宁波，但到了雨季刮东北季候风，帆船只能靠人工来撑船，无法北上，而轮船正好填补了这方面的需求。

19 世纪 70 年代前后，中国各阶层对轮船的偏见正在消散，搭乘轮船出行的人数不断增多，客运成为中国内河航运市场一个新的利润增长点。1866 年上海海关税务司数据显示，不少中国商人、参加御试的秀才、各品赴任的官员，都将轮船作为交通工具的首选。1866 年在天津，由于乘坐外国轮船节省时间且风险较小，中国木船的生意几乎全部被轮船抢光了。

中国商人也看好新式轮运业的前景，或是希望利用外商轮船经营自己的生意，于是开始投资轮运业，外国洋行也十分乐意利用华商资本扩大经营规模。1861 年旗昌轮船公司成立时，认购股票的华商有 9 人，其中 3 人在旗昌洋行做过买办。

从 1861 年至 1872 年，洋人争相进入中国内河航运业，通过竞争逐渐获得垄断地位。无论是早期美商旗昌的一家独大，还是后期旗昌与英商怡和、宝顺的激烈竞争与协议和解，长江航线上的货运及客运都掌握在外国轮船公司的手中。

帆船业逐步衰落，经营帆船的大家族"营业一落千丈"。1871 年《北华捷报》记载，"在长江航行的大号帆船的数目也逐渐减少，不仅内地商业处于悲惨状态……以前这些帆船所获得的巨额利润已经全部被外国轮船夺去，偶尔有一些零星货物的运输，目前也归了外国的帆船"[1]。

---

[1] The North China Herald Online. The North China Herald Volume 1871 - Issue 215（1871-06-16）. http://primarysources.brillonline.com/browse/north-china-herald-online[2022-10-24].

4. 内河航运帆船体系内相关群体态度的变化

外国轮船公司逐步取得垄断地位，预示着晚清内河航运体系中轮船替代帆船的趋势正在形成。虽然轮船具备技术和体系上的优越性，但是这种替代并没有快速完成，轮船在中国的本土化过程受到很多阻力，伴随着利益相关者的冲突与磨合。

1）帆船业的抵抗

帆船在与轮船的竞争中处于下风，帆船商人的收入大受影响。沙船是帆船的一个分支，在清朝乾隆嘉庆年间上海有朱、王、沈、郁四个沙船世家。由于时局、战乱、西人入侵的影响，上海沙船业走过了辉煌期。"其时沙船已歇，行号犹存，因经几番匪乱，市面萧条，营业一落千丈，势必至此。"（饶玲一，2005）同治元年（1862 年）以后沙船业的情况每况愈下，"道咸以前邑人业此者多致巨富，同治以来业日衰败，船只减少"（饶玲一，2005）。规模庞大的沙船主的运输生意尚且受到很大影响，更不要说以帆船运输为生的个体船主和船员们了。

帆船商人对新式轮运业表现出强烈的敌对情绪。1872 年轮船招商局筹备之时，李鸿章任命朱其昂为轮船招商局总办，正是考虑其为沙船世家出身，可以改善轮船招商局与沙船商人的关系。但当沙船商人被劝说入股轮船招商局时，他们"群起诧异，相互阻挠"，"竟至势同水火"。原本支持朱其昂的上海华商李振玉也中途退出。

面对凋敝现状，帆船主和从业者采取过一些抗争措施。如"1862 年初，船商王永盛等联名禀报江海关道吴煦，请求禁止外商承运牛庄豆石，并请求将上海一埠的豆石运输，专归华商承办。这一建议得到李鸿章的赞同，但为英国公使所拒绝"（倪玉平，2002）。也有地方官员出过告示，禁止当地商人雇佣外国轮船运输豆饼。但由于轮船运费低廉，这种做法无济于事。此外，由于轮船并非任何时间都适合在内河之上航行，"惟时内河水势深浅，不能一律。即使夷船冒险驶入，必须时时测量，以防浅搁"（郑

振铎，1937：18）。于是帆船从业者利用冬季长江下游水位低、轮船无法
航行的特点，迫使那些平日里使用轮船的商人由于担心冬季改用帆船的要
求得不到满足，而放弃部分轮船的运输。

轮船进入内河还遭到一些当地百姓的抵抗，这是因为轮船航行扰乱了
沿河居民的生活秩序。例如由于内河狭窄，轮船在行驶中容易和小船磕碰，
导致小船被撞碎；河上原有的桥梁、渔网、水栅等都要被拆除；由于吃水
更深，轮船行驶经过的沿河田地会被漫过的河水淹泡，良田难以耕种，造
成农民失业；轮船运输的煤渣掉在河里，积少成多会导致河水上涨。因此
部分地区百姓在重要河道中"暗设礁石，密钉木桩"。

2）清政府官员的反对

轮船规模的迅速扩张导致帆船业凋敝，清政府担心这会影响税收以及
社会稳定。1864 年 9 月 18 日，江海关道丁日昌说，河运不复往日，漕运
还要依靠上海沙船，但现在沙船没有生意可做，成百上千辆停在港内，内
地船只"以运动为灵"，半年不航行会腐烂，一年不航行就不能使用了。
如果全部废弃，海运将受影响。一些地方的帆船从业者大量失业，进而从
事偷盗之事。据《晚清文选》记载，当漕运改为海运，官盐可由凭官方凭
证运输的商人承运时，"驯至海运票引既成，而漕艘盐船水手捆工，数十
万之闲民，嗷嗷无食，其势不为盗贼不止。于是揭竿亡命之徒，乘间而起，
蹂躏数省，焚掠累年而未已"（郑振铎，1937：24）。当时麟瑞、左宗棠、
李瀚章、沈葆桢、曾国藩、英桂、完颜崇厚、吴棠、李鸿章等多位官员皆
反对外国轮船介入我国内河航运。他们认为应保护华民不至失业，并对轮
船在内河的行驶范围进行限定。一些有家产的沙船商人通过捐商制度成为
官员，他们也积极声援保护沙船业。

轮船运输带来的另一个冲击是漕粮制度受到极大影响。外国公司对漕
运和盐运一直兴趣浓厚，因为这是一笔稳定、可观的收入。漕运是关系到
清政府税收和漕粮供应的重要经济制度。清朝基本沿袭明朝的漕运制度，

设置有漕运总督、总兵官、参将武官及大量地方漕运兵丁役夫等，运输、人力、河道修缮等各项费用是一笔不小的财政支出，沿河所建不少仓储，促进了口岸的商业繁荣。一旦改为轮船海运，则官员将被裁撤，仓储或将荒废，原有利益格局被打破，沿河商埠发展也难以预料，这必然招致帆船漕运官员的反对。据《清史稿》记载，"夫河运剥浅有费，过闸过淮有费，催趱通仓又有费。上既出百余万漕项，下复出百余万帮费，民生日蹙，国计益贫。海运则不由内地，不归众饱，无造船之烦，无募丁之扰，利国便民，计无逾此。洎乎海禁大开，轮船通行，东南之粟源源而至，不待官运，于是漕运悉废，而改徵折漕，遂为不易之经"（赵尔巽等，1998：志九十七）。1861 年，薛焕上奏说洋船企图涉足漕运，但先例一开，恐怕以后的漕运都会被洋船抢走，但如果不满足对方，对方就阻止南漕北上。

当时也有一些不赞成禁止轮船往来以保护本地航运业的言论，认为从长远来看并不一定有利。《皇朝经世文新编》以上海、邯郸两地对比，佐证轮船将成为城市兴衰的因素之一，"通商以来，轮船所至之地，殷富过于昔时。上海一隅愈变愈盛，列为地球二等口岸。而邯郸湘潭郴江清江，因不通轮船，又无铁路，之故而昔之。所谓天下名区者，今几无人过问焉"（麦仲华，1901：四）。

一面是洋轮的咄咄逼人之势，一面是对与国家经济命脉相联系的漕运落在洋人手里的担心，面对如此困局，轮船招商局的兴办呼之欲出。

三、轮船招商局的兴办及其与外轮公司竞争时期
　　（1872—1900 年）

轮船招商局设立于同治十一年（1872 年），距离第二次鸦片战争已有 12 年，时值洋务运动蓬勃发展时期。清政府"欲求自强之道，总以修政事、求贤才为急务，以学作炸炮、学造轮舟等具为下手工夫"。李鸿章在《试办招商轮船折》中写道，"稔知各省在沪殷商，或置轮船，或

挟资本向各口装载贸易，向俱依附洋商名下……若由官设立商局招来，则各商所有轮船股本必渐归并官局，似足顺商情，而张国体……庶使我内江外海之利，不致为洋人占尽，其关系于国计民生者，实非浅鲜"（李鸿章，1872）。

第二次鸦片战争后晚清社会进入暂时的和平与经济复苏阶段，在被称为"同治中兴"的这段时期里，航运业作为商品流通的关键环节迎来大的发展时机。美、英、日等国的公司竞相进入中国内河航运市场，竞争激烈的结果是轮船运价大幅下降。如果没有足够的资本，轮船招商局无法在与外国轮船公司的残酷竞争中立足。此时，清政府对轮船招商局的扶持起到了至关重要的作用。轮船招商局在其资本构成（表 8.1）、经营业务、管理决策等方面均与清政府洋务派有着密不可分的关系。

表 8.1　1880 年前轮船招商局的负债情况　（单位：两）

年度	资本数	所借官款	钱庄借款	私人借款	仁和保险存款
1873—1874	476 000	123 023	—	—	
1874—1875	602 400	136 957	475 354		
1875—1876	685 100	353 499	613 228	238 328	200 000
1876—1877	730 200	1 866 979	593 449	87 884	350 000
1877—1878	751 000	1 928 868	1 472 404		418 430
1878—1879	800 600	1 928 868	624 088		582 632
1879—1880	830 300	1 903 868	533 029		619 848

资料来源：胡政. 2010. 招商局创办之初. 北京：中国社会科学出版社.

为了保证轮船招商局的业务经营，以李鸿章为代表的洋务派据理力争，将原本由沙船运输的漕运业务拨给轮船招商局。如 1878 年沈葆桢奏请江浙漕米拨四五成给招商局承运（图 8.2）。漕运收入稳定且利润可观，这项业务支撑了作为新生企业的轮船招商局的正常运转，无形中给了潜在的华商投资人一颗定心丸。

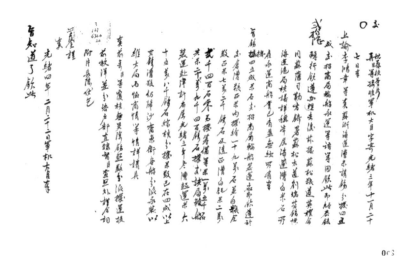

图 8.2　1878 年沈葆桢奏请江浙漕米拨四五成给招商局承运的奏折

资料来源：招商局史档案馆

　　轮船招商局发展成为中国近代第一家股份制企业，在本阶段其主要特点为"官督商办"和"官为维持"。在 1872 至 1885 年间，轮船招商局大体上属于"商办"，清政府出资部分属于企业负债。1885 年之后，部分官员提议将借款转为官股，实际上扩大了政府对轮船招商局的控制与管理权。在郑观应给盛宣怀的信中，暗示当下公司重大决策不是召开董事会投票表决，而是要请示总督。这是"官督商办"企业性质的直接表现。"官为维持"则更多体现在清政府对轮船招商局的支持上，如提供垫借官款、减免税款，官物、赈粮、盐斤运输特许等一般企业难以企望的优渥待遇。李鸿章认为外国竞争者虎视眈眈，轮船招商局的兴办是关乎国家利权之大事，在商力不足的情况下必须官为维持。

　　轮船招商局成立后在艰险的环境中与外轮展开了激烈的竞争。美国旗昌以及英国太古、怡和等洋行联成一气，想通过大幅度降低运费的手段挤垮轮船招商局。起初双方轮运力量差距悬殊。1873 年旗昌、太古、怡和洋行共有 27 条船，吨位 41 087 吨，而轮船招商局仅拥有 6 条船。清政府采取筹借官款、增拨漕粮及承运官物等措施，使招商局转亏为盈。此外，国人怀有同情之心，更倾向于使用轮船招商局的轮船，因此轮船招商局的生意毫不逊色，且在竞争中不断壮大。竞争的最终结果是美国旗昌公司破产，1877 年其所属的船只、码头、栈房以及位于上海外滩的办公大楼反遭轮船招商局收购。随后经过近一年的竞争，英国太古、怡和两家公司与轮船招商局签订了齐价合同，商定水脚①收入和货源分配方案，共同垄断中国水运。至此轮船招商局打破了外轮对中国内河航运业的垄断。

轮船招商局的兴办加速了民族资本逐渐参与到新式轮运业中。19 世纪末至 20 世纪初期，苏州、镇江等地也开始创办轮船公司。他们的特点是资本都比较小，大多在白银一万两上下（聂宝璋和朱荫贵，2002：937-938）。这些轮运公司的创办者主要来自买办商人、官僚绅士、工商业者和华侨商人，采取官办和官商合办的组织形式。

从 1873 年轮船招商局运营到 1900 年间，轮船加速完成了对帆船的替代。轮船货运量与帆船的差距不断加大。19 世纪 60 年代末，在海关登记的中外轮船和帆船数目大致相等（聂宝璋和朱荫贵，2002：1402-1403）。1875 年，轮船数目约 11 000 只，吨位共 800 万吨，帆船数目变为约 5500 只，吨位 150 万吨。1884 年，轮船数目是帆船的 4 倍，吨位 17 倍（西·甫·里默，1958：30-31）。1900 年将货物从杭州运往上海，使用民船需要 4 至 5 天，而使用轮船运输只需 30 小时左右。如果民船有轮船拖曳，则也可以在 30 小时左右走完。"船夫省劳力，增收利"，"故不含恨于轮船"（聂宝璋和朱荫贵，2002：1402-1403）。可以认为，至 1900 年轮船作为内河航运的主导工具进入稳定阶段，轮船对帆船的替代完成，帆船沦为航运的补充交通工具。

值得注意的是，在这一阶段轮船虽然已经成为内河航运的主要运输工具，但由于国内人才缺乏，轮船招商局仍需聘用洋人担任船长、大副、轮

---

① 指水路运输费用。

机长等高级船员的职位。这不只是一笔昂贵的成本，更是一种较高程度的技术依赖，阻碍了国内轮船公司竞争力的提升。直到民国初年，轮船招商局轮船上高级船员以外国人为主的局面才被打破。

在当时"自强"的社会氛围里，出现了"海技自立"思潮，强调轮船技术自立的重要性。清政府出台允许中国商人创办轮船公司的章程，建立轮船制造厂，并大力进行轮船制造和驾驶方面的本土人才培养。郑观应在论述船政时，建议派遣国人出国学习，完善人才选拔机制，尽快摆脱对外国的技术依赖。如对学生"资以川资旅费，饬赴各国最大船厂分门学习制造轮船一切之工……学成回华，分任出样绘图、督造试验等事，届时优给薪水，予以官职，即可不用洋匠，递相传授"（郑观应，2002：409）。洋务派 1866 年在福州创办的船政学堂，是一所同时培养轮船制造和轮船驾驶技术的新式学堂，具备相对完善的选拔制度，派遣学生出国学习。1880年设立的天津水师学堂，其相关规定皆是仿照英国海军章程设定。设立这些学堂的目的主要是为清朝海军输送人才，但也促进了轮船商业领域的技术学习。民间开始出现私立学堂，也有部分商人资助他人学习轮船相关技术，学成之后在私人轮船上工作。

四、晚清内河航运的转型路径特点与机制

船舶航运实质上是一个围绕船舶构建的技术社会系统，表现为船舶以及与之相配套的水手、码头、货栈、保险公司、航线、维修、培训等诸多物质、观念、制度、文化要素共同交织而成的航运系统。技术替代不仅仅是新旧技术的更迭，而是轮船系统替代帆船系统的社会化过程，是外来技术与本土社会相互接纳与整合的过程。在晚清内河航运中，帆船作为占主导地位的船舶，已经建立了一套与自身技术相适应的社会化航运模式。轮船交通系统与中国传统农业社会内生的内河航运帆船系统，不论在船舶技术性能上还是在货物的运载能力、动力的供给、码头的使用和规模、水手的培养以及管理体制等方面，都有着非常大的差别。那么这一替代过程的

特点和内部机制是什么样的？

1. 晚清内河航运转型的特点：从"意外转型"到"有意替代"

本部分认为，晚清内河航运轮船替代帆船的历史过程更符合史密斯等（Smith et al.，2005）学者文中的分类。但晚清航运转型更为复杂，大体上经历了从被迫转型到有意替代，并试图实现内生更新的转变（图8.3）。对清政府等帆船主导范式内的利益相关者而言，晚清内河航运是从"被迫转型"开始的。转型的第一、第二阶段都可以看作是一个非自发的"意外转型"。外来技术进入一个相对封闭的经济体往往需要某些非常规手段，在航运转型中列强发动的两次鸦片战争就是如此。第一次鸦片战争迫使清政府废除海禁政策，被迫打开国门，开通通商口岸。第二次鸦片战争的结果是清政府废除禁止外国船只进入内河的禁令。洋人在战争中对轮船的使用，也使得轮船技术的优势被国人所了解。内河行轮是一个重要的分水岭，在被迫接受外国轮船进入之后，才有了现存范式向第三阶段"有意替代"的转变。以洋务派为代表的本土势力并试图通过提出"海技自立"以及一系列自强的革新举措，朝向"内生更新"阶段努力[①]。

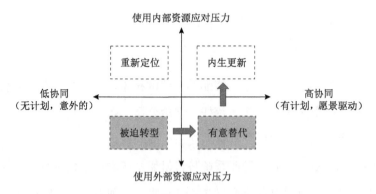

图 8.3　晚清航运转型过程的变化[②]

史密斯等（Smith et al.，2005）的分类方法与黑尔斯和肖特（Geels and

---

① 根据朱荫贵(1994)的研究，经过几十年的时间最终达到本国海技的自立自主的局面没有出现。
② 在贝尔库特(Berkhout et al., 2004)第 67 页的基础上做了改进。

Schot，2007）的不同之处是，后者以小生境为中心进行分类，很多人批评后者将转型的重点放在小生境的培育与发展上，忽视了主导范式内部的政治学分析，进而忽略了主导范式对转型的抵制和推动作用。一些学者认为主导范式的稳定不是因为技术动量（technological momentum），而是导致路径锁定（lock-in）背后的权利关系。前者分类方法则充分考虑了主导范式内部行动者调动资源应对压力的能力。本部分同意这一观点，从晚清航运转型的具体社会情境来看，航运转型与主导范式内最重要的本土行动者——清政府的能动性息息相关，他们对轮船航运体系的"利"与"权"的取舍，以及相应的话语策略与制度策略深刻影响了上述转型过程的变化。

2. 围绕轮船的"利"与"权"

周永明（2013）对"利"与"权"在晚清特定政治语境中进行了解读。"利，指的是'利益'、'好处'或者'资源'；权指的是'权力'、'权利'或者'控制'。"（周永明，2013：43）

在西方列强眼里，"利"是指在中国的商业利益以及潜在的军事得益。对当时占主导地位的洋务派而言，"利"的焦点是西方技术"用"的方面。外国技术直接的利或用处是洋务派们取舍的主要理由。当洋务派逐渐领会到西方技术在军事和商业应用的潜能，纷纷改变原有的反对立场。如"19世纪 60 年代，曾国藩和李鸿章曾目睹英、法军队在上海使用洋枪洋炮击退太平军进攻时展现的惊人火力。他们迅速采用洋枪洋炮，使其所率部队成为老迈的清军中最强大的劲旅"（周永明，2013：43）。

"在 19 世纪末和 20 世纪初的政治话语中，细究之，权的概念具有三种不同的意义，即商业权利（商权）、政治（管理）权利（治权）和国家主权（主权）。"（周永明，2013：44）就内河行轮的合法性而言，涉及漕运制度、从业者生计、政府税收等重要的商权、治权以及主权。

一是商权。19 世纪初期中外贸易的巨大逆差，令洋人不断试图开辟新的利益来源，除了鸦片贸易外，他们发现了沿海和内河航运的潜在利益。

但是面对清朝的闭关锁国政策，内河行轮的"土货贩运权"无法通过正常的外交手段获得。洋人对内河行轮的要求又十分迫切，于是他们通过发动战争，获得了"土货贩运权"。

二是治权。随着轮船准入内河，相关的航运服务配套与管理措施也相继铺展开来。洋人在租界建立码头，搭建栈房，设立保险公司，为轮船的停靠、装卸货物、安全保障提供便利。这些服务业形成了具有规模优势的轮船体系。同时，这一体系是排外的，如保险公司只对外国人作为船主的船只进行保险。轮船业的规模优势和高进入壁垒，极大冲击了围绕帆船构建的旧式航运业，也阻碍了中国商人创办本土的轮船公司。到了 19 世纪60 年代末外轮在内河航运中占据了垄断地位。至此清政府对航运业的治权已是名存实亡。

三是主权。19 世纪六七十年代，主权在国人脑中还没有一个清晰的概念（周永明，2013：44）。清政府被迫签订《南京条约》《天津条约》等不平等条约，开放通商口岸，同意西方设立租界，中国社会演变成为半殖民地半封建社会，实质就是一个主权沦丧的过程。外国轮船对本土自给自足经济和生活模式的负面影响，以及洋人的桀骜言行，使得轮船在当地居民眼中就是侵略的象征。

3. 清政府策略的转变：从军事对抗为主转向商业竞争为主

在"意外转型"阶段早期，由于担心对轮船不可控制，以及帆船从业者、漕运官员的反对，清政府严禁轮船进入我国内河，相应地延缓了轮船对帆船的替代进程。此时抵抗的方式是以直接对抗为主。清政府会密切关注沿海的外国轮船动向，对于企图进入我国内河的外国船只，官兵会进行武力驱赶和攻击。地方团练也会攻击悄悄潜入内河的外国船只。对于那些给外国船只提供物资的人，则被认为是通敌，重则会被处以死刑。

在"意外转型"阶段后期，特别是到了"有意替代"阶段，外国轮船进入我国内河获得了合法性，此时清政府对外国轮船依旧采取敌视心理，但策略上发生了重要转变，从上一阶段的内河禁轮转变为师夷长技以制夷，试图通过发展国内轮运业与外国轮船公司进行竞争，争夺商权、治权乃至实现一定程度上的主权。这一阶段策略上的转变体现在话语和制度两个层面上。

1）话语策略：提出"海技自立"思想

此时洋务派在清政府占据了主导地位，李鸿章认为"长江通商以来，中国利权操之外夷，弊端百出，无可禁阻……我能自强，则彼族尚不至妄生觊觎，否则后患不可思议也"（胡滨和李时岳，1980）。洋务运动的民族主义思潮滋养了"海技自立"思想。

由于轮船是一种外来技术，即便是通过购买获得了轮船的所有权，如果不能自主制造、独立驾驶，也就无法摆脱对外国的技术依赖。当时国内造船人才、驾驶人才是奇缺的。即便是后来已经具备一定规模的轮船招商局，"用途最巨者，莫如用洋人与用煤两宗"（朱荫贵，2000）。一些有识之士都认识到实现技术自立、培养国内人才的重要性。如唐廷枢、徐润、郑观应等人多次建议培养本国海技人才，改变洋人擅权的局面。

尽管技术落后、资金短缺，但"海技自立"思想的提出加速了民族航运业的发展和技术学习的进程。不仅有清政府兴办航运教育，民间也有自发为商船学校学员学习提供资助，解决后顾之忧的行为，如学员学成后可在民营小轮船上工作。

2）制度革新：初步搭建近代民族轮运业

到了"有意替代"阶段，清政府看清了轮船普及这一既定趋势及其带来的利益，以"自强"和"求富"为口号，在轮运业方面成立了轮船招商局，在制造业方面成立了江南制造总局、福州船政局，以及创办福州船政学堂等，初步搭建了我国近代民族轮船航运体系。

一是成立国内轮船公司及相应的航运体系。1866年，清政府颁布《华商买用洋商火轮夹板等项船只章程》，允许国内商人购买轮船。1872年成立我国第一家轮船公司——轮船招商局。清政府选择了"官督商办"模式，将轮船招商局推到前台，与外国轮船公司进行竞争。轮船招商局先后投资成立了修船厂、保险公司、煤炭公司等与航运相关的产业，促进了我国轮运业的独立自主。

二是兴办新式教育。为了打破高级人才和技术被外国垄断的局面，培养轮船制造与驾驶人才，学习新式轮运知识，清政府创办了福州船政学堂、南洋公学等学校。学校设有完整的培养、选拔制度。其中福州船政学堂是我国最早的专门为培养轮船制造、驾驶人才而设立的航海学校。学生除了在学堂由外国教师教授相关知识外，还被派遣出国进行学习。随着新式教育的开展，更多人才进入新式轮运业，满足了当时迅速增长的行业需求，也为人们理解新技术打下了社会基础。

三是改变漕运制度。当时内河船舶跟官粮运输制度是不可分割的。在"被迫转型"阶段，漕运是由帆船业承担的，当外国轮船进入内河时，漕运官员和靠运输漕粮营生的帆船业主是激烈反对的，曾国藩等人也担心若帆船从业者没有生计会重演太平天国事件。到了第二阶段，帆船业衰落的现状所导致漕运的困难，以及出于对轮船招商局初创时期因没有业务举步维艰的考虑，清政府决定将部分漕粮交由轮船招商局承运。客观上，漕运制度在轮船对帆船的替代过程中，实现了从阻力到推力的角色转变。

对比"意外转型"与"有意替代"这两个阶段，可以发现清政府对于轮船在内河航运所带来的权利的认识发生了改变，商权、治权和主权三种权利之间的优先等级发生了改变，相应的目标和对策也就发生了变化。在1860年第二次鸦片战争之后，清政府被迫允许外国轮船进入内河。此时已是内河航运的主权沦丧，治权不在，武力对抗无能为力。以李鸿章为代表的洋务派看清了轮船替代帆船是大势所趋，清政府只能顺势而为，通过商权来争取主权。即从军事对抗转向以发展民族轮运业，以商业竞争的方式遏制洋轮。具体措施有出台允许中国商人创办轮船公司的章程，兴办轮船招商局，等等。轮船招商局之所以能够在外国轮船公司垄断和"重货倾夺"的内河航运中立足并实现后续扩张，进而收回部分长江航权，获得新式轮运业发展的利润，离不开清政府在其背后的业务和资金的支持。无形之中，洋务派的立场的转变在一定程度上主导了这场技术替代的方式和进程，从延缓转向加速轮船对帆船的替代。

　　回顾晚清内河航运轮船替代帆船的整个过程，可以发现技术替代的非线性关系，以及技术变迁与转型的社会"土壤"的重要性。与熊彼特强调新技术是对主导范式创造性破坏的驱动力有所不同的是，主导范式内的利益相关者的斗争也是转型的关键。晚清内河行轮促进中国内河航运业转型，大致可分为"意外转型"与"有意替代"两个历史阶段。晚清轮船替代帆船的过程一开始是被迫的，战争将与自给自足经济相适应的传统航运范式打开了缺口。围绕转型过程的展开，相关社会群体的"权""利"的定义发生了改变，相应的目标和对策也就发生了变化。其中清政府从反对到被动接受直至主动迎敌，对范式转型发挥了从延缓到加速推动的作用。帆船主导的航运范式的瓦解是分阶段演进的，利益相关者的策略也相应地有所调整。这一历史案例，对于后发追赶型国家的技术引进与技术学习具有参考价值。

第九章 多层视角（MLP）的理论来源及其争议

转型研究从其他领域的既定概念和框架中学到很多东西，如新制度理论、行动者网络理论、基于资源和能力的方法、复杂系统理论、经济地理学、政治和政策科学等。但是，转型研究理论构建的核心问题在于，是否应该制定一个总体性的宏大转型理论，已有的不同分析框架作为具体的子集出现，或者这些概念和框架可以兼容互补（Geels，2010）。为此，需要明确阐述概念框架和方法的理论基础，它们在何种意义上以及如何被应用，其局限性是什么，基于什么样的本体论假设，等等。目前，MLP 提供了可持续发展创新历史研究所需的分析框架。本章将着重介绍多层视角分析框架的理论来源及其争议。

一、MLP 分析框架的解释优势

与以往的历史转型相比，可持续转型具有两个特征。一是转型要素的多维特性。可持续转型涉及技术、政策、权力、经济、市场，以及文化、公众意见等多维要素之间的相互作用。二是可持续转型的结构变化呈现出动态性。这两个特征使得理解可持续转型需要新的理论视角。

黑尔斯（Geels，2011）将 MLP 与创新研究的多种理论进行了比较，认为 MLP 超越了这些研究，其独特优势正体现在可持续转型的上述两个特征上（表 9.1）。

表 9.1　MLP 与创新研究的多种理论比较

其他代表性理论	转型要素的多维性	转型系统结构变化的动态性
环境创新研究	对风力涡轮机、生物燃料、燃料电池和电动汽车等单一技术维度的研究占据主流	缺乏
技术创新系统（Hekkert et al.，2007）	多维研究，但对文化和需求方面的研究存在不足	缺乏，如分析新兴创新是如何与现有系统斗争的
颠覆性创新（Christensen，2016）、技术不连续性（Tushman and Anderson，1986）	强调新进者和主导者之间的相互作用，但往往只关注技术和市场维度	这两种方法都具有技术推动特点，认为"渐进变革时代"被新技术打断而进入"动荡时代"。在 MLP 看来，技术推动是转型的一种模式，还包括"体制去稳定化"等其他转型模式
长波理论（Freeman and Perez，1988），提出多维的技术经济范式（techno-economic paradigm，TEP）概念，即关于主导技术、生产方法、经济结构、制度和信仰的配置。弗里曼和洛桑（Louçã）之后区分了科学、技术、经济、政治和文化五个相互作用的子系统（Freeman and Louçã，2002）	虽然旨在解决多维范式的结构性变化，但与 MLP 相比，两者仍然存在差异。前者偏宏观，侧重于整个经济；MLP 偏中观，侧重于具体的能源、运输、农业产品等领域，更关注不同群体及其策略、资源、信念和相互作用等细节。	旨在解决范式的结构性变化。认为技术经济范式配置是长期稳定的。早期关于技术经济范式转变的解释（Freeman and Perez，1988）具有决定论口吻，认为技术-经济力量起到最初的作用，社会-制度框架随后做出反应。弗里曼和洛桑（Freeman and Louçã，2002）强调五个子系统间的动态联合："非常有必要去研究各自在历史长河中相对独立的发展，及其相互依存、失去融合和再融合。"

可持续转型研究的难点在于理解生态创新是如何出现并取代、改造或重新配置现有的不可持续系统的。现有许多不可持续的系统是通过各种锁定机制来实现自身稳固的。这些机制体现在规模经济，以及对基础设施和能力的沉没投资等。制度承诺、共同的信仰和话语、权力关系以及当权者的政治游说，稳定了现有的系统（Unruh，2000）。消费者的生活方式和偏好也适应了现有的技术系统。上述这些锁定机制会产生路径依赖，并使移除现有系统变得困难。

史密斯等（Smith et al.，2010）认为，针对在可持续发展规范性目标下生产和消费中复杂的、大规模的结构转型进行分析，MLP 的魅力在于其提供了一个相对简单的概念体系，将小生境中的创新活动与体制的结构转型联系起来。体制、景观和小生境等术语为组织多元化的转型叙事提供了一种话语。这是一个嵌套的、有层次的结构化过程（Geels and Schot，2007）。高度制度化的社会技术体制是实现社会功能的主流方式。体制内的变化往往是渐进式、路径依赖的。新的替代选择会出现在小生境空间，体制会对新的替代选择施加结构性的力量。按照库恩的范式思路，主导体制倾向于产生"正常的"创新模式，而"革命性"的变革则源于小生境。这意味着，一个新体制中产生的渐进式创新的性质与前一个体制中创新的性质截然不同。小生境和体制都位于一个更广泛的、由社会和自然因素构成的景观之中，景观提供了一个宏观的结构化情境。随着时间的推移，一些体制的崛起会对景观的发展产生相当大的影响。比如，航空交通和流动体制刺激了社会经济的全球化。

二、MLP 分析框架的主要理论来源

黑尔斯和肖特（Geels and Schot，2010）认为，MLP 起源于与转型相关的不同分支学科之间的交叉，STS、演化经济学和结构主义（以新制度理论和结构社会学为补充）三者之间体现了理论互补关系（图 9.1）。这些理论之间的交叉为长期的社会技术转型研究提供了新的方向。

与转型相关的 STS 研究包括瑞普和肯普（Rip and Kemp，1998）、肖特（Schot，1998）等人的工作，主要包含技术的社会建构论、行动者网络理论和技术系统理论的新技术社会学。在前文新技术社会学中已有介绍，在此不做赘述。新技术社会学的建构主义研究方法在描述技术转型的复杂性、偶然性、多样性等方面具有较强的优势。但在解释转型时存在一些问题。比如，新技术社会学忽视了技术发展更广泛的社会结构。新技术社会学重点关注打开上游技术开发的黑匣子，对技术的社会影响关注不够。

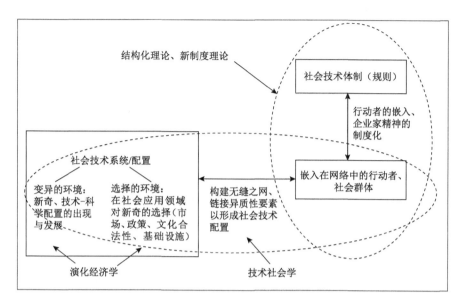

图 9.1　MLP 的理论基础（Geels and Schot，2010）

其研究技术的时间跨度一般不超过 20 年，而转型研究的重点是长周期的社会技术转型，需要反映出技术在社会变革中的作用。新技术社会学强于描述微观层面地方性项目的复杂性、流动性和偶然性，但往往无法在更总体的层面上把握转型的轨迹。为解决 MLP 如何将微观层面的建构主义观点与宏观层面的非决定论相结合的问题，黑尔斯在 MLP 的小生境创新中纳入了强调可替代方案、不确定性、愿景、招募、网络搭建以及流动性等新技术社会的观点，同时借鉴了适合于长期、宏观、动态模式研究的演化经济学的观点，以及结构化理论和新制度理论的见解，在 MLP 中增加了结构嵌入的概念。

　　STS 侧重于行动者之间的关系以及社会技术系统/配置。STS 的优点在于强调社会技术组合的异质性，能动性在构建无缝网络中的作用，偶然性以及路径的可替代性。它的缺点主要是唯意志论倾向，聚焦本地实践和关注短期过程，不重视"结构"，以及从整体性上对转型类型关注不足（表 9.2）。

表 9.2　三种理论之间的比较

	STS	演化经济学	结构化理论
优点	社会技术组合的异质性 能动性在构建无缝网络中的作用 偶然性 路径的可替代性	长期过程 （技术）谱系和轨道 协调制度 物种形成	清晰地解释行动者 的结构化嵌入
缺点	唯意志论 聚焦本地实践 关注短期过程 对"结构"不重视 较少从整体性上对转型类型进行 总结	与个人无关 机械性特征（随机突变和 市场选择）	
关注点不同 （可互补）	微观：行动者之间的相互作用；社 会技术系统/配置	宏观：社会技术配置，聚 焦于变异和选择环境之 间的相互作用	行动者与结构（制 度和规则）间的相 互关系

演化理论聚焦于社会技术配置中变异和选择环境之间的相互作用。演化经济学聚焦于长期过程、谱系和轨道、协调制度，以及物种形成，这些优势可以补充 STS 的不足。演化经济学的不足主要表现为与个人无关（impersonal）以及机械性特征（随机突变和市场选择）。在这方面 STS 提供了有益的补充，例如通过引入准演化理论，提出了由行动者感知和战略性解释来引导的定向变异，以及由社会群体实施的选择。

结构化理论和新制度理论旨在阐明行动者与结构（制度和规则）间的相互关系。结构化理论通过清晰地解释行动者的结构化嵌入，补充了 STS 唯意志论倾向的不足。同时它通过提供多维度的范式概念以及对技术轨道的社会学解析补充了演化理论。"受吉登斯社会学方法新规则的启发，将局部层面上对技术产生的建构主义解释与全局性结构化选择的社会演化方法相结合。"（Rammert，1997）

1. 演化经济学在解释转型方面对新技术社会学的补足

技术转型的演化理论体现在演化经济学（Nelson and Winter，1985；Levinthal，1998）、技术史（Constant，1980；Basalla，1989；Mokyr，1992）

以及技术管理（van de Ven and Garud，1994；Rosenkopf and Tushman，1998）等研究中。演化经济学提出了技术轨道以及"保留""变异""选择"等解释演化的重要概念。行业中集体共享的规则和惯例被称为技术范式（Nelson and Winter，1985）。技术范式是工程师共享的搜索式启发和认知程序。基于技术范式，工程师们朝着同一个方向探索，从而产生了技术轨道。组织决策中所使用的启发式、规则和惯例成为演化过程中组织的保留和继承机制。

技术轨道的方向由选择环境的条件所决定。演化经济学通常将变异理解为由运气、错误、误解、好奇心等引起的随机或盲目过程。纳尔逊和温特（Nelson and Winter，1985）、多西（Dosi，1982）认为，变异源于搜索过程和研发过程的具体差异。这些差异又与 R&D 投资、搜索启发式和决策规则的差异有关。虽然是在共同的技术范式内，但上述一系列微小的变化加在一起，就形成了技术轨迹的特定方向的差异。这些差异导致不同的产品。

黑尔斯认为，演化经济学研究有助于弥补前述新技术社会学在技术转型方面的解释力不足的弱点。与 STS 主要关注本地行动者以及研究技术的时间跨度相对短期相比，演化理论致力于对长期过程的研究，如生物进化中的多代际、技术进化中的多种产品序列问题。同时，演化理论更宏观，关注整个种群和物种及其与更广泛选择环境的相互作用，如新物种的出现，物种谱系和轨迹的形成，物种如何适应不断变化的外在选择压力，新物种的入侵，以及物种灭绝，等等。

演化理论的小生境和物种形成等概念为激进的新奇事物的出现提供了理论见解。在生物进化中，新物种往往出现在地理位置与占主导地位的生态系统相对隔离或其外围的小生境中。这些小生境提供了一系列与主导生态系统不同的选择压力，其中一些遗传变异可以迅速传播，一些孤立种群的生物物种可以很快形成。因此小生境构成了小物种群体的栖息地，形成了一条不同的物种进化路径。小生境和物种形成理念也适用于技术的演化过程（Schot，1998；Schot and Geels，2007）。莫基（Mokyr，1992）认为新奇最初是一个"充满希望的怪物"，不仅负载了相关行动者的期望，也是可怕的，因为它们具有较低的性价比。这样的激进创新根本无法在主流市场里生存。小生境扮演了"孵化器"的角色，保护其免于主流市场选择的影响。

然而，演化经济学也存在一些解释力不足的问题。变异、选择和保留等演化原则是灵活的。演化经济学家倾向于关注经济过程和机制，如 R&D 投资、性价比、竞争、市场选择、差异增长、模仿等。这种经济运作可以用更多的社会机制和过程，如组合、代理、赋能/约束、解释、结束、谈判、制度化、法典化等来补充。

一是演化经济学家强调规则和惯例的结构约束性，忽略了其赋能或构成（enabling or constitutive）特点。演化经济学家的有限理性概念强调人类认知的局限性，即认知惯例和搜索的启发式对搜索过程的约束，使得行动者看不到他们关注范围之外的技术发展。当谈到"自然轨道"（natural trajectories）（Nelson and Winter，1985：258）或认为"一旦路径被选择和建立起来，它就显示出自身的动量"（Dosi，1982：53）时，演化经济学有确定性或机械性的寓意。相比之下，结构化理论则阐述了结构既是约束又是赋能的思想。约束是指结构可以从外部影响行动，赋能是强调结构被行为者积极使用，并被不断地制定和复制。因此，社会学家对技术轨道的解释与演化经济学家有些不同。STS 学者虽然认同存在稳定的模式，但他们认为稳定的模式是由社会机制构建的，而不是自然形成的。技术轨道是导向式搜索（受制度约束和赋能）和市场选择之间相互作用的结果。

二是关于变化和新奇如新产品的产生，被简化为一个技术搜索过程。创造新奇事物的 R&D 仍然是一个黑匣子。企业和金融机构将资源作为投入，R&D 将新产品作为产出。但是，在现实生活中技术开发是一个异构元素组合（bricolage）和联盟的过程。这些要素包括金钱和能力，也包括 STS 所示的其他要素。技术创新的产生被看作一个组合的过程，这不仅包括技术搜索和 R&D，还包括本地项目中的异质要素整合。本地的组合由更广泛的规则和惯例（如制度）引导，但不由它们来决定。正如结构化理论所强调的，行动者利用这些规则来允许和限制行为，但也为解释和创造性的行为留下了空间。

三是在选择机制上，演化经济学家将市场视为技术和产品的主要选择环境。消费者会购买某些产品的变异而忽视其他变异。成功的技术和产品变异会被保留下来，并通过成功企业的增长或其他企业的模仿而在更大范围内扩散。事实上选择环境要比市场和法规更广泛。历史学家和技术社会学家提出了更多维的选择环境，包括宗教、社会、文化等其他要求（Basalla，1988）。选择不仅仅是购买和采用，还包括整合用户实践的、本土化以及更广泛的社会嵌入。消费者和其他社会群体不仅看重性价比，他们的决定也会考虑到一系列其他方面。

四是对保留新奇的解释。如何将选定的突变纳入保留的结构中，社会学家将此解释为一个制度化的过程，其中性能、认知、社交和权力起到重要作用。这一过程包括个人和社会对于新的认知规则的学习。中介组织如专业协会可能参与新规则和惯例的制定和编纂。制度和文化层面的企业家精神研究文献也显示了行动者是如何直接影响体制的认知和社会政治方面的。比如游说和权力在标准设定和正式管制方面发挥了重要作用。此外，社会学家认为保留的结构（体制）不是独立于行动而存在的，结构存在于行动之中，并通过行动而存在。保留的结构被视为一种动态结构，需要不断地复制以及小的修改。

2. 结构化理论和新制度理论弥补了 STS 和演化经济学在转型研究上的不足

黑尔斯和肖特（Geels and Schot，2010）认为，结构化理论和新制度理论可以弥补 STS 和演化经济学的不足，体现在以下三个方面。

一是它们强调能动和结构，能清晰地解释行动者是如何嵌入到社会结构中的，弥补了 STS 唯意志倾向（voluntarist tendency）的不足。吉登斯

（Giddens，1984）将结构定义为"规则和资源"。规则指认知与解释框架以及文化规范。资源是指经济上的或可配置的资源（对事物或金钱的控制），以及权威资源（对人的控制）。规则并不是外在的，而是通过在实践中实例化（instantiated）和复制而存在。行动者既嵌入在结构中，同时也在复制结构。这就是为什么结构具有双元性，结构既是行动的媒介又是行动的结果。行动者和结构相互预设，一方面行动者在本地实践的具体行动中运用结构，另一方面结构配置了行动者（信仰系统、资源位置）。没有结构就不可能有行动。从这个意义上讲，结构不仅是约束性的，也是赋能性的。

结构化理论强调行动者是嵌入结构中的。行动者不是被动的规则追随者，而是积极利用规则解释世界、做出决策和行动的知识渊博的代理人（agent）。行动者在行动中，利用规则解释行动并使其行动适应特定地方实践的要求。这意味着即使同一社区的参与者共享规则集（范式），规则在本地实践中的示例化也总会产生一些变化。所以存在本地化创意和不同解读的空间。因此在结构的内部存在本地化的差异。这种解释与演化理论相吻合。

二是结构化理论区分了社会结构和社会系统。吉登斯认为，社会结构和社会系统不同，社会系统是指参与者之间相互依赖和持续互动的社会网络，社会结构是指行动者在具体地方实践中反复运用的规则和资源。黑尔斯和肖特（Geels and Schot，2010）认为，上述区分对转型研究很有用，因为它阐明了两种互补观点和方法：社会技术系统和社会技术体制方法。社会技术系统突出了行动者在建立无缝网络和异质集合中的作用（STS所强调的）；社会技术体制方法是使用结构化理论去分析行动者在活动中所运用的正式的、认知的和规范的规则。系统和结构为行为者提供了两种类型的情境和嵌入性，社会系统更加横向，指向相互依赖的行动者之间的互动（如交流、冲突、联盟、谈判、战略博弈等），社会结构更加纵向，指向正式的、认知的和规范的规则。

　　由于行动者的行动和相互作用都会产生结果，社会结构和社会系统都有方向性。比如行动者可以进行 R&D 投资，将产品投放市场，购买产品，发布新法规，维护基础设施，以及在法庭上斗争等活动。这些活动会改变现有社会系统（社会技术系统）的各个方面。同时，行动者在其活动中利用、复制和修改结构，随着时间的推移也会带来社会结构的变化（即体制的变化）。

　　三是加深了对技术体制的理解。虽然演化经济学将技术体制表述为认知规则和惯例，但新制度社会学进一步区分了技术体制的其他重要的维度。如斯科特（Scott，1995）区分了三种制度（正式的、规范的、认知的），它们通过不同的机制影响行动。新制度社会学认为，不同的规则不是单独存在的，而是以半耦合的规则集的形式联结在一起的，这种半耦合的规则集称为体制。这些体制在本地实践中协调和引导着行动。然而，这并不意味着体制内部是和谐的、同质的和完全协商一致的。

　　新制度理论深入地解释了体制的稳定性和不稳定性。对抗可能源于不同规则之间的冲突和不匹配。对抗的另一个来源是社会群体和行动者之间的差异性，他们可能拥有不同的理念、洞察力、价值观和兴趣。虽然冲突和紧张总是存在，但只要行动者之间有足够的一致性，即当行动者共享基本的体制规则（如指导原则、信仰）时，体制就是稳定的。当行动者开始在基本的规则上产生分歧时，体制就会变得不稳定。

　　此外，在演化经济学中，技术体制是通过市场选择、差异化增长以及模仿成功突变而改变的，体现了行动者对体制转型的间接影响。新制度主义通过对"能动-结构相互作用"（agency-structure interaction）的社会机制分析，展现了行动者对体制转型的直接影响。

　　综上，MLP 理论来源于 STS、演化经济学和社会学的有效互补。考虑到只有当不同理论的基本假设足够相似时，理论交叉和整合才有可能，否则就有不一致和不合理的危险。黑尔斯和肖特（Geels and Schot，2010）认为，在研究社会技术长期变化，特别是大规模的转型的能动方面，STS、结构主义理论和演化经济学中的本体论假设是基本相似的。可以将三者结合起来研究转型，用一种理论方法的优点去弥补另一种理论方法的缺点。

STS 对能动性的理解，需要假定行动者具有解释性和创造性，即行动者社会性地构建了意义和认知框架。这就存在唯意志论倾向。结构化理论虽然假定行动者具有知识渊博和解释性的特征，还强调行动者在具体行动和本地实践中所运用的结构和惯例的作用。结构化理论将结构定义为"规则和资源"（Giddens，1984），结构引导但不决定行动。行动者解释和展演（enact）规则和结构，导致了地方实践的差别。结构化理论恰好可以纠正 STS 的唯意志论倾向。

能动也存在于演化理论之中。一些演化经济理论仅仅假定行动是基于惯例的，能动表现为复制和被动性跟随规则。变异是盲目的，由随机过程引起（如复制错误）。但有些演化理论如拉马克或准演化版本认为，行动者是具有创造性和解释性的，变异非盲目而是被定向的（Dietz and Burns，1992；Rip，1992；Schot，1992）。这些行动者会预期、赋予意义、搜索、学习，以及故意偏离现有的惯例和规则制度。这些规则-体制（rule-regimes）在演化中起到了保留结构的作用，它们包含了一个群体（部门、行业、领域）内部成员共享的惯例和规则。虽然上述体制在群体内部起到了协调作用，但它们也只是提供大致方向，并允许本地实践（如战略、R&D 投资、能力方面）的具体差异。

上述这些不同的理论是将服从惯例的行动与解释性、创造性行动结合了起来，它们处于唯意志论和集体主义或整体主义（collectivism/holism）两极之间。此外，它们都属于历史研究，都是通过对之前的发展进行分析来解释当前的状态，因此本质上都关注过程和发展。

基于上述分析，黑尔斯和肖特（Geels and Schot，2010）认为 MLP 植根于上述不同学科见解的融合之中。在 MLP 框架下，它们之间实现了理论整合以及优缺点互补。

三、MLP 分析框架面临的挑战

尽管 MLP 提供的体制、景观和小生境等术语为组织多元化转型叙事提供了一种话语，但是这种抽象的简约方式带有潜在的风险。史密斯等（Smith et al.，2010）认为必须小心应对，需要在提供更大图景与简约处理之间保持分析的张力。MLP 会帮助人们简化处理以及反身性地干预，但绝不能在其简单化的抽象过程中减少成果的丰富性（Sayer，1992）。史密斯等（Smith et al.，2010）指出了与 MLP 直接相关的四个方面突出问题，黑尔斯（Geels，2011）总结并回应了针对 MLP 的批评。MLP 主要面临六个方面的挑战：

1. 概念的界定和运用不清晰

对 MLP 中体制的批评体现在四个方面。一是运用体制这一概念的边界不清晰。贝尔库特、史密斯和斯特林声称"不清楚这些概念应该如何应用于经验层面。社会技术体制可以在几个经验层面上定义"（Berkhout et al.，2004：54）。在电力领域，人们既可以在最初燃料层面（煤、石油、天然气），也可以在整个系统层面（电力的生产、分配和消费）运用体制这一概念。在一个层面上的体制变迁，在另一个层面上可能仅仅被视为一个更广泛体制的投入增量的变化。

二是体制与系统的区别不清晰。马卡德（Markard）和特吕费（Truffer）批评体制这一概念有时指"规则"，有时被用作"系统"的简写（Markard and Truffer，2008）。因此，他们认为系统和体制概念之间的差异"不令人信服"，并呼吁对体制概念的识别和描述要有更多的严谨性。黑尔斯做了回应，系统指的是有形的和可测量的元素，如人工制品、市场份额、基础设施、法规、消费模式、公众意见；而体制指的是无形的和潜在的深层结构，如工程理念、启发式、经验法则、惯例、标准化的做事方式、政策范式、愿景、承诺、社会期望和规范。体制是一个解释性的分析概念，有助于研究者去分析行动者活动背后所隐藏的无形的深层结构。

三是体制内部同质化，体制内部和谐、没有冲突。社会技术体制往往被认为过于同质性或单一化（Smith et al.，2005）。黑尔斯同意这一批评，尤其是对于关注生态化创新以及它们如何与现有体制斗争的研究而言。尽管体制被定义为半和谐的规则集（Rip and Kemp，1998；Geels，2004），不同子体制（sub-regime）的规则之间仍存在出现紧张关系的可能。虽然体制在外部看来是一致的，但其内部往往存在分歧和利益冲突。新制度理论学家也认为组织领域充满了对特定问题的争论和难题（Hoffman，1999；Seo and Creed，2002）。

四是 MLP 关于转型过程的工作集中在一个体制上，描述这个体制面临来自小生境创新和景观发展的压力。就可持续转型而言，需要更多地关注多种体制之间的相互作用（Raven，2007b；Konrad et al.，2008）。一些小生境创新的发展离不开两种甚至更多体制之间的相互作用：热电的联合生产会将热与电两种体制联结在一起，生物燃料会把农业和运输两种体制联系起来，电动汽车会将运输和电力体制结合在一起。

此外，MLP 中的社会技术景观被看成了"垃圾桶"式的分析概念。批评者认为，在 MLP 中景观被看作一个承载剩余物的分析范畴，相当于"垃圾桶"式的概念，各种情境的影响都被解释成了景观的影响。黑尔斯认为这个批评是公平的。为此，黑尔斯就如何重新表述景观以使其更加理论化提出了三点建议。首先，景观这一概念可以变得更加动态。如范德里（van Driel）和肖特区分了三种类型的景观动态发展：①不变或变化非常缓慢，如气候变化；②快速的外部冲击，如战争或油价波动；③特定方向上的长时段的变化趋势，如人口变化趋势（van Driel and Schot，2005）。其次，可以更多地关注有助于稳固现有体制的景观发展。目前对可持续转型的研究通常强调景观趋势对体制产生不稳定的影响，如气候变化对体制施加的压力。但辩证地分析，也应考虑导致体制稳定的景观发展。例如，一些景观趋势会稳固以汽车为基础的交通体制（Geels and Kemp，2012）。最后，可以研究反向因果关系，即体制更迭如何促进景观的变化。

值得注意的是，不仅仅是社会技术体制，MLP 概念在经验层面应用时都需要反思（reflexivity）。史密斯等认为，如何使小生境、体制和景观这些核心概念用于实证研究，是一个对所研究的系统进行界定、划分和排序的问题（Smith et al.，2010）。任何试图界定和分析复杂的、浮现的社会技术系统的尝试，必然是局部的、情境化的和暂时的（Scoones et al.，2007）。无论是利用定性证据还是基于指标的定量措施将 MLP 固化为更详细的方法，都有大量工作要做（Haxeltine et al.，2008）。很少有用一个广泛共享的分析规则，切入正在研究的复杂系统配置，并抽象出一个客观的社会技术系统的情况（Genus and Coles，2008）。正如黑尔斯指出的，正式的定量方法只在相对稳定的、参数和特征为人熟知的社会技术情形下适用。然而大多数的转型研究是要解释浮现出的、反身性的现象，质性的话语分析更有帮助。

这表明，MLP 的运用最重要的不是如何精确定义小生境、体制和景观，而是每个概念如何在实践中发挥作用。和其他批判性的社会科学活动一样（Sayer，1992），可持续转型研究的重点是让主体通过参与反思过程，反思他们的实践，从而不断地重新定位以指向可持续发展（Loorbach，2007）。因此，MLP 在经验层面的运用离不开分析人员的反思，以及他们对手头工作的敏感性。

2. 小生境与体制相互作用的复杂性

MLP 描述的是一个同质的主导体制被一个小生境所挑战，但现实更为复杂。在实践中是多个可持续或不可持续的小生境相互竞争着去影响主导体制。科恩（Cohen）建议对绿色小生境进行动态分析，不仅要把它们放在与当前体制相互作用的情境下考虑，还要考虑它们与不可持续的小生境实践进行的竞争，这些不可持续的小生境实践与体制的关系更加密切（Geels and Schot，2007）。

成功的小生境实验可以为行动者网络的形成提供共同期望，为联盟的打造提供身份认同，有助于对利益和社会规范发挥导向作用。那么，在什么条件下小生境的行动者会形成共同议程并动员起来？他们是如何通过采取公共政策议程、监管框架、技术标准和金融等措施设法拓展和形成发展空间的？如何使得小生境创新在超越最初"保护空间"的过程中表现得像是一个政治行动者？边做边学的经验是如何超越小生境情境的？实践（嵌入式的配置）是如何复制、扩展或转译到其他应用场景的？此外，各种小生境之间存在着竞争，而每个小生境相对于体制的定位是不同的（Scoones et al.，2007）。竞争性或互补性的小生境会同时发展。当可持续发展是一个内在模糊和有争议的社会概念时，不同小生境之间的动态竞争是如何进行的？能否尽早认清不同小生境在与主导体制互动中的总体表现，以防止被"锁定"在不可持续路径上？小生境创新和主导体制要素共同演变中的不确定性，为技术控制两难的"科林格里奇困境"（Collingridge，1980）增添了一个分析维度。

小生境和体制的多元竞争，使得 MLP 有必要思考复杂性问题。肖芙（Shove）和沃克（Walker）认为，即使是一个多元的分析框架，也无法完全捕捉可持续和不可持续发展的复杂性和偶然性。他们的论点以实践为导向，认为无数的日常活动不断地重构和再生产流动的社会技术配置。如果将实践划分为不同的小生境和体制，就会忽略实践系统一直在转型这一重点（Shove and Walker，2010）。史密斯等（Smith et al.，2010）认为，虽然肖芙和沃克（Shove and Walker，2010）确实能识别日常生活中的模式和稳定性，问题在于实践的模式是否可以有效地与小生境和体制概念联系起来。我们能把绿色的社会技术实践融合到不同的小生境中去吗？是否有一些实践是如此日常、稳定和普遍的，以至于可以构成一个主导体制？此外实践者的配置能力受到其身处的制度和基础设施的限制。因此史密斯等（Smith et al.，2010）认为，尽管实践理论迫使我们更仔细地分析小生境和体制的构成，但不能忽视是体制提供了实践活动的物质要素，以及构成实践的制度。

此外，MLP 因偏向自下而上的变革模式而受到批评。许多关于可持续转型的研究主要集中在"绿色"小生境创新方面，而将体制理解为"需要克服的障碍"。即激进的创新往往出现在技术小生境，随后进入小的市场小生境，进而再扩散到主流市场，最终取代现有的体制。贝尔库特等（Berkhout et al.，2004：62）认为，MLP方法过于强调由小生境引发的体制变革过程，忽视了那些对社会技术体制内容的直接改变，或者由社会技术景观自上而下运作所产生的体制变革过程。黑尔斯和肖特（Geels and Schot，2007）根据MLP层次间相互作用的时机，以及相互作用的性质如竞争或共生的不同，区分了MLP的四种转型途径，以克服上述自下而上小生境模式的偏见。

3. 能动性在转型中的作用被忽视

黑尔斯的MLP这种全局性模型倾向于从整体结构而非行动者视角来关注转型。于是MLP被很多学者认为有结构功能主义的嫌疑。史密斯等（Smith et al.，2005）认为MLP"描述性和结构性太强，为能动性的分析留下了空间"。他们特别强调对社会技术转型中权力和政治角色的关注。杰努斯（Genus）和科尔斯（Coles）建议MLP应该纳入技术的社会建构论、行动者网络理论和建构性技术评估（CTA）等建构主义的方法，以"显示对行动者和其他保持沉默的代表的关注"（Genus and Coles，2008）。

史密斯等（Smith et al.，2010）认为，已有研究大量集中在社会技术动态机制中的路径依赖和锁定方面，而对于加速解锁社会技术体制的过程和机制知之甚少。体制是如何开放、削弱或衰落的？许多人所依赖的根深蒂固的体制是如何失去其经济和社会合法性的？行动者联盟的转变是如何改变权力平衡，使之有利或不利于社会技术体制的？政治意识形态转变、投资者投机浪潮、制度建设以及生态变化等景观过程在其中能发挥什么样的作用？回答这些问题，都离不开对特定行动者的角色、战略等能动性分析。

黑尔斯和肖特（Geels and Schot，2007）做了相应回应。他们认为多层视角并没有忽视行动者的重要作用："因为不同层次过程之间的联系由行动者通过他们的意识和活动来完成，这种动态不是机械的，而是社会建构的。……替代是备受争议的，不同组织博弈、协商以及组成联盟。"表9.3 总结了不同路径的主要行动者及其行为特征。

表 9.3　转型路径的主要行动者及其行为特征

转型路径	主要行动者	行为特征	关键词
体制内自我调整	体制行动者和外来者（社会运动）	外部批评；现任行动者调整体制规则（目标、指导原则、寻找启发）	外部压力、制度权利博弈、协商、体制规则调整
旧体制被新体制所替代	现任公司 vs 新公司	新来者建立新事物，和体制主导的技术竞争	新旧企业市场竞争、权利博弈
重新配置产生新体制	体制行动者和供应者	体制行动者接受新提供者建立的部分创新。新旧创新提供者竞争	由于经济和功能原因，部分改变不断累积。新结合方式出现，理解改变，产生新实践
体制的解散和再结盟	新的小生境行动者	结构变化给体制带来巨大压力，主导者失去信心及合理性。之后多种新事物出现。新成员竞争资源、关注焦点和合理性。最终一种新事物获胜，体制再次稳定	侵蚀和倒塌，多种新事物，不确定性增加，改变得到理解，新的胜利者出现，再次稳定

黑尔斯（Geels，2011）认为 MLP 缺乏能动性是不准确的。图 7.4 的 MLP 图示中虽然没有明确显示出行动者，但是 MLP 充斥着能动性，这是因为技术体制和多层级之间的联盟是由社会团体来推动的。图 7.4 中横轴显示了"本地实践活动的日益结构化"，而这些结构层次是由具体活动中行动者不断复制和推动的。这一点已经在讨论演化经济学、STS 与结构化理论和新制度理论之间理论交叉的逻辑时得到了详细说明（Geels，2004；Geels and Schot，2007，2010）。黑尔斯在图中用小箭头表示 MLP 的轨道，这些轨道是由行动者推动的。对于杰努斯和科尔斯提出的建议，黑尔斯认为有些奇怪，这是因为 SCOT 和 CTA 的方法从一开始就是 MLP 的来源之一。将行动者网络理论的方法与 MLP 相结合则会造成理论上的不一致，这是因为行动者网络理论扁平化的本体论不同于 MLP。

黑尔斯认为，MLP 的一个来源是演化经济学和建构主义之间的交叉，STS 强调主体的能动性（如解释、愿景、信念、网络、斗争、辩论）。因此，MLP 的能动性表现为有限理性（如惯例、搜索活动、试错学习）以及解释性活动等形式。但黑尔斯也认为，理性选择、权力斗争、文化叙事等类型的能动性在 MLP 中没有得到充分的分析（Geels，2010）。MLP 是可以通过吸收其他理论，来丰富对技术、市场、文化、政治等维度以及各层次相互作用的机制的理解的。

这也是后续研究的方向，即将社会技术变革的演化理论与能动性理论和战略决策结合起来，进一步开发 MLP 的"准演化"（quasi-evolutionary）方法。比如，探讨如何将演化和能动性结合起来，即能动性在变异和选择过程中是如何发挥作用的？变异和选择在多大程度上是由特定行动者的决定所引起的？决策和行动策略是如何去反映和预测选择环境以及演化动态性的？在此着重强调的是，要超越惯常的分析对象如研发实验室、工业、科学以及公共政策等，转而分析能在塑造市场以外的选择环境中发挥重要作用的生活方式、环境或社会运动等对象。比如，埃尔岑等（Elzen et al.，2011）将社会运动理论纳入 MLP，以了解外部对规范的关注是如何影响现有体制的。该研究表明社会运动参与了资源动员、组织活动和培养技术的替代者。体制和小生境层面的话语活动借鉴了景观层面的文化叙事。反对者和支持者通过调整他们的叙事框架，以增加话语在行动者可信度、经验匹配与可通约性、文化共鸣等维度的显著性。

对能动性更宽泛的分析，还需要考虑有关利益以及权力来源这类突出的政治问题，这些权力形成了选择环境并产生了变异。如考察围绕不同小生境所形成的联盟，以及它们为不同类型的社会技术转型所进行的游说。格林等（Grin et al.，2010）的研究具有代表性。他们基于政治学理论深入分析了权力在 MLP 中的作用，提出不同类型的权力表征着不同的层次（表 9.4）。一方面权力有不同的来源；另一方面权力也需要实施技能，例如讨价还价、威胁或幕后交易等。

表 9.4 权力类型及其层次（Grin et al.，2010：283）

权力的类型	关注点	所处的 MLP 层级
关系型权力	个体在相互作用中取得的成果，以及能力和才干的差异性	实验层面
支配型权力	个体在主导体制中的定位，包括规则、资源、配置参与者，以及对所涉问题的主导性看法	主导的体制层面
结构型权力	进行结构性安排，来自意义、主导性和合法化秩序的改变（吉登斯）	缓慢变化的景观层面

4. 转型的层级化与扁平化之争

针对早期 MLP 使用的"网络化层级"（nested hierarchy）概念，黑尔斯解释说，虽然这是一个有吸引力的比喻，但大多数小生境并不出现在体制内部，而是经常出现在体制之外。社会技术景观与体制和小生境的关系也不是层级化的，正如人们不会将土壤条件、山脉以及降雨模式描述为生物进化的层级结构。黑尔斯解释说，MLP 通常被概括为"微观-中观-宏观"层面，但 MLP 更想强调的是因体制和小生境行动者规模和数量差异所导致的结构稳定的不同程度，而不是层级化。

与层级理念完全不同，肖芙和沃克（Shove and Walker，2010）提出扁平化的社会实践理论（social practice theory）来分析转型：新的社会实践是如何产生和稳定，以及已建立的实践是如何消失的。他们区分了两种社会实践：一种是"持久和相对稳定的实践"，这一类型的实践会被常规性地复制，其轨迹可以被预测；另一种是新的"流动和不稳定"的实践。社会实践理论强调实践持续不断地再生产，认为日常生活中的社会实践是行动者结合和再产生技术、意义、技能等不同要素的结果，这些要素在实践之中流动。"所以你摆脱了社会是多层次的想象。你不需要想象有几层、层次的不同。……需要的只是相互联系的场所，以及行动者和信息从一个场所流动到另一个场所的可能性。"（Barry and Slater，2002：293）这种强调转型中实践要素流动的扁平化观点，与强调层次性的 MLP 观点形成了反差。尽管社会实践理论与 MLP 在本体论上对于转型是扁平化还是层级化有不同的理解，但两者也有相似之处。稳定的、惯常的实践可以被视为"体制"，而新兴的、流动的实践可以被视为"小生境"。

社会实践理论对"景观"也有不同的见解。肖芙和沃克（Shove and Walker，2010）认为外部的景观情境并不存在："想象或假设在再生产和转变的实践行为之外存在影响源或力量是一种误导。"罗普（Røpk，2009）则主张纳入更广泛的情境："社会模式如劳动分工、性别关系、获取资源的不平等性，以及政治、经济、法律和文化制度，都是由实践构成的，它们也为实践的展现提供了一个情境，这是纳入经验分析所必需的。"

此外，实践理论更多的是对个案的经验描绘而非解释性的，如果用它们来分析转型动态机制，很难做到解释的准确性、普遍性以及经验层面的可操作性。这是两者在认识论上的差异。MLP旨在概述转型可重复的模式和机制，而实践理论等扁平化方法则强调异质性、偶然性、流动性、涌现、不可预测性和杂乱性。肖芙（Shove，2003：20）将社会实践定性为"不同的思维方式"，而不是"包罗万象的理论模型"。因此，黑尔斯认为，在详细说明相关转型机制和模式方面，MLP更成熟些。

5. 对地域和空间中的转型关注不够

MLP是一种从时间维度考察转型的有效方法，它着重分析一定空间内实现特定功能（如交通、能源、住房）的多层次社会技术体制的演化过程。而地理空间对可持续发展创新至关重要。史密斯等（Smith et al.，2010）认为，MLP假定体制是在国家尺度上运作，然而在实践中村庄、城市等不同空间尺度的区域都希望将它们的交通、能源、废物、住房等系统转化为更可持续的形式。这些转型进程可能会超越民族国家政策的管辖范围。例如，地方基础设施的所有权归属跨国公司所有；投资来自全球的流动资本；小生境的替代方案由全球性的民间团体所倡导；等等。因此，MLP未来研究应考虑分析小生境、体制和景观的功能是如何与领地、行政区域以及交往空间等空间维度相关联的。社会技术体制的边界不一定与地理景观、民族国家或社区的边界相重合。社会技术体制是如何与上述这些不同的空间相联结并贯穿其中的？新兴的交往空间如企业家和专业人士的全球公共或跨国网络，是如何与小生境和体制相联系，并在它们之间建立起联系的？通过聚焦关键的、多层次过程的位置和分布的质量，研究人员会得到关于可持续转型的一些重要见解。

6. 描述转型的方法存在争议

如何捕捉转型的动态性？MLP 领域的一些学者在寻找标准化的变量指标、措施和模型，以便将关于小生境、体制和景观及其动态变化的研究客观化。另一些人则认为研究对象如结构和功能在被研究的同时也在变化，希望保持 MLP 应用的灵活性以适应具体的场景。

黑尔斯认为，MLP 属于解释性"过程理论"而非"变量理论"（Geels and Schot，2010）。过程理论不是把因变量的变化解释为由自变量引起的，而是用事件序列以及事件链的时机和连接来解释结果（Pettigrew，1997；Abbott，2001；Langley，2007）。并非所有的叙事都可以被视为过程理论。有些叙事只是事件的堆砌。为了展开因果叙述，一些解释需要由能够详细说明特定情节的"启发式"概念框架来引导。"叙事不仅仅是事件的顺序，而是将它们由一个主题联系在一起。我认为，情境性框架可以作为一个理论的或解释性的主题，以约束叙事的方式贯穿于整个分析之中。"（Pedriana，2005）黑尔斯认为，转型的因果性叙述需要追踪事件的序列以及层次内和层次间的关键连接。MLP 为转型研究提供了这种叙事研究方式。尽管每一次转型中具体事件的顺序不同，但 MLP 能够识别重复出现的因果模式，因此可以声称其具有通用性或普遍性。

转型学者也提出了一些可解释较短时段的转型模型，比如炒作-失望周期（hype-disappointment cycles）、小生境-积累模式、契合-延伸模式（fit-stretch pattern）、连锁效应和创新瀑布、叠加和杂合模式（Geels，2011）。未来需要总结出更多的模式和机制，使转型研究阐明一种认识论上的中间道路，即一方面像主流社会科学那样，寻找变量之间的规律和统计关联，另一方面像建构主义的微观研究那样，强调复杂性、偶然性、流动性、无条理性和模糊性。

对于呈现多元化主题的过程理论而言，黑尔斯认为还存在更深层次的认识论问题。由于过程理论倾向于强调复杂的动态机制，如路径依赖、相互作用效应、临界点、阈值、分叉和连接等，其前提假设与标准的回归方法以及传统的比较方法不一致。埃布尔（Abell，2004）认为："叙事性解释以本体论为本，而以变量为中心的解释以认识论为本。"主流社会科学倾向于强调方法，如数据收集、分析、复制的严格程序，但本体论相对简单。相比之下，过程理论往往有更复杂的本体论，但方法论没有得到充分的发展。上述普遍存在的困境也体现在 MLP 上，MLP 的大多数经验研究使用单一的案例研究方法。因此，黑尔斯认为转型研究会受益于应用其他方法，比如比较案例研究或嵌入型案例研究、事件序列分析、网络分析，甚至包括历史方法和基于能动性的建模法。但 MLP 不应该被简化成一个机械性的程序，硬要把它变成变量理论。对转型等复杂现象的研究不能简化为方法论程序上的应用，而应始终包含创造性的解释要素。

四、结论

以 MLP 为代表的转型研究正在汇集成一个不断增长的、拥有各种议程的国际研究网络，如国际可持续转型研究网络（STRN）。如果说可持续转型视角提供了一个问题焦点，那么 MLP 为组织所需的广泛跨学科分析提供了一个有用的框架。MLP 在创新研究和可持续发展语境下演变，提出了一些具有挑战性的分析和实践问题。

关于 MLP 的认识论意义，杰努斯和科尔斯（Genus and Coles，2008）认为，"MLP 或者转型框架的潜在贡献仅限于提供了一个启发式的架构"。黑尔斯回应道，就实证主义研究传统而言这可能是一种严厉的批评，但启发式在解释性传统中被认为是重要的。反过来可以认为这是对 MLP 的一种肯定，因为 MLP 以一种特定方式构建了转型的主题，并追问转型的特定模式和机制。

黑尔斯就 MLP 的解释和理论风格作出了回应。首先，在研究转型的协同进化动力机制方面，开放框架比精确模型更适合。缜密的模型对于划定的论题是合适的，但是对于更广泛、多维度的论题可能就没那么有用了。启发式视角对于这些论题似乎更相关。这些"分析框架确定了相关的变量和用户必须回答的问题，以便得出与特定行业和公司相符的结论。……此外，框架中变量之间的相互作用是不能被严格绘制的。然而这些框架却能更好地帮助分析人员思考问题"（Porter，1991：98）。黑尔斯认为，像 MLP 这样的分析框架并不是只要分析人员输入了数据就会自动产生正确答案的"真理机器"（truth machines）。相反，它们是引导分析人员注意相关问题的"启发式装置"。只有同时拥有大量的经验知识，以及有助于分析人员"看到"有趣的模式和机制的理论敏感性和解释创造力时，才能恰当地应用它们。

其次，MLP 理论是一种中层理论而非宏大理论。尽管 MLP 的理论基础有 STS 建构主义和演化经济学，但其仍然为学者运用其他辅助理论描述转型的动态机制留下了空间。因为演化理论可以作为一个开放的框架同时容纳经济学和社会学的见解："达尔文进化论提供了一个重要的解释框架，但没有声称它能解释每一个细节。……将达尔文原理从生物进化迁移到社会进化，并不意味着两者在详细的选择、变异和遗传机制方面是相似的。"（Hodgson and Knudsen，2006）"达尔文进化论自身并没有为社会科学家提供所有必要的因果机制和解释，也没有排除在社会领域进行的具体调查和详细因果解释的额外工作。……与其说它是一个完备的理论，还不如说它是一个元理论框架。"（Hodgson and Knudsen，2006）

MLP 所引发的可持续转型研究是一个开放的议程。由于涉及的是相对稀少、长期的、宏观的变化，社会技术转型是一个特殊的研究主题。由于它们不经常发生，因此很难通过构建大型数据库来对变量之间的关系进行统计分析。因此需要其他类型的理论和方法。这些理论应该是多维的，因为不可能只用一种因果要素或机制来解释整个转型过程。

　　由于转型是一个复杂而多面的研究主题，如何进行最好的转型研究，学术界的意见并不一致。尽管 MLP 的特征非常符合理解社会技术转型这一主题，由于学者们在本体论假设、认识论风格或方法论承诺上有所不同，学者们需要权衡不同理论风格的优缺点，通过学术辩论来完善理论和分析框架。MLP 很多问题仍然是开放的，史密斯等（Smith et al., 2010）认为，对 MLP 的未来研究不是穷尽的，这是一项正在进行的工作。这种贡献是在与其他学科如政治学和地理学的对话中形成的，并将持续下去。

第三部分

中国情境下的可持续转型与治理

第十章　打破高碳"锁定"：社会技术体制的低碳转型*

　　随着全球气候变暖、生态环境恶化以及能源危机加剧，推动技术、经济和社会发展方式的低碳转型，成为全世界实现可持续发展的战略目标。当前世界各国采取了清洁能源技术的研发和转移等措施来促进低碳转型，但是收效甚微。其中很重要的一个方面是因为我们所处的社会是一个以化石能源为主的高碳"锁定"的社会技术体制。低碳转型是一场深刻的、长周期的社会技术体制的结构转型，呈现出技术、产业、市场、政策、文化和社会等多要素、多维度的共同演化、复杂的动态关系（Kemp et al., 1998）。当人们试图线性地以技术、政策、市场等某一因素作为驱动力来推动这一转型时，往往困难重重。

　　借鉴科学技术学、演化经济学等相关学科成果，有必要发展一种 STS 的社会技术视角（sociotechnical perspective）来研究转型。本章进一步引入 MLP 分析框架，从小生境、社会技术体制以及景观三个层面及其相互

---

* 本章内容基于作者发表的论文：李平. 社会-技术范式视角下的低碳转型. 科学学研究, 2018, 36(6)：1000-1007.

关系，来分析复杂动态的低碳转型机制。为了更好地说明这一机制，选取了中国电动汽车交通为案例，并对 MLP 在中国情境下的运用进行了探讨。

透过社会技术体制视角，低碳转型是一个打破高碳"锁定"、从高碳的社会技术体制向低碳的社会技术体制转变的过程，这个过程是多要素参与的、复杂的、动态的和长周期的。从多层视角来看，转型过程离不开三个层面的相互作用机制：小生境层面产生颠覆式低碳创新，成为推动体制转型的内在动力；景观层面对稳态的高碳社会技术体制施加压力，为低碳创新的成长提供机会之窗；最终导致原有主导的高碳社会技术体制瓦解，高碳"锁定"被打破，进而形成新的动态稳定的低碳社会技术体制。透过这一视角，在中国汽车低碳交通转型中，新能源汽车小生境挑战占主导地位的燃油汽车交通体制为时尚早，高碳交通的"锁定"仍未被打破，低碳交通转型还处于初级阶段，未来仍有很大的不确定性。为此相关行动者特别是政策制定者，需要改变其原有相对线性和刚性的认识论基础，以及在此基础之上建立的政策手段，而采用系统协同演化的认识论立场和转型策略。

一、社会技术体制的高碳"锁定"

社会技术体制概念是对多西等提出的技术体制概念的拓展，以描述社会技术复杂的关系结构和动态稳定过程。多西（Dosi，1982）及纳尔逊和温特（Nelson and Winter，2004）认为，所谓技术体制是指技术的认知结构和参与其中的个人和组织群体结构。这一概念表明，存在一个被技术和经济行动者共同体共享的核心技术框架，该框架成为寻求改进产品和工艺效率的技术轨道，使得工程师会偏重于某些问题或方向探索。这一思想已经得到了现代创新理论的广泛认知，但也被认为过多关注问题解决活动中的认知层面，而较少注意认知与其他社会因素之间的互动。

瑞普和肯普（Rip and Kemp，1998）扩大了技术体制的概念，提出了社会技术体制概念，将之理解为嵌入在复杂的工程实践、生产工艺技术、产品特征、技能和程序、处理相关人工物和人员的方式以及界定问题的方式之中的社会技术系统的深层结构或法则。社会技术体制由一系列异质性要素所构成，所有这些要素都附着在不同的社会群体并嵌入在制度和规则之中。社会技术体制可以细分为技术、科学、产业结构、政策、文化意义、市场和用户实践等七个维度，这七个不同维度的要素相互联系和协同演进（Geels，2002）。

社会技术体制一旦形成会引发"锁定"效应。多西（Dosi，1982）及纳尔逊与温特（Nelson and Winter，2004）等认为，主导体制的认知结构、惯习、能力、资源、知识以及过去的经验导致了锁定。雅各布松（Jacobsson）和约翰松（Johnson）认为技术人工物嵌入在复杂的基础设施中，使得它们很难被其他技术所替代（Jacobsson and Johnson，2000）；亚瑟（Arthur，1989）及多西（Dosi，1982）认为，与激进的技术实践相比，主导实践行为享受着巨大的规模经济效应和积极的网络外部性；休斯（Hughes，1993）以及沃克（Walker，2000）认为，政府政策、市场规则等社会制度与已有的技术共生演进，并进一步强化了已有的技术轨道；肖芙（Shove，2003）认为围绕主导技术建立的生活方式规范和惯习对一些替代技术存在抵制作用。

基于上述认识，我们可以认为，当今社会是一个以石油为主要能源的高碳社会，之所以难以实现低碳化转型，是因为它是高碳"锁定"的社会技术体制。"高碳"社会技术体制，是一个复杂和动态的社会技术系统，其实现了高碳的增长，不仅主导技术模式、能源利用途径、经济增长方式是高碳的，消费方式也是高碳的。与之相对应的则是"低碳"的社会技术体制。"高碳"社会技术体制一旦形成动态稳定性，必然会造成长期的高碳"锁定"。显然，我们并不能将高碳"锁定"归结于技术因素，锁定机制还包括与技术相互融合、共同演化的认知、行为规则、惯例、制度和文化。这些异质性要素间不是完全独立和自主的，而是通过规则制度相互关联和依赖。

因此，低碳转型实质是打破高碳"锁定"，建立一种新的低碳锁定。这是一场深刻的社会技术体制的结构转型。转型既包括新的知识、科学、技艺和产业的创新，也包括社会对它们的选择和接受。既包括消费者对新技术的直接选用，也包括新技术通过规制、市场、基础设施以及文化符号等更广泛的方式嵌入社会的过程。转型是多重行动者参与的过程。这些行动者包括企业、不同类型的用户、科学共同体、政策制定者、社会活动家以及有特别兴趣的社团等。低碳转型并非线性的因果决定论，是大范围、多要素相互作用共同演化的非线性结果。可以预见其过程是长期、复杂、动态的，其结果也伴随着极大的不确定性。

二、多层视角下的低碳转型

由于体制的低碳转型涉及多重要素之间复杂的相互作用与共同演化，那么如何去描述转型的过程，解释锁定的形成和被打破的机制？本章引入黑尔斯（Geels，2002）提出的 MLP 分析框架。这一理论视角在转型研究中已经得到了学界的认可（Smith et al.，2010），被广泛运用于卫生、供水、电力系统、航运、有机食品、交通等案例中（Geels，2012）。

黑尔斯在瑞普和肯普（Rip and Kemp，1998）等研究的基础上，融合了科学技术学、演化经济学、组织理论和新制度理论，提出了 MLP 分析框架。黑尔斯认为转型过程大体上是三层要素相互作用的结果。这三层要素除了之前已经讨论过的主导的社会技术体制之外，还包括颠覆式创新所在的小生境，以及小生境和社会技术体制镶嵌于其中的景观。

微观层面的小生境又被称为"保护空间"，指培育创新的环境，类似于生物学中保护脆弱的新物种、避免其受到外在环境威胁的特定生态圈。实现低碳发展的颠覆式创新可以在小生境中先发展壮大，等强大后再去适应外界环境。小生境可为颠覆式创新提供场所进行技术学习，如干中学等。同时，小生境通过描述愿景、鼓励学习和建立社会网络等方式（Rip and Kemp，1998），为颠覆式创新活动构建了稳定的技术-社会关系结构。

宏观层面的社会技术景观，是对支撑社会技术体制和小生境的大情境的一种隐喻表达（Rip and Kemp，1998；Geels，2002）。它包括宏观经济走势、政治意识形态、社会文化价值观念、舆论导向和空间结构（如城市

布局）等。景观代表着最大程度的结构化，这种结构化不受或较少受到主
导体制和小生境中的行动者的直接影响和控制。景观的变化通常比中观层
面的社会技术体制的变化更为缓慢。范德里尔和肖特（van Driel and Schot，
2005）将其影响因素根据变化的程度归结为三类，即产生变化非常缓慢的
因素如气候，导致长期变化的因素如工业化，以及形成迅速外部冲击的因
素如战争。就低碳创新而言，景观的变化主要指围绕全球气候变暖的一系
列政策、经济和观念的变化。

小生境、社会技术体制和社会技术景观三个层面构成了一个异质构建
的、动态的、网络化的层级结构。打开转型的黑箱，可以发现社会技术体
制的低碳转型过程呈现出四个阶段，如图 10.1 所示。

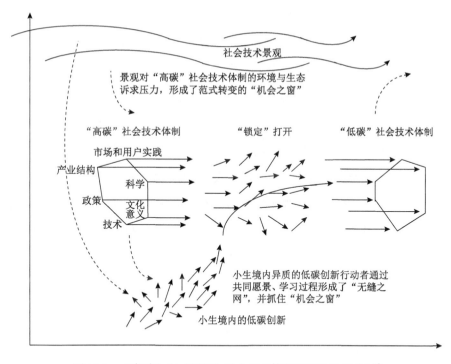

图 10.1 "高碳"向"低碳"社会技术体制转变的动态机制[①]

---

① 本图基于 Geels（2002）的 MLP 分析框架。

第一，起步阶段。小生境中出现突破性的低碳技术创新，如绿色建筑、太阳能发电、电动汽车等，但这些低碳小生境还很脆弱，并且多种低碳技术之间存在竞争，低碳主导设计并未形成，也未对现有主导的"高碳"社会技术体制产生威胁。

第二，成长阶段。在小生境"保护空间"中，低碳创新通过"干中学""用中学"，其低碳主导设计（社会技术体制）逐渐形成并变得稳定。尽管现有的高碳社会技术体制仍然很稳定，但是在景观的压力之下，出现了结构性的裂缝，为低碳创新实现突破提供了机会之窗。

第三，替代阶段。现有稳定的"高碳"社会技术体制内部出现松动，如企业战略和投资方向、消费者偏好出现低碳化的改变，原有的产业联盟开始瓦解。低碳小生境实现全面突破，与现有高碳社会技术体制产生竞争。

第四，稳定阶段。原有的主导"高碳"社会技术体制被替代。新的低碳技术和产品赢得市场与社会的完全认可，与低碳技术相匹配的低碳社会技术体制最终成为全社会的主导体制，低碳转型完成。

上述非线性低碳转型过程取决于三个关键环节：一是小生境内部出现颠覆式低碳创新，成为转型的内在动力；二是景观对高碳"锁定"的社会技术体制产生压力，造成其内部出现裂缝，给小生境的发展提供了机会之窗；三是主导的高碳社会技术体制内部不稳定性加剧，最终导致原有高碳"锁定"被打破，原有主导体制内部的行动者放弃原有立场，加入低碳小生境，形成稳定的低碳联盟，进一步成为新的主导社会技术体制。

三、中国汽车交通低碳转型的发展分析

中国目前正在加快培育新能源汽车[①]，旨在通过实现汽车交通系统的低碳转型，以削减汽车尾气排放和应对化石能源危机。中国汽车交通低碳

---

① 根据国家发改委 2007 年公布的《新能源汽车生产准入管理规则》，新能源汽车包括混合动力汽车、纯电动汽车(包括太阳能汽车)、燃料电池汽车、氢发动机汽车、其他新能源(如高效储能器、二甲醚)汽车等。

转型的关键是作为颠覆式创新的新能源汽车能够替代占据主导地位的燃油汽车。下面从景观、小生境和主导社会技术体制三个层面对行动者之间的相互作用进行分析，试图把握这一动态复杂的转型过程。

1. 解除高碳"锁定"的机会之窗是否打开

1）景观持续施压

尽管国际上对中国汽车未来增长数量的预测不一，但其将继续快速增长已成为共识。根据中国汽车工业协会公布的统计数据，2009 年中国汽车产销分别完成 1379.10 万辆和 1364.48 万辆，首次超越美国，成为世界汽车产销第一大国（谌融，2010）。与之相伴的是汽车工业带来的能源短缺、尾气排放等问题日益突出。这些问题使得发展新能源汽车以替代燃油汽车成为国家转变经济增长方式的战略选择。低碳交通转型的压力或动力来源于三个方面。

一是积极应对全球气候变化。作为世界第二大经济体，中国在 2006 年就已经取代美国成为全世界二氧化碳排放最大的国家（PBL，2007）。全球范围 25% 的温室气体排放源于人类的交通（International Energy Agency，2009）。

二是满足国家能源安全需求。根据 2015 年度《国内外油气行业发展报告》，2015 年中国石油表观消费量为 5.43 亿吨，对外依存度首破 60%，达到 60.6%（杜燕飞，2016）。专家预计 2020 年和 2030 年，国内石油消费量或将分别达到 6.08 亿吨和 6.8 亿吨，石油对外依存度将分别升至 67.1% 和 70.6%，处于国际公认的警戒线位置（刘雪和吴宇，2015）。随着中国汽车保有量的不断增长，汽车燃料消耗量占成品油消耗总量的比例还将继续增加。发展新能源汽车替代燃油汽车，有利于我国转变能源消费结构，同时避免国际原油价格大幅度波动对我国经济安全形成的隐患。

三是为我国汽车工业的"弯道超车"提供了契机。在美、德、日、韩等国占优势的传统汽车产业领域，中国并不具备优势。新能源汽车由于还处于产业化初期阶段，国内外在技术水平与产业化方面的差距相对较小。

2006 年国务院发布《国家中长期科学和技术发展规划纲要（2006—2020年）》，将"低能耗与新能源汽车"和"氢能及燃料电池技术"分别列入优先主题和前沿技术。2010 年在《国务院关于加快培育和发展战略性新兴产业的决定》中，我国将新能源汽车作为国家七大战略性新兴产业之一，明确要求加以重点扶持。在国家战略和规划的指引下，国家发展和改革委员会（国家发改委）、科学技术部（科技部）、工业和信息化部（工信部）、财政部等部委和地方政府先后出台了一系列扶持新能源汽车的政策。

2）新能源汽车小生境快速发展但还未成熟

中央政府自上而下的政策培育，给国内一些企业和地方政府发展新能源汽车带来了机会。新能源汽车小生境得到了快速发展，主要体现在研发布局、示范推广及应用方面。

完整的"三纵三横"研发布局形成。"八五"期间我国就已开始实施了国家电动汽车关键技术攻关项目。"九五"期间启动了国家清洁汽车行动项目。"十五"期间电动汽车开发被列入"863"计划，以纯电动汽车（BEV）、混合动力汽车（HEV）、燃料电池汽车（FCV）三种车型为"三纵"，多能源动力总成控制系统、驱动电机及其控制系统、动力蓄电池及其管理系统三种共性技术为"三横"的布局展开研发。"十一五"期间电动汽车与清洁燃料汽车合并列入"863"计划。"十五"和"十一五"时期，国家先后累计投入科技经费超过 20 亿元，带动国内上百家汽车企业、电机电池等零部件企业、大学及科研院所等共同参与。"三纵三横"研发布局基本形成。我国在车用镍氢和锂离子电池、车用燃料电池、车用电机等关键零部件等领域取得了突破性进展，已接近国际先进技术水平，部分指标具有一定优势（杨忠阳，2011）。

示范推广取得进展。2009 年财政部、科技部发布了《节能与新能源汽车示范推广财政补助资金管理暂行办法》，将深圳等 13 个城市确定为试点城市。2010 年新增了天津等 12 个城市，并确定长春等 6 个城市为私人领域试点城市,中央财政对私人购买新能源汽车给予补助。2013 年财政部、科技部、工信部和国家发改委又出台了继续开展新能源汽车推广应用工作的通知，将继续依托城市尤其是特大城市或城市群实施。尽管第一轮示范推广工作总体效果不明显，但在一些试点城市新能源汽车在公共交通和服务领域得到大幅度推广，并通过革新商业模式，引进社会资本和专业运营商。如深圳实行了"融资租赁、车电分离、充维结合"的新能源公交车购买、运营及维护方案，杭州、上海等城市试行了分时租赁模式，以实现可持续商业化运营。

伴随着政府推广和补贴力度的加大，国内新能源汽车的生产厂家和车型不断增加。值得一提的是，一些传统燃油汽车交通体制之外的"跨界"行动者纷纷加入新能源汽车小生境，打破了燃油汽车交通发展的逻辑。如国家电网、南方电网、中国普天等企业加大充电站基础设施建设，腾讯等互联网巨头投资发展"互联网+电动汽车"。

3）燃油汽车交通体制出现了裂缝

来自景观的压力以及新能源汽车小生境的快速生长，对传统汽车产业和交通体制内的决策者、制造商、交通规划者等行动者造成了一定的压力，使得长期稳定的燃油汽车交通社会技术体制出现了一些裂缝。

一汽等我国主要汽车集团纷纷设立了新能源汽车分公司或研究院，投入较大规模资金开展电动汽车整车集成和关键技术研发。北汽、上汽、吉利、奇瑞、江淮、长安、一汽等企业均推出了新能源乘用车车型，并不同程度地开展了示范推广活动。传统的交通规划和政策开始朝向有利于新能源小生境的方向调整。如一些城市推行限制燃油汽车牌照发放而电动汽车免摇号的政策举措。在一些试点城市，公交主管部门根据电动公交车充电和行驶里程的特点，重新调整公交线路。与此同时，消费者的汽车观念也在发生变化。很多消费者特别是年轻一代开始不再把汽车当作是身份和地位的象征，而只是一个普通的出行工具。他们从渴望个人拥有一辆进口豪车，转而更多地考虑堵车、停车等出行便利及尾气排放等问题，进而采用汽车共享的模式。

通过上述分析可知，在国家战略、规划和政策的指引下，新能源汽车小生境得到快速发展，高碳的燃油汽车交通"锁定"在景观和小生境的双重压力之下已经出现了松动，低碳转型的机会窗口已经打开。

2. 转型替代处于何种阶段

1）新能源汽车小生境作为一个新的社会技术体制还未成熟

由于车企、运营商、服务商、各级政府、消费者等行动者的利益诉求不一，小生境内的社会技术架构（ST configuration）还处于磨合和不稳定状态。

一是从供给侧角度看，我国新能源汽车产品性能与国际先进水平相比差距较大、可供消费者选择的产品少。

新能源汽车研发组织还较为松散，技术创新联盟缺少实质性的研发合作。重复性、低水平研发现象普遍存在。动力电池等技术不成熟、产品成本高、续航里程不足之类的国际共性问题仍有待突破。已开发的整车产品在可靠性、安全性和节能减排指标等方面与国外先进产品差距较大。动力电池隔膜、驱动电机高速轴承和控制系统用电子元器件等核心部件及关键技术仍较为欠缺，基本依赖进口。我国新能源汽车的推广总量与美国、日本差距明显，也缺少能与聆风（Leaf）、沃蓝达（Volt）相媲美的明星车型（中国汽车技术研究中心等，2013：10-11）。

此外，政府新能源汽车发展路线一直存在争议。中国的混合动力电动汽车技术市场已被日本、韩国、美国跨国公司控制，中国本土企业发展混合动力电动汽车技术在今后较长一段时间需要依赖引进，面临较多的技术壁垒（余江和陈凯华，2012）。对于中国新能源汽车产业政策来说，目前处于一个非常艰难的十字路口，或者是继续坚持原来以电为核心的新能源汽车路线，但是仍然可能面对新能源汽车市场迟迟打不开局面的尴尬；或者是将普通式混合动力汽车市场纳入到新能源汽车整体规划之中，但是却需要防止日本汽车企业做大垄断的局面发生（张志勇，2013）。

二是从需求侧角度看，新能源汽车存在使用方便性差、用车成本高等问题。

充电桩、充电站等基础设施不足成为制约新能源汽车发展的瓶颈。充电站的建设存在土地规划、供应等问题。充电与换电模式一直存在争议（梁锋涛，2015）。由于充电标准的模糊和部分空白，一个规模达千亿级的电动汽车充电桩市场一直在高速发展和无序运营之间撕扯。充电新国标虽然已经出台，但并没有明确相应的执行与监管机制——这意味着混乱还会持续一段时间（刘俊晶，2016）。

私人消费者购买积极性不高。截至 2013 年 3 月，我国节能与新能源汽车试点初期提出的公共服务领域 5 万辆、私人领域 10 万辆的推广目标没有完成，公共服务领域完成推广目标的近 60%，私人领域推广数量不足推广目标的 10%，差距很大（中国汽车技术研究中心等，2013：88）。面对动辄 30 万元的电动汽车，12 万元的补贴对消费者而言并不具有太大的吸引力。[①]从近年来电动汽车私人购买动机的调查看，一次性购置成本、安全性、充电设施、续航里程性能等指标均高于环保因素。全社会新能源汽车的消费观念与使用习惯需大力培养。

此外，存在地方保护主义倾向。一些地方政府对新能源汽车设置了多种准入限制，在政府采购中均把本地产的新能源汽车列为采购重点（钟天骐，2015）。更为严重的是，有车企被质疑恶意骗取政府补贴（马肃平，2016）。

2）燃油汽车交通体制的主导地位依然稳固

尽管近年来我国新能源汽车产销实现大幅度增长，燃油汽车交通的主导地位依然非常稳固。表现如下。

国内燃油汽车市场依然保持平稳增长态势。2014 年国内汽车产销量再次刷新全球历史记录，连续六年蝉联全球第一，国内汽车产量占全球比重达到 26.4%。全年汽车产量达到 2372.29 万辆，同比增长 7.3%；销量达到

---

① 2013 年电动汽车才刚刚起步，当时很多消费者还没有听说过电动汽车，18 万元已经能够买到一台性价比不错的燃油汽车。

2349.19 万辆，同比增长 6.9%。其中新能源汽车，全年共生产 78 499 辆，销售 74 763 辆，分别占国内汽车产量和销售量的 0.33%和 0.32%（国务院发展研究中心产业经济研究部等，2015：29-30，40）。

此外，当前的汽车交通制度还是以传统燃油汽车为中心。很多政府交通主管部门包括车企没有从引领汽车交通系统的全面低碳转型角度来理解新能源汽车，从而与联程共享、智慧交通等模式结合起来推动转型。

总体而言，当前低碳交通转型的驱动力主要来源于中央政府的强烈刺激。由于运营商、服务商、消费者特别是私人消费者的参与度不够，新能源汽车小生境内部不同行动者之间还没有形成相对稳态的网络结构。新能源汽车小生境还不能动摇燃油汽车交通体制的主导地位，高碳交通的"锁定"仍未被打破，低碳交通转型还处于初级阶段，未来仍有很大的不确定性。

3. 汽车交通低碳转型政策的认识论调整

在汽车交通中，除了作为交通工具的汽车之外，还包括道路基础设施、燃油基础设施、交通规则、汽车产业链、消费需求市场以及汽车文化等因素。它们之间相互作用，形成了复杂动态的汽车交通社会技术体制。汽车交通的低碳转型不仅仅是汽车动力技术从内燃机向电动机的转变，而是整个体制的转型，即小生境层面"低碳"化的电动汽车社会技术体制得到充分发展，进而打破燃油汽车社会技术体制的高碳"锁定"，最终实现替代的长期过程。这一转型过程是科学、技术、市场、政策、消费习惯、基础设施以及汽车文化等多维要素相互作用、共同演化的结果。因此，需要相关行动者特别是政策制定者，改变其原有相对线性和刚性的认识论基础以及相应的政策手段，而采用系统协同演化的认识论立场和转型策略。

政府自上而下的政策刺激了我国新能源汽车的快速起步和 2014 年以来的爆发式增长，但也带来了产业过度依赖政府的风险。为此需要吸引更多的供应商、服务商、风投、私人消费者等行动者加入到新能源汽车小生境的网络化构建（network building）中，并通过完善退坡机制（phase off）

减少产业对政府的依存度。

同时，政策着力于技术、市场、消费者行为、基础设施、空间布局、文化意义等多个要素及其协同，而不仅仅局限在提升技术和产品性能的措施方面。

此外，要处理好景观、小生境和主导社会技术体制之间的相互关系。在当前宏观层面的景观有利于低碳转型的局面下，一方面，继续对燃油汽车主导的交通体制施加压力，如通过碳税、排放权交易等经济手段以及环境立法等法律手段，打破"高碳"锁定。另一方面，继续培育新能源汽车交通小生境，使之发展壮大。就具体政策而言，一是融入（add-in）信息通信和互联网技术，形成智能化的低碳交通小生境。二是在有效实施退坡机制的同时，引入社会资本，探讨电动汽车共享、分时租赁、多式联运等模式，形成多元化的商业模式。三是培育消费者的低碳出行需求。通过不断学习，培养消费者对新能源汽车的使用习惯，引导社会主流的汽车文化观念，增加社会对新能源汽车的信任度。四是针对政策零碎的现状，建立健全的电动汽车产业和交通管理体系，如统筹规划充电等设施建设，建立动力电池回收利用产业链等。

四、结　论

采用社会技术体制的认识论适合于考察低碳转型过程。低碳转型是一场深刻的社会技术体制转型，涉及技术、行业、市场、消费者行为、政策、基础设施、空间布局、文化意义等多个要素间的协同进化，技术因素只是体制转型的一个方面。同时低碳转型是一个长周期、宏观尺度、多个要素协同演化、复杂的过程，转型路径也是不确定的。

针对上述特点，需要一种全新的、有别于线性因果关系的认识论作为低碳转型政策制定的理论基础。社会技术体制及多层视角分析框架，通过描述低碳小生境、主导的高碳社会技术体制、景观三个层面的相互作用，能够揭示出主导"高碳"体制是如何"锁定"、抗拒变化的，以及在颠覆式低碳创新小生境和景观的压力下"锁定"是如何打开的,从而为我们试图在一个复杂、混沌的图景中,判断转型是否发生,以及如何促进低碳转型提供了一个有益的启发式分析框架。中国汽车交通低碳转型案例也充分说明了这些。

转型是一场深刻的体制转型,并不能单靠政府推动就能实现,需要社会多方力量包括小生境、景观层面甚至主导社会技术体制内部行动者的共同参加,自上而下与自下而上相结合地持续推进。同时,我们也要承认,由于主导高碳社会技术体制的"锁定"效应,低碳转型并不能自发形成和实现。体制的转型需要一个强有力的推动者。中国新能源汽车的快速发展表明,中国政府作为强有力的推动者在低碳创新与转型中具有重要作用,这与西方情境存在很大的区别。这也说明,进行地方性研究,注重对情境的关注,描述具体制度环境中行动者的观念、策略、行动及其相互之间的博弈,成为低碳转型进一步研究的重点。

需要注意的是,多层视角分析框架只是一个启发式分析框架,其自身并不能对未来的转型路径给出明确的、"准确"的答案。此外,MLP 的理论基础还存在很多其他争议。比如,一些学者批评 MLP 有结构主义的倾向,对于能动性和嵌入在其中的知识-权利关系的分析不够(Tyfield,2014a)。MLP 过于强调小生境自下而上的模式,是否存在一个层级化系统而不是一个扁平化系统也值得商榷。还有一些学者认为 MLP 中景观并不是一个什么都装的大箩筐,并不是外在于主导社会技术体制和小生境的情境。此外景观对主导社会技术体制不仅仅有施压作用,也有使其稳定化的作用。这些在 MLP 分析框架中并没有充分反映出来。如何更好地研究和描述复杂、开放、不确定的"社会技术体制"转型的动力机制,仍然是学界研究和争论的热点。

第十一章 转型实践中的知识与权力:中国汽车交通低碳转型*

　　中国正面临着向低碳、韧性地应对气候变化的"后碳"(post-carbon)社会转型的挑战(Urry, 2011)。这需要对中国低碳转型过程的内在特性,如转型过程的复杂性、系统性、多维度,转型需求的迫切性,以及结果的不确定性等方面有更好的理解。本章将以中国城市交通转型为例,探讨中国的交通体系如何转型为生态可持续的、有韧性的交通模式。

一、作为权力关系转换的低碳转型

　　低碳创新会带来一场深刻的系统转型,表现为社会技术配置(assemblage)的系统属性及其"锁定"特征(Unruh, 2002),以及旧的社会技术配置向新的社会技术配置转型的系统特征(Geels and Kemp, 2012)。例如,亚瑟(Arthur, 2009)描述了人们所熟悉的技术人工物如何在消费者和生产者层面被塑造的过程。这一过程是渐进和不可预知的,

---

* 本章主要内容基于作者与 David Tyfield、Dennis Zuev、John Urry 合作的会议论文: Tyfield D, Zuev D, Li P, et al. Low Carbon E-Mobility Transition in China: Stasis and Dynamism. 2015 IST Conference, Brighton, August 2015.

其中大量短暂变化、不可预知、多样性的要素相互联盟，进而形成动态的、有韧性的社会技术配置。

目前学界的研究不足以充分表述权力在构建、形塑以及驱动这一转型中的核心作用（Tyfield et al.，2015）。把转型中的政治性作为研究重点，更广泛地关注转型的权力关系以及权力关系的重新构建的过程（Foucault，2009；Dean，2010），这在变革与重建社会实践关系中表现得尤为明显（Reckwitz，2002；McMeekin and Southerton，2012；Shove et al.，2012）。我们需要研究如何赋权（empowering）而不只是保护（shielding）和培育（nurturing）小生境创新（Smith and Raven，2012）。这些具体的小生境是重要的研究情境，由于其中的权力关系得到积极改造，因而具有更为广泛的社会意义。只有当一部分行动者、体制和人工物被激活并形成了新的联盟，而其他组织团体失去了能动性时，低碳创新才可被理解为驱动了社会技术体制层面的广泛转型。

若将低碳转型视为一种权力转型，便亟须研究低碳创新在多区域、多形式、多尺度（从局部到区域到全国乃至全球）下的权力关系变化。其中，尤其要关注新的消费者和用户的群体身份以及社会分层，以及伴随着这种创新出现的合作形式的改变，这种改变并不只是正式和非正式的国家政策制定结构的变化。

为弥补转型中政治性分析的不足，已有研究将特定区域政治经济文化语境与权力联系起来去分析路径"锁定"问题。但是目前这部分研究较多集中于研究者所在的发达国家。鉴于低碳转型具有全球性，且各国社会经济与政治背景差异较大，上述研究存在一定的局限性。

低碳转型的全球性以及政治经济体制的差异性，决定了中国低碳转型研究的必要性。田大卫（Tyfield，2014a）认为，中国案例研究的重要理论意义在于认识到对中国社会权力关系分析的重要性。运用西方主导范式理解全球技术经济以及社会变化时，会因为缺乏政治和权力视角而面临困境。运用外在的、所谓"稳定"的国家、区域甚至全球的政治经济景观进行启发式分析无意义。因为上述政治经济景观自身也在不断进行深刻变化。只有认识到中国实现低碳创新这一抱负与其背后的权力关系之间的关联性，才能得以理解中国对低碳创新和转型的持续塑造。

中国的低碳创新过程，显然无法从有限理性的经济学角度获得理解。相反，最重要和最引人注目的，是其日复一日的、被看作理所当然的、务实的处理方式。简言之，政治性并非仅仅作为创新"情境"而进入分析视野，而是作为组成性要素，贯穿于低碳创新和转型的全过程。

中国低碳创新的政治学维度从"生产者"和"消费者"两个视角展开。一方面从"生产者"视角来看，创新和技术被政府理解为实现持久经济活力和竞争力这两项顶层政策目标的关键路径。低碳创新的政治性表现出在全球政治经济变革语境下的技术民族主义（techno-nationalism）特点。这包括了一系列研究主题，如"创业型国家"（entrepreneurial state）（Mazzucato，2013）。另一方面从"消费者"视角来看，中国社会在融入全球化以及全球性的社会技术创新过程中也变革了自身。新兴阶层话语出现与关于知识、不确定性和风险的政治学研究结合了起来（Han and Shim，2010；Curran，2013；Beck，2013；Tyfield，2014b）。例如，特定低碳创新的前景取决于如何"消费"这些创新。创新与消费者的实践和身份认同，以及消费者使用和构建技术的文化政治性呈现出一种动态交互的关系（MacKenzie and Wajcman，1999）。这些是形成新的分层和社会身份的关键。具体而言，当代中国城市中新兴中产阶级人群越来越多地出现，他们明显地从关心经济增长转向更关心生活质量。

因此，对正在进行中的中国低碳创新开展研究，必须聚焦于实时变化、共同生成的权力和创新之间的相互关系，即低碳创新和知识权力关系如何相互产生。从这一角度出发，我们会看到一个截然不同的关于中国低碳创新未来可能性的动态全景图。

二、中国汽车交通低碳转型的意义

自 1978 年起，中国化石燃料驱动的城市交通的发展迅速，这是中国社会巨大变化的一个显著特征。改革开放以来，中国已从以步行、自行车和马车为主的慢行交通系统，转变为以燃油汽车为主的快速交通模式。这种快速交通模式包括汽车、卡车、高铁以及相对缓慢的油轮和集装箱船（French and Chambers，2010）。尽管中国已经发展成为世界第二大经济体，但中国交通的整体机动化率仍然低于"金砖四国"等主要发展中国家，和美国、日本、欧盟等发达国家（组织）相比差距更大。达到发达国家交通体系的汽车化水平是中国所期望的（OICA，2016）。

中国社会的交通转型是世界上最快的转型过程之一（Urry，2013）。中国正以超乎寻常的速度建设一个以内燃机车、钢铁、石油为基础的汽车交通体系（Dennis and Urry，2009）。中国民用汽车数量从 2004 年的 2694 万辆增加到 2010 年的 7802 万辆，车辆总数从 10 479 万辆上升到 19 107 万辆（国家统计局，2005，2011），并预计将持续增长在 7%到 8%之间（Sperling and Gordon，2009：209）。此外，私家车的数量以每年 22%的速度增长。中国已经成为全球汽车企业的主要市场。中国有惊人的 111 个汽车品牌和 647 个车型，品牌的多样性和汽车产量甚至超过了美国（Schuman et al.，2014）。

当前，全球汽车尾气排放大约占温室气体（GHGs）排放的 1/4。实现交通的低碳转型可以降低汽车尾气的排放量，从而减弱全球气候变化所带来的挑战（Schwanen et al.，2011）。随着汽车保有量的不断增长，中国汽车尾气的排放量也在不断增加，这对北半球"汽车高峰"（peak car）假说提出了挑战（Lyons and Goodwin，2014）。[1]同时也表明，中国在全球交通低碳转型中处于非常重要的地位。此外，日益严重的空气污染是中国城

---

① "汽车高峰"假说，也被称为 peak car use 或 peak travel。该假说认为，汽车在发达国家的使用量包括私人汽车人均行驶里程数，由于交通堵塞所导致的时间成本，在达到某一高峰后会开始下降。这一假说在全球北半球国家得到了验证。

市人口所面临的重要环境问题。这一问题随着交通量的持续增长而显著恶化。在城市交通高峰时段，持续的交通拥堵使空气污染问题更加严重，而这种情况的改善得益于省市各种规定排放标准的法规完善（Gallagher，2006；Winebrake et al.，2008）。

面对上述紧迫形势，究竟是保持现有燃油汽车交通体系的稳固发展，还是像西方"汽车高峰"时代开始时那样，实现现有汽车化社会的低碳转型，让年轻人减持驾照和车辆？这对中国来说是一个巨大的挑战（Cohen，2012；Lyons and Goodwin，2014）。近十年来，外界一直希望中国可以超越内燃机（ICE）汽车主导的城市交通体制，实现一种更加清洁和高效的城市交通模式（Gallagher，2006；Rock et al.，2009；Altenburg et al.，2012）。但是，中国汽车交通的低碳转型面临着一系列顽固的、巨大的、系统的问题，亟待解决。除了汽车交通的低碳转型可以说是"最难办的"（Geels et al.，2012；Tyfield，2013）之外，中国还面临着原油的获取问题（Urry，2013）。

三、中国低碳交通规划的实施

中国未来的城市交通无疑需要重大的低碳创新，这一点为政府以及私营和国有企业所公认。对中国而言，低碳交通是一个提升其在关键经济领域的国际创新地位的千载难逢的机会。电动汽车是一个竞争非常激烈的行业，在专业技术、隐性知识、全球供应链管理能力、创新和品牌方面都有很高的进入门槛。因此，电动汽车在中国被给予越来越多的期望，期待它能够帮助中国实现在全球的创新领导力，以此来实现全球的经济增长和政府稳定（Zhao，2010）。鉴于中国汽车行业的现状——高度分散、地方保护、被国有企业与国外跨国公司联营的合资企业所主导，在中国的低碳交通转型蓝图中，电动汽车已经成为政策的优先选择。电动汽车甚至被视为"民族英雄"（Tillemann，2015：16），是中国通过"弯道超车"实现突破，成为全球汽车领头羊的途径。

汽车交通向电动汽车的转变会导致协调能力面临重大的挑战（Tyfield，2013），比如需要建造充电基础设施。与中国已经形成发展电动汽车的明显共识不同，很多有能力发展电动汽车的国家并不积极。比如，德国和日本选择与汽车公司合作，优先发展内燃机汽车。英国等一些国家的国内政治经济体制不倾向于发展大型产业项目。美国则兼而有之（Schamp，2014）。与之相反，中国的各级政府，从中央、省级到市级都制定了一系列政策，提供国家及地方支持，保障国企和民营企业研发和商业化电动汽车。2010年政府宣布电动汽车为下一个五年计划中的战略性新兴产业。政府宣布计划在 2015 年前生产 50 万辆电动汽车，在 2020 年前生产 500 万辆。为刺激消费，政府不仅对每辆电动汽车不征消费税，而且中央政府会提供 6 万元的补贴，一些地方政府再给予配套，如深圳市会提供 1∶1 的配套。此外，中央政府在 25 个试点城市推行交通电动化的试点。

然而，电动汽车作为低碳转型的代表，仍然存在很多与排放相关的问题。中国超过 70%的电是靠煤产生的，在一些区域尤其是华北及东北地区这个比例更高。由于大多数煤炭质量低、燃烧效率低，中国部分地区电动汽车所产生的碳甚至比传统内燃机汽车还多（iCET，2011）。环境影响评估和国际能源机构预测，到 2030 年中国 80%的发电来自煤炭；中国研究机构预测，2030 年燃煤发电所占比例将下降至 72%，但这一比例仍然很高（Huo et al.，2010）。

如上所述，尽管在中国发展电动汽车有很多有利条件，但电动汽车推广计划并不顺利。按照计划 2015 年前要生产 50 万辆电动汽车，但实际上到 2012 年底只售出不到 1.2 万辆，其中还包括各种混合动力汽车。尽管 2014 年销售显著增长，但总销售量仍然远远低于目标。政府只能将 2020年和 2025 年的目标调低。而且目前大部分电动车都是由政府所采购的城市出租车，由此可见在中国私人购买电动汽车仍是一个巨大的挑战。由于电动汽车的非营利性，一些承担政府新能源汽车发展任务的企业并不积极（Wang，2013）。同时，很多城市忽略了建设充电站和充电桩的目标。2012

年所有参与新能源汽车推广的城市在充电基础设施建设方面也没有达到规划建设的目标，且进展甚微。

究其原因，部分缘于政府大量鼓励电动汽车的政策并没有完全纳入到国家产业政策框架之中（Nolan，2004）。这反映出各级政府部门的利益导向不同。2011 年 7 月时任总理温家宝在《求是》杂志上发表文章，指出新能源汽车的发展方向和目标尚不明晰，需要尽快明确（温家宝，2011）。中央政府为了摆脱地方保护主义的影响，在 2014 年 7 月下发的《关于加快新能源汽车推广应用的指导意见》中要求形成一个全国统一的电动汽车鼓励政策。

此时这些困难并不意味着未来中国电动汽车的发展前景不好，发展停滞的根源需要在政策之外寻找。下面将从创新转型的权力-知识关系视角，讨论中国电动汽车创新内在的停滞与发展，及其对行业前景的影响。

四、转型中权力关系动态性的停滞

中国汽车交通向电动汽车转型的政治过程十分复杂，涉及社会技术体制的多种要素，如内燃机车、电动汽车、电子通信技术、能源结构、有关基础设施建设的工业和创新政策、环境政治等，以及迅速变化的社会权力关系，这涉及消费主义、社会阶层分化等问题。为分析社会技术体制与权力之间的动态性关系，本章分别从生产者和消费者两个视角展开论述。通过分析生产者和消费者之间是如何构建"当下的"权力关系的，以及它们之间的相互影响，来呈现出低碳转型中权力关系存在的巨大张力，特别是权力关系明显的动态变化。

从电动汽车的生产者视角来看，景观层面面临着多重挑战。体现在国家层面上中国深度参与全球化与技术民族主义之间的张力（Zhao，2010）。这一张力在三个维度上相互重叠。第一个维度是国有车企强势的地区和民营车企主导的地区之间的差别。第二个维度是地方的产业政策能够在多大程度上给予国有企业或民营企业特权，进而对全球经济开放。第三个维度是"低碳"产业与其他产业特别是电子信息产业所代表的"数字资本"等地方性权力之间的较量。在上述每一个维度的区分中，上海可以看作是前者的代表，而深圳是后者的代表。虽然这两个典型城市并未展现出中国电动汽车发展的全貌，但也反映了一些关键问题：尽管政府大力提倡电动汽车，但强大的国有企业集团主导的燃油汽车工业，使得国家优先发展电动汽车在很大程度上不是一个抽象概念，而是实质性的电动汽车和内燃机车之间的竞争（Cohen，2010）。

此外，一方面中央政府支持研发电动汽车，另一方面要保持中国汽车行业联盟的自主性，两者之间的权衡展现了电动汽车政策背后的地域政治多样性。政府通过战略性新兴产业政策来保护电动汽车创新的小生境市场，若不去挑战那些缺乏竞争力的、依靠扶持的汽车产业背后已锁定的权力结构，政府就很难通过持续的高技术电动汽车转型来解决汽车工业一直被外资企业控制的问题。

从消费者视角来看，汽车的社会技术系统正在中国飞速建设，汽车已经成为中国人最主要的消费愿望（Biggs，2005）。越来越多的中国人买得起汽车。然而，这不是一个简单的消费选择的问题。中国消费者表现为"没有个人主义的个人化"（individualization without individualism）（Yan，2010），体现为在经济领域不断增长的自主性。消费主义具有重要的社会和政治意义。现代中国人通过自己或家庭的消费活动，展示个体自由，体验个人身份感，并用物质上的成功展示自己相应的社会地位。（Yu，2014；Anagnost，2004）

对经济上的成功和自由的看重，导致了一种对财富形式没有限制的、明显的追捧（Zavoretti，2016）。一些消费者对拥有先进强力发动机、内饰舒适的大型车有着较为强烈的偏好。传统燃油汽车成为形成社会认同感的一个关键要素（Zhou and Qin，2010）。这也是政府制定政策抑制燃油汽车和支持电动汽车时需要考虑的因素。

综上所述，电动汽车大规模迅速应用的前景并没有对消费者表现出极大的吸引力。消费者对便捷流动性的持续渴望与低碳化电动交通创新有所分离。社会技术化的电动汽车转型需要这两方面的共同演进和融合。

五、转型中权力关系动态性的发展

从电动汽车的生产者视角来看，尽管国有经济和国有企业处于主导地位，但是政府的产业治理形式呈现出相当大程度的发展动态性。政府越来越多地通过诸如社交媒体这样的正规或非正规渠道来与广大的利益相关者进行沟通。这种治理方式上的转变对于新兴领域的发展特别有意义。比如深圳电动汽车的发展由政府领导小组直接管理，该领导小组由政府部门的人员组成，他们与高科技公司联系紧密。

在中国电动汽车的发展图景中，还有一个更加重要的因素，即数字创新。在社交媒体 Web2.0 时代出现了许多新的"数字化"参与者，如被并称为 BAT 的百度、阿里巴巴和腾讯。中国现在的网民数量比世界上任何国家都要多，而且移动网络更加普及。2012 年中国大约有 6 亿网民，比排名第 2 到第 4 位美国、印度和日本的网民总和还要多。当传统高碳产业正在逐渐转变产能以适应中央政府发展电动汽车的要求时，"数字化"参与者也同时在开拓智能电动汽车发展的机遇。2014 年 BAT 三家先后与出租车行业合作，其中包括中国本土的快的打车和滴滴打车，以及外来品牌优步打车。2015 年腾讯宣布与富士康、和谐汽车合作，谋求进军电动汽车产业。在与其他品牌竞争的刺激下，许多数字资本宣布了他们进军智能电动汽车的计划：阿里巴巴与上汽集团合作，百度则选择独自生产智能无人驾驶汽车。

电动汽车相比传统汽车更加具备数字商品的特点。智能汽车对"汽车"概念的重新塑造对传统汽车行业构成了巨大的挑战。从数字产业与实体经济合作的意愿来看，中国数字供应商巨头已经具备了足够的资本投资所需求的新技术。当互联网公司宣布进入汽车行业后，人们关心仅仅是互联网公司展示进取心以及关切环境问题的公关行为，还是能真正产生实效。

　　与此同时，特斯拉加速推动了中国私人电动汽车的发展。尽管特斯拉被看作是一种引人注目、较为奢侈的汽车，但是毫无疑问特斯拉已经在中国站稳了脚跟。从对出租车司机的深度访谈中可知，"特斯拉"代表着电动汽车的重要发展方向。随着特斯拉全球销量的增长，其超级工厂的建设将大幅降低电池生产成本。尽管一些传统汽车供应商怀疑特斯拉在中国的前景，但是特斯拉并没有放弃在中国发展的打算。2014 年，特斯拉与中国联通签署了合作协议，促进充电基础设施在中国的建设（Tyfield，2014c）。可以看出，特斯拉正在逐步接受中国政府对于外来企业的传统规则，即"接受我们的规则你才会有利可图"。

　　总之，尽管主导电动汽车生产的政治性处于停滞状态，对于权力关系无处不在的挑战以及特斯拉等外来实验者不断取得的成功，还是共同展现出了一幅汽车交通社会技术体制潜在的不稳定和动态的转型图景。

　　从消费者视角来看，交通消费中的政治性呈现出动态性和快速变化特点。中产阶级身份与这一问题紧密相连，并受到各种张力的影响。具体而言，中国的中产阶级在汽车交通方面面临着两个关键问题：空气污染和日常交通堵塞。这是美国中产阶级在 20 世纪中期美国文化、美国梦以及美国霸权形成时并没有经历过的（Paterson，2007）。这两个问题中国对中产阶级的身份及其提高生活质量的"小康"生活提出了严重挑战。桑多（Sandow，2011）在瑞典的研究表明，每天通勤时间过长的人们往往会比较不幸福且失去家庭凝聚力。在此背景下，城市交通的替代方案有很多种，如采用慢行模式、用数字化虚拟交互替代实地旅行等。选择何种可替代的路径，来自社会交往所引发的交通需求。根据国际商业机器公司（IBM）在 2011 年关于北京和深圳居民的调查，公共交通已经可以在一定程度上承受城市交通的压力，同时更加低碳、快捷和免除拥挤（Crowther and Thomas，2006）。此外，在中国还有一个可选择的个性化交通出行方式——电动自行车交通，在城市普通人群和中产阶级中非常普及。电动自行车交通因与汽车交通在路权上存在竞争关系，而受到政府的监管。在专注于城市形象的一线城市，被看作是发展中国家标志的电动自行车在城市中心区域受到严格限制。

　　中国社会的代际变化也支撑了汽车交通消费的动态变化。1990 年之后出生的一代人深受社交媒体影响，尤其是其中那些年轻且生活在城市中、接受较好教育的群体。市场调研显示，3/4 的网民从互联网中获取关于汽车的新闻（Crowther and Thomas，2006）。这是关注新科技与变革的一代人（Keith et al.，2014）。他们愿意接受数字科技带来的实验性成果，也能够意识到全世界各地正在发生的改变。这被认为是一种正在兴起的后物质主义（post-materialistic）（Inglehart，1997）。在中国出现的新一代群体，已经是电动汽车潜在的使用者。他们目前也许还没有能力去购买相对昂贵的电动汽车，但愿意使用电动汽车进行一些短途的旅行。这也许会使他们看起来更加时尚（Wang，2008）。尽管目前数字科技与电动汽车的结合仍然不够成熟，但是未来这一代人已经展现出更多可能性，随着其年龄的增长，他们将成为电动汽车的使用者与创新者，并在很大程度上对于传统汽车向电动汽车转变起到促进作用。

　　简言之，交通政策内在地包含着新兴社会群体所引发的政治张力。中国交通的政治特性体现出一种通过消费个人自由而建构产生的一种权利关系（Rajan，2006；Foucault，2010）。这是社会技术交通体制的合法性的基础。电动交通转型过程中承受着上述体制合法性与满足全球领先、清洁高效的交通创新需求之间的张力。

六、结论

　　低碳交通政策内在地包含着新兴社会群体所引发的政治张力。本章以电动汽车行业发展为例，展示了中国低碳转型的部分复杂图景——汽车交通社会技术体制与权力关系之间存在动态性的停滞和发展两种情况。一方面尽管人们普遍认为，政府可以通过发布命令来改变事情发展的进程，但事实并非如此简单，电动汽车的销售目标不甚理想。另一方面虽然当时在新兴城市里推广电动汽车的计划陷入了停滞，但电动汽车正被各个城市以不同程度所接受。中国的低碳转型正在进行，甚至可能会产生飞跃。

至于低碳交通转型何时才被视为已经完成，目前仍不确定。中国电动交通转型还面临很多社会政治挑战。比如，是发展电动汽车，并使之与自行车交通、步行、拼车以及现代公共交通等相联系；还是打造一个汽车占交通主导地位的、全球领先的电动汽车产业，并且与地产开发和城市基础设施建设相关的交通体系，这是两种不同的愿景。交通转型与不断增长的新兴社会群体需求息息相关，成为其重要的属性甚至权利。当前的制度环境如何适应社会群体不断增长的对"宜居城市主义"的呼声，仍然是一个关键问题。

中国交通转型的另一项重要议题是由中国城市中心的多样性及其差异性所带来的。中国大城市不相同于老式的欧洲城市。欧洲城市相对较小，通常可以以步行或骑自行车的方式被愉快地"消费"。但是在中国，快速发展的城市或摩天大楼与进步和发展相关联。大城市中大量的旧建筑被拆除，新建筑围绕汽车交通所需而被设计建造。与之相比，中国内陆的小城市没有沿海城市足够的资源以促进可持续交通的发展。中国的电动汽车生产者和消费者仍然在探索着如何从这场大规模的减碳运动，以及从中央政府提出的通过低碳创新实现"跨越"的目标中获益。中国强烈诉求的不是去汽车化的政策，而是如何将电动汽车作为舒适的都市新生活方式的一部分。

第十二章 城市能源低碳转型中的政治：
深圳新能源汽车发展*

　　城市越来越被认为是应对气候变化和可持续发展挑战的关键领域（Coutard and Rutherford，2010）。低碳话语在城市政治中变得越来越重要（Bulkeley and Betsill，2005；Jonas et al.，2011）。尤其是城市能源低碳转型，它回应了当前能源系统脱碳这一全球迫切的需求。

　　城市能源治理代表了"城市行为者参与能源系统、流量和基础设施以满足特定集体目标和需求的多种方式"（Rutherford and Jaglin，2015：174）。多级政府正在牵头制定政策、建立伙伴关系和执行行动。然而，从各种背景下的城市实验中获得的经验表明，低碳转型并不遵循明确的路线图，也不是一个可以简单规划、管理和控制的过程。相反，城市能源低碳转型是一个混乱和不确定的"现实"，涉及不同的利益、相互竞争的愿景和复杂的权力关系（Meadowcroft，2009；Jaglin，2014；Rutherford and Coutard，2014；Huang et al.，2018）。这不可避免的是一个重新分配利益和成本、

---

* 本章主要内容基于作者与黄平合作发表的论文：Huang P, Li P. Politics of urban energy transitions: new energy vehicle（NEV）development in Shenzhen, China. Environmental Politics, 2019,（3）: 1-22.

重组现有权力关系和重新配置制度的过程。

近年来，人们对低碳能源转型政治的兴趣与日俱增（Bulkeley and Betsill，2013；Geels，2014；Hess，2014；Avelino et al.，2016；Partzsch，2017）。一些学者试图借用制度理论勾勒转型政治的轮廓（Avelino and Wittmayer，2016；Lockwood et al.，2017），而其他学者则更关注城市物质性转变所涉及的政治过程（Rutherford，2014；Gailing and Moss，2016；McEwan，2017；Wodrig，2018）。地方政治话语的动态性可以极大地塑造转型轨迹（McFarlane and Rutherford，2008；Späth and Rohracher，2010；Hodson and Marvin，2012；Moss，2014），这一事实要求我们更全面地理解城市能源低碳转型中的政治。然而，在可持续转型的主流社会技术分析中，参与者之间的动态政治和权力关系往往被低估（Meadowcroft，2011；Lockwood et al.，2017），"寻求共识和一致性的永恒追求"受到青睐（Coutard and Rutherford，2010：724）。

在能源转型和治理领域，转型行动者的能动性通常被认为受到了压制。除了有关城市能源低碳转型中的政治的新兴文献（Hodson and Marvin，2010；Truffer and Coenen，2012；Jaglin，2014）外，我们还利用深圳实施新能源汽车（NEV）的案例，对城市能源低碳转型背后的政治动态进行了实证说明。实证分析建立在一个新的分析工具——城市能源低碳多维转型框架之上（Huang and Castán Broto，2018），重点关注能源低碳转型的政治维度。本章研究表明，不同的转型行动者在塑造城市能源低碳转型方面表现出重要作用，这体现在不断变化的话语动态性以及不同的转型利益和愿景的对抗上。通过深圳案例，我们为城市能源低碳转型中的政治提供了一个值得详细分析的示范性例证。我们呼吁对转型治理采取更具适应性和自反性的方法。

本章将提出城市能源低碳转型多维框架，特别关注其在理解城市能源低碳转型中的政治方面的效用。通过对深圳新能源汽车发展中的政治进行系统分析，文章探讨了城市能源低碳转型中的政治的三个方面，并对实证结果进行了深入讨论。

一、城市能源低碳转型多维框架

特定技术的变化是动态、清晰和可转移的，是否有一种方法可以将这种变化与社会技术体制的复杂性分析结合起来？例如可再生能源技术和节能技术目前在技术和经济上显然是可行的，但它们的扩展取决于将技术嵌入空间配置的过程。此外，技术转型还取决于决定转型轨迹方向的行业利益与城市优先事项之间冲突或一致的程度。

本章采用了黄平和布罗托（Huang and Castán Broto，2018）的城市能源低碳转型多维框架。该框架是系统检查城市能源低碳转型多维性质的工具，抽象出城市能源低碳转型的三个维度：社会技术实验、城市的政治进程、社会空间（再）配置（图12.1）。

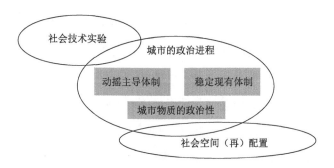

图 12.1　城市能源低碳转型多维框架[改编自 Huang and Castán Broto（2018）]

社会技术实验是指将创新有目的地引入城市空间的尝试。城市实验旨在引发各种城市的政治进程并且涉及广泛参与者的根本变革。当社会空间围绕新技术进行转变和重新配置时，转型体现出明显的城市物质政治性。城市能源低碳转型多维框架的社会技术实验维度是建立在创新研究理论（如技术创新系统）基础上的，强调有目的的创新过程。框架中的城市政治进程和社会空间（再）配置的维度，是基于前述的将政治和空间概念纳入转型研究的必要性。

城市能源低碳转型多维框架的三个维度是包含多个子过程的同步变化过程。在这里，我们关注转型框架的第二个维度——城市的政治进程。它涉及三个子过程：动摇主导体制、稳定现有体制和城市物质的政治性（图12.1）。这些进程值得更多关注，因为当地关于能源的政治话语动态可以极大地改变转型轨迹的方向（McFarlane and Rutherford，2008；Späth and Rohracher，2010；Hodson and Marvin，2012；Castán Broto and Bulkeley，2013；Moss，2014）。

第一个政治进程——动摇主导体制——描述了当主导体制受到新技术引入城市环境的挑战时，如何出现转型。大量关于城市实验的新兴文献充分证明了动摇主导体制的企图（Castán Broto and Bulkeley，2013；Evans et al.，2018）。多级政府拥有强大的能力，能够通过各种治理方法发起根本性变革（Rutherford and Jaglin，2015）。许多城市充分证明了地方政府在破坏主导体制稳定方面的作用（Li et al.，2016）。中介机构对于协调不同的未来愿景和竞争甚至冲突的优先事项至关重要（Guy，2011）。然而，在城市环境中引入新技术和创造小生境并不总是如预期的那样顺利。将政策转化为当地环境可能会遇到各种操作困难。例如，最近的一项研究表明，由于该技术与城市的社会空间环境之间缺乏一致性和兼容性，深圳太阳能热技术的属地化（territorialization）失败（Huang et al.，2018）。

第二个政治进程——稳定现有体制——解释了激进变革如何面临不可避免的争议，从而引发冲突和抵抗（Geels，2014）。例如，在斯德哥尔摩首次引入沼气运输时，由于沼气可用性有限，车主们没有政府那么热情（Vernay et al.，2013；Hjalmarsson，2015）。这些力量代表了城市社会维持和复制现有（高碳）能源体制的趋势，这与现有技术的"锁定"密切相关（Smith and Stirling，2007）。体制代表着权势，通常在权力和影响力阶梯上拥有更高的地位（Smith and Stirling，2007；Scrase and Smith，2009；Lockwood et al.，2017）。这表明，能源转型的成功可能取决于绿色愿景与当地资源和能力的结合。

最后，第三个政治过程——城市物质的政治性——解释了随着能源在城市基础设施网络中流动，城市物质基础是如何容纳转型政治的（Rutherford，2014；Rutherford and Coutard，2014；Gailing and Moss，2016；McEwan，2017）。城市的物质基础承担着巨大的政治承诺，并在激进的转型期间伴随着"日常"斗争（Rutherford，2014）。越来越多的转型研究文献显示了城市物质基础设施中的政治性（Castán Broto and Bulkeley，2013；Moss，2014；Gailing and Moss，2016）。这种政治性通常被视为与社会实践相互作用，在相互作用中产生了政治（Hoffman and Loeber，2016）。

下文将详细介绍如何在方法上运用城市能源低碳转型多维框架，以更好地了解深圳城市能源低碳转型的政治过程。

二、研究对象和方法

深圳是中国东南部的一个沿海城市。自 1980 年被指定为经济特区以来，深圳城市发展迅速。截至 2017 年，其城市建成区面积为 923.25 平方公里，人口为 1252 万（深圳市统计局，2019）。深圳是新能源汽车发展的先锋城市。[①]2009 年，深圳被指定为 13 个国家新能源汽车示范城市之一（张程，2017），其中大多数城市拥有强大的汽车产业基础。自那时以来，深圳采取了更加积极主动的方法来促进新能源汽车的推广，并成为最成功的示范城市之一。截至 2017 年，深圳的新能源汽车份额在 13 个国家新能源汽车示范城市中排名第二（中国汽车技术研究中心等，2018），深圳新能源汽车的总拥有量达到 156 726 辆，是世界上拥有电动公交车、电动出租车和电动物流车辆最多的城市（深圳商报，2018；深圳市交通运输委员会，2019）（表 12.1）。

[①]　新能源汽车包括插电式混合动力汽车、电池电动汽车和燃料电池汽车。

表 12.1　深圳新能源汽车推广情况统计（2011—2017 年）[①]

年份	新能源汽车保有量/辆	年增长率/%	新能源汽车占车辆总数的比例/%
2011	3 035	—	0.15
2012	3 961	30.51	0.18
2013	6 895	74.07	0.26
2014	10 919	58.36	0.35
2015	40 719	272.92	1.28
2016	80 828	98.50	2.51
2017	156 726	93.90	4.66

深圳新能源汽车的发展已经表现出城市能源低碳转型的一些显著特点。新能源汽车技术已融入城市物质性和地方经济。事实上，新能源汽车已经重新配置了深圳的交通系统，尤其是公共交通系统。2017 年，深圳成为世界上第一个公交 100%电气化的城市，共有 16 359 辆电动公交车在城市道路上行驶（容承，2017）。深圳还拥有世界上最大的电动出租车车队，共有 12 518 辆电动出租车，截至 2017 年底，占出租车总市场的 62.5%；深圳市政府计划到 2020 年建立全电动出租车系统。[②]为了支持新能源汽车的快速增长，深圳加快了充电基础设施的建设，截至 2017 年 7 月，共部署了 173 个充电站和 36 550 个充电桩。[③]新能源汽车产业在深圳经济中也发挥着越来越重要的作用。深圳是中国最大的新能源汽车制造商比亚迪股份有限公司（简称比亚迪）的诞生地，拥有以比亚迪、深圳市五洲龙汽车股份有限公司（简称五洲龙）等领先企业为基础的新能源汽车产业集群。2016 年，新能源汽车产业产值达到 1038 亿元人民币（约 155.7 亿美元）。自 2009 年以来，深圳新能源汽车行业的平均年增长率已超过 100%（南方日报，2017）。总的来说，深圳新能源汽车的发展代表了一个典型的能源转型，已经在转型社区中得到了认可（Li et al.，2016；Tyfield and Zuev，

---

① 资料来自深圳市交通运输委员会。
② 澎湃新闻·澎湃号·政务. 深圳成全球首个公交全电动化大城市，出租车也将全面纯电动化. https://www.thepaper.cn/newsDetail_forward_1925041[2017-12-28].
③ 资料来自深圳市交通运输委员会。

2016；Huang and Castán Broto，2018）。新能源汽车在深圳的推广取得了令人瞩目的成就，成为调查城市能源低碳转型背后政治性的理想案例。

本章试图运用城市能源低碳转型多维框架，展示在深圳这一给定城市空间情境中进行新能源汽车实验的努力是如何触发城市能源低碳转型进程，进而动摇或稳定主导体制，并最终重新配置城市物质性的。

为了更好地了解转型进程中的共识和争议领域，我们在 2013—2015 年进行了两轮访谈。我们选择这一时间段是因为它能够更深入、更详细地观察 2009 年以来深圳激进推广新能源汽车的政治基础，尤其是在公共交通方面。我们采访了参与能源转型过程的所有行动者群体，包括政府官员、研究人员、新能源汽车制造商、服务提供商以及企业和个人用户。我们通过 11 次半结构化个体访谈和 4 次集体访谈，共采访了 30 名参与者（表 12.2）。

表 12.2　访谈信息

序号	行动者类型	受访者所在组织机构	访谈时间
		个体访谈	
1	研究人员	清华大学深圳研究生院	2013 年 11 月 2 日
2	研究人员	清华大学深圳研究生院	2013 年 11 月 2 日
3	研究人员	清华大学深圳研究生院	2013 年 11 月 2 日
4	政府官员	深圳市发改委	2013 年 11 月 7 日/2013 年 12 月 26 日
5	企业用户	深圳鹏程电动汽车出租有限公司	2013 年 11 月 19 日
6	服务提供商	深圳市力能加电站有限公司（简称力能公司）	2013 年 11 月 19 日
7	新能源汽车制造商	五洲龙	2013 年 11 月 27 日
8	新能源汽车制造商	比亚迪	2013 年 12 月 3 日
9	新能源汽车制造商	比亚迪	2013 年 12 月 3 日
10	新能源汽车制造商	比亚迪	2013 年 12 月 3 日
11	企业用户	深圳巴士集团股份有限公司（简称深圳巴士集团）	2013 年 12 月 10 日
		集体访谈	
1（5 人）	出租车司机	深圳鹏程电动汽车出租有限公司	2015 年 3 月 8 日

序号	行动者类型	受访者所在组织机构	访谈时间
2（5人）	出租车司机	深圳鹏程电动汽车出租有限公司	2015 年 3 月 10 日
3（6人）	出租车司机	深圳鹏程电动汽车出租有限公司	2015 年 3 月 14 日
4（3人）	私人燃油车主	—	2015 年 3 月 15 日

此外，调研中还补充了一些数据，包括多级政府发布的文件和公告，政府网站、主要公共媒体以及网络上发布的报告。这些数据通过提供访谈所提及事件的社会和政治背景信息，可以更好地将访谈数据情境化。

三、城市能源低碳转型中的政治的三个子过程

本章将在深圳案例中详细分析城市能源低碳转型中的政治进程的三个子过程——动摇主导体制、稳定现有体制和城市物质的政治性。文章首先介绍参与转型政治的主要行动者及其参与转型的关键能力和动机，然后解释他们之间的竞争如何通过政治进程的三个子过程影响深圳的新能源汽车推广。

深圳实施新能源汽车涉及三类转型行动者：政府、行业行动者和最终用户（表12.3），他们是转型进程中的主要利益攸关方。

表 12.3　深圳新能源汽车发展的主要转型行动者

行动者类型		行动者
政府	中央政府	科技部
		国家发改委
	地方政府	深圳市发改委
		深圳市交通运输委员会
		深圳市规划和国土资源委员会
行业行动者	新能源汽车制造商	比亚迪
	服务商	力能公司
		中国南方电网有限责任公司

续表

行动者类型	行动者	
最终用户	企业用户（公交运营商）	深圳巴士集团
		深圳鹏程电动集团有限公司
	个人用户	出租车司机
		乘客
		私家车主

多级政府拥有强大的激励机制和能力，通过监管和经济政策工具等方式塑造城市能源低碳转型。对于中央政府来说，新能源汽车产业可以确保能源安全，促进产业升级。在中国地方政府有强烈的政治动机遵循国家战略。特别是自上而下的示范政策在新能源技术的推广中发挥了关键作用，尤其是在城市层面（Zhao and Gallagher，2007；Lo，2014）。示范城市有义务完成中央政府制定的技术应用和推广目标。因此，对于深圳市政府来说，积极实施新能源汽车的一个触发因素是深圳被指定为国家新能源汽车示范城市。

除了政治动机外，还存在推广新能源汽车的环境和经济激励因素。深圳新能源汽车的推广不仅可以改善城市环境，还可以通过比亚迪等当地企业的发展促进城市经济的发展（Li et al.，2016）。然而，需要在市政府的不同部门之间达成共识。作为主要责任部门，深圳市发改委积极领导新能源汽车的推广。相比之下，深圳市交通运输委员会是负责城市公共交通管理的部门，最初对深圳大规模应用电动公交车和电动出租车持怀疑态度。主要关注的是管理成本的增加和公共交通运营商的潜在财务负担（受访者7，2013 年 11 月 27 日）。此外，为新能源汽车提供充电基础设施将极大地重新配置城市的物质性，这需要与深圳市规划和国土资源委员会等部门协调。

此外，私营部门拥有强大的转型能力，企业在强有力的经济激励下积极参与城市转型（Huang and Castán Broto，2018）。例如，比亚迪是深圳新能源汽车推广的主要参与者。比亚迪的崛起反过来又与多级政府提供的优惠政策和公共资源密不可分。深圳 90%以上的电动公交车由比亚迪制造。与新能源汽车制造商类似，新能源汽车服务提供商，如力能公司和中国南方电网有限责任公司，也将新能源汽车的推广视为一个有前途的商机，抓住机会培育市场小生境。

与政府和行业行动者相比，终端用户（公司和个人）的转型能力最弱，在转型过程中发挥着相对被动的作用。与政府和行业行动者不同，终端用户特别是个人的转型观点往往更加多元化，这归因于个性化的体验和偏好。

下文将展示具有不同利益和转型能力的各类行动者是如何共同推动深圳推广新能源汽车背后的发展的。

1. 动摇主导体制：多级治理在破坏内燃机体制稳定中的作用

早在 1991 年，国家科学技术委员会（SSTC）就开始开发新能源汽车。自那时以来，新能源汽车的开发与推广已在很多的国家政策中阐明，包括具体的实施目标。然而，目前尚不清楚这种顶层设计是如何缩小到区域规模并实现本地化的。2009 年，深圳被指定为国家新能源汽车示范城市后，市政府成立了"深圳市节能与新能源汽车示范推广领导小组"。市长任组长，市发改委为牵头部门，以形成领导层，并调整转型机构，以便迅速做出决策。2009 年 7 月，深圳市发改委发布了《深圳市节能与新能源汽车示范推广实施方案（2009—2012 年）》，其中突出了三个新能源汽车细分市场：国有公共服务车辆、公共交通和私人车辆。

由于新能源汽车相比燃油车更昂贵，行驶范围也有限，因此，新能源汽车的彻底推广，尤其是在公共交通中，对城市管理来说是一个巨大的挑战。为此各种推广措施纷纷出台。力能公司提出了一种新型的商业模式，即"融资租赁、车电分离、充维结合"模式，得到了市政府的支持。将电动公交的整车与动力电池的价值分离，深圳巴士集团为电动公交整车支付的费用与燃油车公交相同，力能公司支付剩余的费用，保留电池所有权并将电池租赁给深圳巴士集团，同时提供 8 年保修。深圳巴士集团将以往需支付的油费作为充电费付给力能公司，力能公司从电价和油价的差异中获利（受访者 6，2013 年 11 月 19 日）。因为这种商业模式可以在很大程度上减轻公交公司的财务负担，所以在深圳非常成功。

在许多激励措施中，多级政府将补贴视为有效的政策工具，这对于开辟新能源汽车私人市场尤为重要。2010 年 6 月，深圳当选为私人购买新能源汽车提供补贴的五个试点城市之一（Wu et al.，2016）。政府提供的一揽子补贴包括国家和地方补贴，补贴直接提供给新能源汽车企业，有利于这些企业的产品在市场上定价。政府补贴大幅降低了新能源汽车的购买价格，每辆车的最高折扣为 12 万元人民币（深圳特区报，2010）。例如，比亚迪生产的一种新型电动汽车的价格从 16.98 万元人民币降至 8.98 万元，几乎减半。因此，新能源汽车对消费者来说更便宜。然而，金融工具的使用并非没有问题。一个极具争议的问题是骗补非常普遍，不仅涉及小企业，也涉及一些大制造商。2016 年，中央政府启动了一项欺诈调查，其中包括五洲龙在内的 5 家新能源汽车企业因补贴欺诈被曝光并罚款（财政部新闻办公室，2016）。新能源汽车企业通过非法手段获得了 16.7 亿元人民币（约 2.5 亿美元）的补贴（胡泽君，2017）。骗补反映了城市能源低碳转型的复杂性：一些行业参与者可能会追求短期利益，同时牺牲行业的长期发展。

除了补贴之外，深圳市政府还通过车牌控制政策来限制燃油车。自 2015 年 1 月以来，每年发放的车辆牌照数量限制在 10 万个，其中 2 万个专门分配给新能源汽车（深圳市交通运输局，2019）。在这些政策的推动下，新能源汽车的增长率从 2014 年的 58.36% 飙升至 2015 年的 272.92%（表 12.1）。

总的来说，多重治理通过多级政府和其他城市行动者特别是行业行动者之间的协调，致力于培育市场小生境，并破坏现有燃油车体制的稳定。

2. 稳定现有体制：终端用户对新能源汽车的不接受

"新能源汽车的推广损害了许多当事方的利益。改变当前的利益分配比改变灵魂更难……"（受访者4，2013年11月7日）

新能源汽车直接挑战燃油车体制。在深圳，赋予"保护空间"的新能源汽车与现有的燃油车体制之间存在着激烈的冲突，特别是在公共交通部门，深圳市发改委更积极地推广新能源汽车，新能源汽车的数量也在迅速增加。事实上，一开始甚至在市政府内部也存在着不同的叙述。主要负责部门之一的交通运输委员会最初不愿意增加电动公交车的数量。一位受访者表示："他们（交委）倾向于抵制新兴事物。从管理的角度来看，它（新能源汽车）将原有的利益链打散了。此外，深圳市发改委自上而下的治理方式往往会招致深圳巴士集团的抵制。"（受访者7，2013年11月27日）代表燃油公交车运营的深圳巴士集团曾公开拒绝大规模使用电动公交车，声称电动公交车仍存在安全性、高维修和维护成本，以及连续行驶能力有限等未解决的问题。

另一个竞争领域是电动出租车的推广，以出租车司机和乘客等个体终端用户之间的不同叙述为代表。

尽管政府为出租车司机提供了大量的激励措施，但许多受访者仍然更喜欢驾驶燃油出租车，而不是电动出租车，理由是担心安全。出租车司机长期以来一直担心电动出租车具有放射性，对健康有害，所以一些人拒绝驾驶电动出租车。为了消除这些疑虑，市政府和新能源汽车企业组织了多次教育活动。比亚迪组织工厂参观，邀请出租车司机和媒体参观比亚迪实验室，现场测试电动出租车的辐射水平。比亚迪技术人员解释了测试结果，结果表明辐射水平甚至低于微波辐射水平（杜和平，2016）。市政府还在其网站上发表了一篇文章，报道了比亚迪工厂巡视期间的辐射测试结果，指出电动出租车高辐射系误传。然而，采访数据证实，一些出租车司机的担忧仍未完全消除。

此外，燃油出租车司机和电动出租车司机之间也出现了激烈的冲突。

据一位电动出租车司机描述："我们被认为是对他们（燃油出租车司机）的一大威胁。他们指责我们抢了他们的生意……"（集体访谈 1，2015 年 3 月 8 日）同样，另一位受访者描述如下："他们（燃油出租车司机）把我们视为敌人。为什么？因为电动出租车设计得更舒适，更受乘客青睐。他们认为这对他们不公平，因此，有时他们甚至在我们背后耍把戏。"（集体访谈 1，2015 年 3 月 8 日）

对于乘客来说，一些人愿意乘坐电动出租车，其他人对新技术持怀疑态度，并怀疑电动出租车是否与燃油出租车一样安全。2012 年的一次交通事故尤其引发了人们对电动出租车安全的担忧。一辆超速行驶的汽车撞上了一辆比亚迪电动出租车，随后发生爆炸并起火，造成三人死亡。这起事故引起了公众的广泛关注，甚至被路透社和《纽约时报》等国际媒体报道（TSPORT100，2012；Bradsher，2012）。事故发生后，电动出租车的安全性，尤其是其电池的安全性受到公众的强烈质疑（国家能源局，2012）。尽管独立专家调查后排除了比亚迪电池是爆炸原因，但负面影响持续了几个月。

上述利益诉求表明，围绕新能源汽车的推广，不同利益相关者之间存在不同的话语，破坏燃油车体制稳定的努力遇到了阻力。维持现有体制稳定性的趋势仍然很强烈，尤其表现在不断变化和有争议的公众话语之下。

值得注意的是，由于深圳新能源汽车的推广表明城市能源低碳转型正在进行之中，利益相关者之间的政治愿景尚未充分体现出来。被赋予"保护空间"的新能源汽车与燃油车体制之间的竞争是转型政治的主要动力。随着转型的深化，特别是随着私有新能源汽车市场份额的扩大，可能会出现更多的冲突领域。例如，代表燃油车体制的行动者（不仅是燃油车制造商，也包括石油公司）进行更广泛和密集的游说，以维持其主导地位，对多级政府施加的政治压力可能会增加，当燃油车更换导致产业重组和就业迁移时，也可能引发社会经济问题（Hildermeier and Villareal，2011）。

3. 城市物质的政治性：充电设施所引发的挑战

城市物质是行动者之间发生争议的基础。这些行动者一方面挑战城市体制，另一方面捍卫和再现城市体制。因此，城市政治进程也表现在城市物质特别是基础设施的政治性上。在深圳推广新能源汽车期间，围绕城市物质的重新配置，的确存在着一种动态的政治。

新能源汽车的关键城市设施之一是充电基础设施。深圳新能源汽车的进一步推广面临着困境：一方面缺乏充电基础设施是扩大私人市场的主要障碍；另一方面私人拥有的新能源汽车市场相对较小，几乎不能激励投资者去投资充电基础设施。尽管市政府一直在积极推动充电基础设施的建设，但该市在提供城市土地方面面临着重大挑战。深圳总土地面积为1996.78平方公里，其中70%以上为不可开发的山区（深圳市水务局，2016）。在土地普遍短缺的情况下，在中心城区为充电站分配土地极为困难。

这一困难也是体制性的。一方面，城市土地利用规划未考虑充电站建设用地；另一方面，对以往经国家和省级政府依法批准的土地利用规划进行修改也非常困难。一家服务商表示："建设充电站非常困难。在城市规划中，充电站和充电桩没有土地使用类别，目前只能登记为'临时建筑'。"（受访者6，2013年11月19日）

对于公交充电站的建设来说，这一困难尤为严重，因为公交充电站需要更多的土地，需要不同政府部门的协调。2014年3月，国务院副总理马凯在深圳主持召开了一次会议，会议的一个关键问题是充电基础设施的建设，会后深圳市召开了相关部门会议，敦促解决充电站用地问题。在中央政府的压力下，深圳市规划和国土资源委员会（2019年更名为深圳市规划和自然资源局）为基础设施充电制定了土地使用计划，以解决在城市土地使用上的限制。然而，即使市政府内不同部门最终达成协议，为收费基础设施提供土地仍会涉及更多的社会利益相关者，而且不同的利益冲突往往很难协调。据新闻媒体报道，地方政府在居民区修建公交车充电站的项目遭到了居民的强烈抵制，他们担心漏电和火灾等安全隐患。面对强大的阻力，该项目最终被终止（杜和平，2016）。

向私人新能源汽车用户提供充电设施比修建公交充电站更为复杂，公交充电站主要由大型国有运营商运营和投资，如力能公司和南方电网公司，并得到了更多的政府支持。自 2013 年以来，南方电网公司没有投资建设充电桩，而是鼓励新能源汽车车主在自己的停车场安装充电桩。然而用户遇到了许多困难。最强烈的反对意见来自负责整个住宅社区维护和管理的房地产公司。由于缺乏支持安装新能源汽车充电桩的激励措施，房地产公司的管理成本会大大增加，而且还附带着潜在的安全隐患。2016 年国家发展和改革委员会等四部门联合对外发布《关于加快居民区电动汽车充电基础设施建设的通知》，规定房地产管理公司应在支持充电基础设施的建设方面发挥更积极的作用。

尽管提供更多的充电基础设施成为迫切需要，现有的充电设施并没有得到充分或有效的利用。这主要是由于新能源汽车和燃油车在停车位方面的激烈竞争。由于深圳的停车位特别稀缺，带有充电桩的停车场经常被燃油车占用。根据一家非政府组织发布的调查，在 3697 个配备充电桩的公共停车场中，41.33%被燃油车占用（高建，2017）。这对城市治理来说是一个巨大的挑战。

总体而言，城市物质性成为新能源汽车推广中的战场。主要争议围绕着新能源汽车充电基础设施的建设和供应进行。土地使用是一个主要制约因素，不同利益相关方难以协调一致。鉴于深圳目前的新能源汽车规模，电网尚未承受更大的压力，这也是城市物质性分析的一个重要方面。为迎接新能源汽车的增加和转型的深化，深圳市"十三五"能源发展规划的中心任务是加强电网电力供应保障能力，确保满足新能源汽车未来的充电需求。

四、结论

随着绿色低碳技术的社会技术实验在世界不同城市开展，城市成为应对气候变化和可持续发展挑战的重要舞台。深圳新能源汽车的推广是城市能源低碳转型的一个典型案例。新能源汽车在城市公共交通中得到了广泛应用。这一推广过程遇到了来自市政府内部以及公交公司、出租车司机等行动者的巨大阻力。行业行动者已证明自身在城市能源低碳转型中扮演着特别重要的角色，他们采取一些创造性策略来破坏主导体制的稳定性。虽然地方政府和行业行动者之间存在着强大的联盟，其中城市优先事项（尤其是促进地方经济的优先事项）与新能源汽车实施的行业利益相一致。然而，由于企业的利润驱动本性，行业行动者在某些情况下会因追求短期经济利益而阻碍转型。与那些积极、连贯地参与城市能源低碳转型的政府部门和行业行动者相比，终端用户更加不积极，从转型视角上看表现出巨大的异质性。这种异质性尤其反映在出租车司机和乘客的不同话语中。

本书揭示了城市能源低碳转型的争议和不确定特征，反映出转型节奏受到具有不同兴趣和优先事项的参与群体影响这一事实，强调了承认、接受和处理冲突的重要性。本书的一个重要贡献在于，它为我们理解城市转型进程增加了重要的但往往被忽视的政治维度。政治是能源转型的核心，因为转型必然涉及利益和成本的重新分配，而转型行动者之间对转型的范围、方向和速度的看法不可避免地存在冲突（Markard，2018）。正如梅多克罗夫特（Meadowcroft，2009）所言，能源转型是一个混乱、不确定和开放的"现实"，涉及不同的利益、相互竞争的愿景和复杂的权力关系。政策的背后是政治，政治可以调节关键转型的决策，是解决冲突和避免严重后果的机制。

透过城市能源低碳转型多维框架中的政治视角，本书展示了转型中的两个争议过程——动摇和稳定主导体制，及其在城市物质性之中是如何相互对抗的。一方面，多级政府提供了各种激励措施来引导深圳新能源汽车的使用；另一方面，新技术的推广加剧了城市参与者之间的紧张关系。争议主要围绕着城市物质的重新配置，尤其是新能源汽车充电基础设施的建设而展开。

深圳案例表明，多级政府拥有强大的能力，通过部署各种政策工具来塑造城市能源低碳转型，以培育新能源汽车市场小生境，并破坏燃油车体制的稳定。深圳被指定为国家新能源汽车示范城市，这为市政府推广新能源汽车提供了强有力的政治激励。新能源汽车推广在公共交通中强制实施，政府在协调不同部门方面发挥了重要作用。本书发现，转型行动者如行业和终端用户在塑造城市能源低碳转型轨迹方面也具有相当大的能动性。如当地居民的抵抗导致他们附近一个公共汽车充电站的建设终止。此外，案例还表明政府行动者在遇到不确定性的新情况时是如何调整和适应的。比如在比亚迪电动出租车事故发生后，市政府迅速做出反应，解决公众关注的问题，并最终将讨论导向对新技术更为积极的观点上。政府通过鼓励分离车辆和电池所有权的商业模式创新，来缓解公共交通运营商的财务压力。

上述能动性表明转型行动者存在一定程度的政策学习和适应能力。这一学习需求反映了转型学者最近呼吁的"反身性"转型治理（Smith and Stirling，2007；Jaglin，2014）。面对动态的城市政治进程（纠纷、矛盾和冲突），转型治理的"反身性"不仅承认政府和行业行动者的能动性，也承认其他转型行动者如终端用户的能动性（Hendriks and Grin，2007；Meadowcroft，2009）。"反身性"转型治理的重点不是检验和阐释"权力"，而在于如何使构成性的权力关系自身充满活力和开放性。"反身性"转型制度通过不断重新定位以及调整其在转型过程中的角色，与不断变化中的政治共同演进（Scrase and Smith，2009）。

总之，政治为决策者提供了学习和调整政策的机会。正如深圳案例所示，转型政治指出了将"反身性"纳入转型治理的必要性，通过政策学习和互动性决策制定，最终培养"持续和自我的社会反思、评估和调整的能力"（Meadowcroft，2009：323）。"反身性"转型治理突出政策制定者和其他转型行动者的学习和调整能力。类似的研究有助于我们理解城市是如何在不同情境中日益塑造地方和全球政治的。

第十三章 低碳创新的"合法性"分析*

人们正在寻求转变当下高碳排放的经济发展模式，这让绿色技术获得了更广阔的发展空间。绿色技术创新为发展中国家改善其在全球产业链中的地位提供了机会。本章以电动汽车为案例，来分析创新网络中的行动者，并探索中国电动汽车发展的优势及挑战。研究具体将从规制、规范、文化认知三方面分析中国电动汽车的合法性，认为电动汽车已经具备国家层面的合法性，但由于不同群体间的博弈，电动汽车还未完全获得规范和文化认知上的合法性。

一、研究背景与分析框架

由于对全球气候变化和环境保护问题的关注日益高涨，绿色技术成为国家应对全球经济衰退和转变高碳经济发展模式的新竞争领域。以美国为代表的发达国家和以中国为代表的发展中国家都开始投资绿色技术和可替代能源。后者为发展中国家推动技术创新的进步创造了机会。一般来说，发展中国家可独立为发达国家提供原材料和低附加值产品。然而，低碳经

---

* 本章主要内容基于作者与侯小硕教授的合作研究。

济要求新技术和不同的社会经济模式，为发展中国家实现技术创新突破和改变资本主义世界体系创造可能（Wallerstein，1974）。

本书选用电动汽车案例的原因在于：为抵御全球经济衰退，很多国家都将电动汽车视为新的经济增长点，实施多种政策如补贴、税收抵免来培育这个行业。而目前这一领域中不同技术之间仍在竞争与演化，还未出现领导者。此外，这涉及一个强大的、颇具规模的利益群体——燃油车公司，它们对形势变化十分警觉。除中国以外，如美国、德国、法国、日本、韩国等全球汽车行业引领者的国家也在积极推进电动汽车的发展。

创新体系作为一种研究框架，用于解释国家、区域和产业层面的创新能力和竞争过程。尽管对它的定义有细微差别，但国家创新体系的核心是指相互交流和学习的创新过程。在这一体系中，民营企业和国有企业，大学和政府机构，均致力于在国家内部进行科学和技术生产。以新科学和技术的发展、保护、融资和规定为目的，这些内部单元可以在技术、商业、法律、社会和金融等方面相互交流（Niosi et al.，1993）。

在 20 世纪 80 年代，弗里曼对日本经济发展成功的案例分析使国家创新体系广为人知，并用于解释工业化国家创新成效的差别（Lundvall，1992；Nelson，1993；Freeman，1995）。支持者认为这些差异是由制度性的合作和相互关系造成的，这些反过来又决定了资本和技术的积累过程。换句话说，国家创新绩效取决于"引进、学习、发展和传播新技术、产品和过程的制度模式差异"（Freeman，1995：20），创新是企业及其环境的互动过程（Lundvall，1988）。国家创新体系并非像自由主义那样，为自由的商业环境和投资而降低政府作用，国家创新体系认为政府在制造、聚集和网络方面具有重要作用。因此，政府不仅仅是市场失效时的救助者，实际上，通过政策制定和制度建设，政府也是创新活动的引导者、管理者、合作者和推动者。所以，国家创新体系也可视为新古典经济理论的替代工具，后者在分析经济增长时往往忽视创新和学习中的动力，并使用更为线性和"一劳永逸"（one size fits all）的模式。

早期国家创新体系的研究更多地集中在发达国家，但现在关注发展中国家的文献持续增加。其中包括对亚洲新兴工业经济体的创新历程分析。比如，韩国、中国台湾和新加坡通过密集的技术学习，逐渐缩小与发达国家的距离（Kim and Nelson, 2000; Lee and von Tunzelmann, 2005; Lundvall et al., 2009）。另外，创新体系模式最初关注的是国家（Freeman, 1995），现在已转为区域创新体系等其他方向（Asheim and Gertler, 2006; Iammarino, 2005）。这是因为创新被视为一个植入社会和空间中的相互学习过程，不能脱离具有区域特性的制度和文化背景。因此，创新体系研究需要重视区域差异。

创新体系证明了行动者网络以及生产和传播技术的制度环境的重要性，但它无法充分说明行动者对现有制度的利用方式。比如他们从事某一技术或行业的原因，以及体系是如何被建构的。网络中行动者的权力不同，每个人对同一制度的理解也不同。因此，技术被接受并得以传播，通常是其通过不同行动者在地方、区域、国家和全球层面上的权利博弈，成功建立合法性的结果。因此在创新体系中，创新是一个需要重视利益相关者的互动过程。创新并非一定是一个竞争者平等与合作的过程，尤其在技术发展方向、政策环境或消费者需求都不可预测的时期，可能存在大量冲突。

组织社会学的制度方法着重研究组织如何获得合法性，或者被认为是"理所当然"的（Dimaggio and Powell, 1983）。与假定市场效率的市场方法，以及关注价值和意义差异并有可能使任何概括或比较过时的文化方法不同，制度方法通过研究组织及其实践如何获得支配地位，来强调结构与能动性之间的辩证关系（Biggart, 1991）。组织合法性设定，实体的行为在一些社会建构的规范、价值、信仰和定义体系中是可取的或适当的（Suchman, 1995：574）。它也被用于解释新的实践是如何以及为什么在组织的不同领域中传播的（Tolbert and Zucker, 1983; Fligstein, 1987; Dobbin and Dowd, 2000）。因此组织社会学的制度方法是理解技术在组织中创新、定位、传播的有力工具。

合法性分为三种类型：规制合法性（regulative legitimacy）、规范合法性（normative legitimacy）和文化认知合法性（cultural-cognitive legitimacy）（Scott，2001）。规制合法性与标准、规则和法律类似（Zimmerman and Zeitz，2002；Scott，2003：136）。一般而言，监管机构如政府、贸易协会、专业组织设定"明晰的规制过程"，包括规则、监督以及违背情况下的制裁（Scott，1995：35；Zimmerman and Zeitz，2002）。关于规范合法性，组织不仅需要适应广义的社会规范，还要适应不同专业领域的各种标准（Dimaggio and Powell，1983）。另外，文化认知合法性是对广泛接受的文化信仰，以及一定社会制度下被视为"理所当然"做法的遵从（Westphal et al.，1997；Scott，2001）。文化认知合法性是"最难以捉摸也是最有力的"，但也最难掌握和利用（Suchman，1995）。当然，并非领域中的每个组织都面临相同的制度环境或合法性；一个组织调动其资源的能力以及它对特定资源的依赖程度，决定了它与其他组织及其环境的权力关系（Pfeffer and Salancik，1978）。例如，由于路径依赖或制度锁定，现有企业可能会陷入技术惰性，并阻碍新的方法。新来者可能会使用不同的策略，以使新的技术或实践合法化。

因此，从合法性获得而非技术突破视角来观察创新过程，是从制度合法性方面对低碳创新的转型研究做一补充。本章将分析中国低碳交通创新体系中不同行动者围绕电动汽车合法性所展开的行动。这些行动者包括中央和地方政府、燃油车生产商（主要是国企）、电动汽车（包括纯电动汽车、混合动力汽车和燃料电池汽车）生产商和供应商、充电站供应商、电动汽车使用者（包括商业使用者和私人消费者）、大学及科研机构。

本章聚焦于深圳。1980 年深圳被中央政府和国务院指定为"经济特区"，深圳作为制造业出口中心发展迅猛。随着劳动力和基础设施的成本上涨，深圳市政府意识到不能再依赖廉价劳动力而应发展创新体系，因此大力支持高科技行业发展，吸引高科技公司包括外国公司的研发机构。2008 年深圳被国家发改委列为全国首个创建国家创新型城市试点，并成为广东省产业升级策略"腾笼换鸟"的关键环节（Yang，2012）。相比北京和上海，深圳研发投入90%由企业构成，研发基金80%由企业创办，而不是政府发起的大学和研究机构（Chen and Kenney，2007）。深圳这种开放的管理环境为草根创业提供机会（Fu et al.，2012）。第26届世界大学生夏季运动会于2011年在深圳召开，新能源汽车由此获得新的发展机遇。和其他区域相比，深圳是迄今为止中国推广电动汽车最成功的城市之一。截至2014年11月底，深圳共推广9392辆新能源汽车，其中混合动力汽车1771辆，电动公交车1253辆，电动迷你公交车26辆，电动出租车850辆，政府电动汽车520辆（包括混合动力汽车20辆），燃料电池汽车62辆，混合动力及纯电动轿车4910辆。还有快速充电站81个和慢速充电桩3000个（深圳市人民政府，2015）。

文中数据主要来自2013—2015年笔者在深圳的实地调查和深入访谈。访谈对象有本地大学的科研人员和工程师、电动汽车生产商比亚迪和五洲龙的职员、充电站职员、使用电动汽车的出租车和公交车公司，以及政府部门职员。调研还包括对电动汽车修理厂技术人员、消费者、出租车司机和公交车司机进行随机调查，以及从政策文件、媒体报道、学术论文中获得的数据。

二、电动汽车的规制合法性

发展电动汽车行业是中央政府经过慎重评估而制定的工业政策，是实现跨越发展赶超行业领先的重要途径。从2006年以来，中国一直积极推动自主创新，旨在减少技术依赖、创造知识产权和发展适宜中国经济社会环境的技术。《国家中长期科学和技术发展规划纲要（2006—2020年）》的颁布具有划时代的意义。在这份科学和技术发展的宏伟蓝图中，中国预计到2020年将成为技术强国，到2050年将从低端制造业发展成为全球领先的创新中心。电动汽车技术的发展正是此份规划纲要的重要内容之一。2008年7月，《中华人民共和国科学技术进步法》正式施行，鼓励自主创新，建设创新型国家。该法案明确政府和国家工业基金购买关键技术和进口设备以达成检验、吸收和再创新的方式。另外,"十一五"计划(2006—2010年)和"十二五"计划(2011—2015年)都提出了以创新为核心的中国经济发展战略,这一战略关系到中国的社会、环境、国际竞争力和国家安全。

电动汽车主要包括纯电动汽车、混合动力汽车和燃料电池汽车。电动汽车的发展是中国国家战略推动自主创新的重要组成部分。在此之前,中国汽车产业一直采取"以市场换技术"策略,虽然出现了一大批外资汽车企业,但并没有真正实现技术转移,发动机、变速箱等关键技术仍掌握在外国企业手中(路风,2006)。因此,中国把发展电动汽车看作是一次重大机会,可以绕过传统燃油车的核心专利和技术壁垒,从而实现赶超。

目前,中国已经开展了多个电动汽车示范项目。首先,部分城市在电动汽车实践方面实施了重大跨国活动。2008年北京奥运会中使用约600辆电动汽车。2010年上海世博会,超过1000辆电动汽车为超过1.2亿乘客提供服务。2010年广州亚运会和2011年深圳世界大学生夏季运动会都将电动汽车作为交通工具,2014年北京亚太经合组织会议将电动汽车指定为官方客车。

另外,中央政府将这些示范项目与财务激励结合,在主要城市推广电动汽车(表13.1为国家电动汽车政策列表)。

表13.1 国家新能源汽车政策(2004—2015年底)

日期	名称	发布部门	主要内容
2004	汽车产业发展政策	发改委	积极开展电动汽车、车用动力电池等新型动力的研究和产业化,重点发展混合动力汽车技术和轿车柴油发动机技术。国家在科技研究、技术改造、新技术产业化、政策环境等方面采取措施,促进混合动力汽车的生产和使用。国家支持研究
2009	汽车产业发展政策(2009年修订)	工信部、发改委	开发醇燃料、天然气、混合燃料、氢燃料等新型车用燃料,鼓励汽车生产企业开发生产新型燃料汽车
2007	新能源汽车生产准入管理规则	发改委	为促进汽车产品技术进步,保护环境,推进节约能源和可持续发展,鼓励企业研究开发和生产新能源汽车,贯彻《汽车产业发展政策》,制定本规则。国家发改委负责新能源汽车生产准入管理工作。从事新能源汽车生产的企业,应当获得国家发改委的许可方能取得生产资格。新能源汽车生产企业及产品纳入国家发改委《车辆生产企业及产品公告》管理

续表

日期	名称	发布部门	主要内容
2009.3.20	汽车产业调整和振兴规划	国务院	汽车产业是国民经济重要的支柱产业。为应对国际金融危机的影响，落实党中央、国务院保增长、扩内需、调结构的总体要求，稳定汽车消费，加快结构调整，增强自主创新能力，推动产业升级，促进我国汽车产业持续、健康、稳定发展，特制定本规划，作为汽车产业综合性应对措施的行动方案。规划期为 2009—2011 年。 • 规划目标：电动汽车产销形成规模。改造现有生产能力，形成 50 万辆纯电动、充电式混合动力和普通型混合动力等新能源汽车产能，新能源汽车销量占乘用车销售总量的 5%左右。主要乘用车生产企业应具有通过认证的新能源汽车产品。 • 主要任务之一：实施新能源汽车战略 推动纯电动汽车、充电式混合动力汽车及其关键零部件的产业化。 • 启动国家节能和新能源汽车示范工程，由中央财政安排资金给予补贴，支持大中城市示范推广混合动力汽车、纯电动汽车、燃料电池汽车等节能和新能源汽车。县级以上城市人民政府要制订规划，优先在城市公交、出租、公务、环卫、邮政、机场等领域推广使用新能源汽车；建立电动汽车快速充电网络，加快停车场等公共场所公用充电设施建设
2009.01	十城千辆节能与新能源汽车示范推广应用工程①	科技部、财政部、发改委、工信部	通过提供财政补贴，计划用 3 年左右的时间，每年发展 10 个城市，每个城市推出 1000 辆新能源汽车开展示范运行，涉及这些大中城市的公交、出租、公务、市政、邮政等领域，力争使全国新能源汽车的运营规模到 2012 年占到汽车市场份额的 10%。 • 首批确定的试点城市有 13 个，即北京、上海、重庆、长春、大连、杭州、济南、武汉、深圳、合肥、长沙、昆明、南昌；第二批确定的城市有 7 个，即天津、海口、郑州、厦门、苏州、唐山、广州；第三批确定的试点城市有成都、沈阳、南通、襄樊和呼和浩特。到 2010 年，共有 25 个城市参加"十城千辆"示范运行试点
2009.1.23	关于开展节能与新能源汽车示范推广试点工作的通知	财政部、科技部	• 制定了《节能与新能源汽车示范推广财政补助资金管理暂行办法》对 13 个试点城市给予补助。其中，中央财政重点对购置节能与新能源汽车给予补贴，地方财政重点对相关配套设施建设及维护保养给予补助。 • 被纳入《节能与新能源汽车示范推广应用工程推荐车型目录》中的车型将按以下标准享受财政补贴：对乘用车和轻型商用车，混合动力汽车根据混合程度和燃油经济性分为 5 档，最高每辆补贴 5 万元；纯电动汽车每辆补贴 6 万元；燃料电池汽车每辆补贴 25 万元；长度 10 米以上的城市公交客车、

① "十城千辆节能与新能源汽车示范推广应用工程"即每年发展 10 个城市，每个城市推出 1000 辆新能源汽车开展示范运行，简称"十城千辆"。

日期	名称	发布部门	主要内容
2009. 1.23	关于开展节能与新能源汽车示范推广试点工作的通知	财政部、科技部	混合动力客车每辆补贴 5 万—42 万元,纯电动和燃料电池客车每辆分别补贴 50 万元和 60 万元。 •2009 年工信部公布了两批《节能与新能源汽车示范推广应用工程推荐车型目录》。2009 年 8 月确定的第一批共有 4 款商用车、1 款乘用车共 5 款车型入选;2009 年 9 月确定的第二批共有 19 种推荐车型
2009. 6.17	新能源汽车生产企业及产品准入管理规则	工信部	根据《汽车产业发展政策》等有关规定,工信部制定了《新能源汽车生产企业及产品准入管理规则》。工信部负责实施新能源汽车企业及新能源汽车产品准入管理
2010. 5.31	关于扩大公共服务领域节能与新能源汽车示范推广有关工作的通知	科技部、财政部、发改委、工信部	在现有 13 个试点城市的基础上,增加天津、海口、郑州、厦门、苏州、唐山、广州等 7 个试点城市
2010. 5.31	关于开展私人购买新能源汽车补贴试点的通知	科技部、财政部、发改委、工信部	根据汽车产业基础、居民购买力等情况和有关要求,四部委选择 5 个城市编制私人购买新能源汽车补贴试点实施方案。 •私人购买和使用新能源汽车包括私人直接购买、整车租赁和电池租赁三种形式。 •中央财政对试点城市私人购买、登记注册和使用的新能源汽车给予一次性补助,对动力电池、充电站等基础设施的标准化建设给予适当补助,并安排一定工作经费,用于目录审查、检查检测等工作。地方财政安排一定资金,重点对充电站等配套基础设施建设、新能源汽车购置和电池回购等给予支持。 •试点期内(2010—2012 年),每家企业销售的插电式混合动力和纯电动乘用车分别达到 5 万辆的规模后,中央财政将适当降低补助标准
2011. 8.18	关于加强节能与新能源汽车示范推广安全管理工作的函	科技部、财政部、发改委、工信部	节能与新能源汽车正处于规模化进入市场的起步阶段,也是市场培育和产业化发展的关键时期。同时也涉及人民群众的生命财产安全。试点城市要加强节能与新能源汽车示范推广安全管理
2011. 10.14	关于进一步做好节能与新能源汽车示范推广试点工作的通知	科技部、财政部、发改委、工信部	•对试点城市的工作要求:加快研究制定相关配套政策措施,切实做好试点组织工作。建立健全试点工作组织机构。试点工作要由政府主要领导同志负责,建立责任制。在落实好中央试点政策的同时,要积极研究针对新能源汽车落实免除车牌拍卖、摇号、限行等限制措施,并出台停车费、电价、道路通行费等扶持政策,广泛调动政府、企事业单位和个人购买、使用节能与新能源汽车的积极性。大力推进基础设施建设。

续表

日期	名称	发布部门	主要内容
2011.10.14	关于进一步做好节能与新能源汽车示范推广试点工作的通知	科技部、财政部、发改委、工信部	·对示范产品生产企业的要求：整车和关键零部件企业要抓住试点有利时机，加快产品研发和技术改进，增强上下游配套能力，完善售后服务，努力提高产品水平和市场份额，尽快降低生产成本，加快产业化和市场化。 ·试点工作的评估与考核：动态管理
2012.11.30	关于开展节能与新能源汽车示范推广试点总结验收工作的通知	财政部经济建设司、科技部高新司、工信部装备司、国家发展改革产业协调司	验收依据： ·（一）财政部、科技部、工业和信息化部、国家发改委批复的各试点城市节能与新能源汽车示范推广试点实施方案； ·（二）《财政部 科技部关于开展节能与新能源汽车示范推广试点工作的通知》（财建[2009]6号）； ·（三）《财政部 科技部 工业和信息化部 国家发展改革委关于扩大公共服务领域节能与新能源汽车示范推广有关工作的通知》（财建[2010]227号）； ·（四）《财政部 科技部 工业和信息化部 国家发展改革委关于增加公共服务领域节能与新能源汽车示范推广试点城市的通知》（财建[2010]434号）； ·（五）《财政部 科技部 工业和信息化部 国家发展改革委关于开展私人购买新能源汽车补贴试点的通知》（财建[2010]230号）； ·（六）《关于加强节能与新能源汽车示范推广安全管理工作的函》（国科办函高[2011]322号）； ·（七）《关于进一步做好节能与新能源汽车示范推广试点工作的通知》（财办建[2011]149号）
2012.3.27	电动汽车科技发展"十二五"专项规划	科技部	为进一步贯彻落实《国家中长期科学和技术发展规划纲要（2006—2020年）》和《国家"十二五"科学和技术发展规划》，加快推动电动汽车科技发展。 ·技术路线：确立"纯电驱动"的技术转型战略； ·发展路径：技术平台"一体化"、车型开发"两头挤"、产业化推进"三步走"； ·组织与保障：建立"三纵三链"产业技术创新联盟
2012.6.28	节能与新能源汽车产业发展规划（2012—2020年）	国务院	为落实国务院关于发展战略性新兴产业和加强节能减排工作的决策部署，加快培育和发展节能与新能源汽车产业，特制定本规划。规划期为2012—2020年。 技术路线：以纯电驱动为新能源汽车发展和汽车工业转型的主要战略取向，当前重点推进纯电动汽车和插电式混合动力汽车产业化，推广普及非插电式混合动力汽车、节能内燃机汽车，提升我国汽车产业整体技术水平。

日期	名称	发布部门	主要内容
2012.6.28	节能与新能源汽车产业发展规划（2012—2020年）	国务院	主要目标：产业化取得重大进展。到2015年，纯电动汽车和插电式混合动力汽车累计产销量力争达到50万辆；到2020年，纯电动汽车和插电式混合动力汽车生产能力达200万辆、累计产销量超过500万辆，燃料电池汽车、车用氢能源产业与国际同步发展
2013.9.13	关于继续开展新能源汽车推广应用工作的通知	科技部、财政部、发改委、工信部	明确2013—2015年将继续开展新能源汽车推广应用工作。继续依托城市尤其是特大城市推广应用新能源汽车。重点在京津冀、长三角、珠三角等细颗粒物治理任务较重的区域，选择积极性较高的特大城市或城市群实施
2015.4.22	关于2016—2020年新能源汽车推广应用财政支持政策的通知	科技部、财政部、发改委、工信部	明确了新能源汽车补贴退坡速度：由2017年比2016年降10%，2019年比2017年再降10%，变成2017年比2016年降20%，2019年比2017年降40%
2015.5.7	关于节约能源 使用新能源车船车船税优惠政策的通知	财政部、国家税务总局、工信部	对节约能源车船和新能源车船的车船税给予了新的优惠政策；与此前相关政策相比，新《通知》取消了插电式混合动力汽车最大电功率比大于30%的要求，但专门提出了纯电动续航里程的要求，对于新能源车进入减免范围的标准更为严苛，如纯电动客车续驶里程须大于等于150公里
2015.8.19	享受车船税减免优惠的节约能源 使用新能源汽车车型目录（第三批）	工信部装备工业司	为促进节约能源，鼓励使用新能源，按照《关于节约能源 使用新能源车船车船税优惠政策的通知》（财税〔2015〕51号）相关要求，财政部、国家税务总局、工信部组织专家对企业提交的申请材料进行了审查。现将第三批《享受车船税减免优惠的节约能源 使用新能源汽车车型目录》（下称《目录》）予以公示。第三批受益车型共计2299款。其中1734款新能源车型中，也包括13款插电式混合动力乘用车型。与前两批《目录》相比，第三批《目录》开始有了较大批量新能源乘用车进入减免范围

2009年1月，财政部与科技部发起电动汽车在中国13个大型城市的试点工作，包括北京、上海、重庆、长春、大连、杭州、济南、武汉、深圳、合肥、长沙、昆明和南昌。这项工作连同国务院颁布的汽车产业调整和振兴规划一并，标志着中央政府对电动汽车的大规模部署（国务院办公厅，2009）。出租车、环卫车、邮政车、公交车和其他公共服务车辆因其

驾驶模式可预测且便于监督，成为政策关注的重点。符合条件的纯电动汽车每辆补贴 6 万元，使用混合动力汽车每辆补贴 5 万元；在公交车方面，有资质的纯电动汽车每辆补贴 50 万元，混合动力汽车每辆补贴 42 万元（财政部和科技部，2009）。截至 2010 年，共有 25 座城市参加了该项目。除公共服务外，该项目开始对上海、长春、深圳、杭州和合肥购买纯电动汽车和混合动力汽车的个人消费者进行补贴。一些城市如深圳还为购买纯电动汽车消费者提供补贴（supplemental subsidies）[Transport（LCSTR）and China & Mongolia Sustainable Dev（EASCS），2011]。2012 年，国务院出台《节能与新能源汽车产业发展规划（2012—2020 年）》，将电动汽车纳入政府购买，有资质的生产商享受商业税豁免和企业所得税优惠（国务院办公厅，2012）。之后，国务院于 2014 年 7 月出台关于加快新能源车推广应用的指导意见，加大电动汽车发展的政府支持力度，完善补助系统及税收优惠（国务院办公厅，2009）。

为鼓励购买和使用电动汽车，政府也实施了一些非经济手段。很多大城市为解决交通拥挤和空气污染问题，限制车主在特定日期使用车辆，或者严格管控拥堵时期车辆使用，但对于有资质的电动汽车——主要是零排放的纯电动汽车——则可免受限制。例如，北京车辆按照车牌尾号实行工作日限号，然而纯电动汽车不受限制。北京、上海、深圳等城市通过摇号或竞拍对车牌号申请进行控制，这对消费者来说意味着长期等待和额外支出。然而，新能源汽车上牌则不需要摇号。上海电动汽车购买者无须通过竞拍过程（2015 年 8 月的数据显示成功率为 4.5%），车主可以马上获得车牌号，可节省约 8 万元（肖文杰，2015）。另外，根据《节能与新能源汽车产业发展规划（2012—2020 年）》，到 2020 年乘用车平均燃料消耗量应降至每一百公里五升，这将进一步推动电动汽车的发展。

作为新能源汽车试点城市，深圳出台了多个政策文件与规定促进电动汽车发展。《深圳市国民经济和社会发展第十二个五年（2011—2015 年）规划纲要》将新能源汽车当作城市发展的战略性行业，以推动城市从低附加值制造业向高科技创新转型，从轻工业一枝独秀向轻工业与重工业结合转型。与其配套的政策有《深圳市节能与新能源车示范推广实施方案（2009—2012 年）》《深圳市私人购买新能源车补贴试点实施方案（2009—2012）》《深圳市交通清洁化实施方案（2012—2014）》。2015年，深圳提出全面推动规划，不仅提供超过中央政府水平的电动汽车购买补贴，同时也向电动汽车使用、充电设施建造、电池回收等环节提供补贴（参见表 13.2 深圳市发展电动汽车的主要政策）。

表 13.2　深圳市发展电动汽车的主要政策

时间	政策主要内容
2005 年 11 月	第一条混合动力公交线路开通，首批投放 7 辆混合动力大巴，也是中国首条商业化运行的混合动力公交线路
2007 年 6 月	深圳市向科技部申请国家 863 计划节能与新能源汽车重大项目"深圳市典型城市工况下电动汽车试验运行技术考核研究"，该项目内容由混合动力客车示范运营与纯电动小汽车示范试验运行两部分组成，由深圳市城市发展研究中心联合深圳市五洲龙、比亚迪两家汽车公司承担。2008 年 3 月，科技部正式批复该项目
2008 年 9 月	深圳市政府出台《深圳国家创新型城市总体规划（2008—2015）》，明确提出深圳的重大项目攻关计划就包括了新型电池材料、节能技术；同时要积极推动哈飞标致合资汽车项目、比亚迪汽车研发生产基地建设，实施清洁能源汽车示范项目
2008 年 12 月	比亚迪第一款不依赖充电站的商业化双模电动汽车 F3DM 正式上市
2009 年 1 月	国家发改委公布《珠江三角洲地区改革发展规划纲要（2008—2020 年）》，其中明确提出并着重强调将深圳打造成为珠三角新能源汽车制造基地的桥头堡
2009 年 2 月	财政部、科技部、国家发改委、工信部四部委为深圳等 13 个节能与新能源汽车示范推广试点城市授牌，鼓励试点城市在公交、出租、公务、环卫和邮政等公共服务领域推广使用节能与新能源汽车，最高每辆可获 60 万元的财政补助
2009 年 9 月	深圳市政府四届一四一次常务会议审议并原则通过了《深圳市节能与新能源汽车示范推广实施方案（2009—2012 年）》。根据该方案，全市拟从 2009 年至 2012 年在公交（出租）、公务、家用车等三个重点领域，示范推广各类新能源汽车 24 000 辆
2009 年 12 月	深圳市政府审议通过了《深圳新能源产业振兴发展规划（2009-2015）》和《深圳市促进新能源产业发展的若干措施》，率先提出新能源车型五年十万辆的推广目标，促进新能源车产业化进程。从区域、区、线路、车队、单位五个层次，开展新能源公交大巴、出租车、公务车、私家车示范推广，到 2012 年推广使用新能源汽车 2.4 万辆以上，建设公交大巴充电站 50 个，公务车充电桩 2500 个，公共充电站 200 个，充电桩 1 万个，到 2015 年推广使用的新能源汽车计划累计达到 10 万辆
2009 年 12 月	深圳市政府决定成立市节能与新能源汽车示范推广领导小组。由常务副市长担任组长，相关部门领导为成员。领导小组下设办公室，地点设在市发改委，具体负责全市新能源汽车示范推广的组织、协调和实施等工作

时间	政策主要内容
2009 年 12 月	深圳首批电动汽车充电站（桩）建成投运。其中包括 2 座充电站、134 个充电桩，充电容量总计达 2480 千伏安。两座充电站内设置 9 台充电柜，可同时容纳 18 台电动汽车驶入，是国内规模最大的充电站
2010 年 3 月	深圳市市场监督管理局组织召开专家评审会，对电动汽车充电设施系列地方标准进行了评审。深圳市 9 个与充电设施相关的系列标准全部顺利通过审定，成为我国首批正式通过审定的电动汽车充电设施技术标准
2010 年 7 月	深圳成为全国 5 个私人购买新能源汽车的补贴试点城市之一。在国家政府补贴的基础上，深圳对双模电动汽车追加 3 万元，对纯电动汽车追加 6 万元补贴。这样深圳市民购买双模电动汽车最高可享 8 万元补贴，购买纯电动汽车最高可享 12 万元补贴
2011 年 1 月	深圳出台"十二五"规划，包括在坪山建立新能源汽车产业基地，在深圳惠州边境设立新能源产业合作示范区，以利于比亚迪与戴姆勒的合作。为推动制造业的转型升级，深圳将推动整车制造厂形成年产 20 万辆乘用车的生产能力
2012 年 2 月	深圳市财政委员会、发改委和交通运输委员共同发布《深圳市交通清洁化实施方案（2012—2014）》，要求实现低碳交通，促进电动汽车和配套基础设施建设
2012 年 9 月	深圳市发布《深圳经济特区机动车排气污染防治条例》，鼓励机动车使用清洁能源
2014 年 12 月	深圳实施限牌政策。小汽车指标每年暂定 10 万个，按月分配。其中，2 万个指标只针对电动小汽车，采取摇号；8 万个普通小汽车指标，50%采用摇号，50%采取竞价
2015 年 1 月	《深圳市新能源汽车推广应用若干政策措施》正式发布。从车辆购置与使用、充电设施建设与服务、交通管理及停车优惠、动力电池回收等方面给予新能源汽车推广应用的支持，其中对深圳市新能源出租指标配比与置换、各类应用的充电电价，以及充电设施的布局与建设等重点问题进行了政策细化。明确 2015 年前，原则上与国家财政补贴按 1∶1 进行补贴，且不退坡。政策适用期截止到 2015 年底
2015 年 1 月	深圳市出台《深圳市新能源汽车发展工作方案》。要求到 2015 年底，新能源汽车推广应用总量超过 2.5 万辆（新增 20 000 辆），其中新能源公交车保有量达到 4500 辆以上（新增 1500 辆以上）；纯电动出租保有量达到 4500 辆以上（新增 4000 辆以上）；新增纯电动物流、环卫 3500 辆以上；新增纯电动通勤旅游客车 2000 辆以上；个人、社会团体与企业新增购买新能源汽车 9000 辆以上。并从创新发展、产业培育、支撑环境等方面做了明确要求
2015 年 9 月	深圳市发改委、深圳市财政委出台《深圳市新能源汽车推广应用扶持资金管理暂行办法》。按照暂行办法，无论是新能源车辆购置、使用（公交车使用环节除外），还是充电设备投资，可获得一万元到数十万元不等财政补贴。在购车补贴方面，纯电动客车补贴从 30 万—50 万元不等；纯电动乘用车从 3.5 万—6 万元不等。燃料电池商用车每辆 50 万元，燃料电池乘用车每辆 20 万元。在使用环节补贴，纯电动乘用车补贴从 1 万元到 2 万元不等。充电设备补贴，按照集中式充电设备（站、桩、装置）投资的 30%予以补贴
2015 年 9 月	市交通运输委员会、市发改委联合发布《关于 2015 年度待配置电动小汽车增量指标配置有关事项的通知》。放宽了对电动小汽车增量指标的申请条件

　　作为国家发展战略，电动汽车的规制合法性毋庸置疑，尤其考虑到国家为降低能源消耗和碳排放而将经济发展模式转为"科学发展"。中国推广电动汽车包含多重目标。中国电动汽车政策既是一项为实现科技追赶和行业引领的产业政策，也具有风险管理的目标——降低对石油的依赖和空气污染程度。

　　但是，多重目标之间会不一致。比如发展何种类型的电动汽车，以及以何种方式来发展，需要相关政府部门协商。目前电动汽车的政策补贴来自四个中央政府机构：国家发改委、工信部、科技部、财政部。国家发改委是中央政府调控的主要部门，负责审批重要战略性项目。国家及地方发改委赞成发展电动汽车。工信部负责与国家知识经济有关的战略行业管理与发展，互联网、信息和包括燃油车在内的车行业都在其管辖之内。企业在开始生产整辆车之前需要在工信部获得生产许可。尽管工信部赞同发展电动汽车并成为在推动电动汽车政策背后的主要力量，但它同时也和国有车生产商保持密切关系，后者从生产和销售燃油车中获得巨大利润。因此，我们的访谈指出相对于纯电动汽车，工信部更支持混合动力汽车。科技部是"十城千辆"的积极倡导者。对于第一批 13 个试点城市来说，其中 9个均由各城市的科学技术委员会所领导（Zheng et al.，2012：19）。然而，就中国车辆改革应该关注燃料电池汽车还是科技部提倡的纯电动汽车在专家学者中仍有争议。财政部控制预算，负责对出售合格产品的电动汽车生产商提供补贴。然而在地方层面，并非每个政府都为电动汽车销售补贴留有预算，或愿意将电动汽车补贴优先于其他支出。因此中央政策的实施效果因城市而异。另外，补贴需要时间和一系列手续，生产商面临不能按照生产计划及时收到补贴的风险，并担心政策变化对其经营的影响。因此，地方政府在鼓励电动汽车生产商方面发挥重要作用，地方政府推动电动汽车的区别往往会导致地方保护主义。

　　深圳并非传统的汽车制造城市，但在推动电动汽车发展方面非常积极。发展电动汽车可以使深圳的产业结构通过汽车产业而"适度重型化"，同时实现从出口导向型、劳动密集型制造中心向创新中心转型升级。此外，作为电子信息制造中心，深圳已经形成了包括电池、电动马达、电控器、电动助力转向和调节装置等组件的生产线，培育电动汽车有产业基础，也是顺势而为的明智之举。然而，深圳一些政府机构对电动汽车的态度并不积极。尽管与"节能减排"相关，环保部门并未参与电动汽车推广。负责日常车辆管理的交通部门最初也未涉及电动汽车推广。在访谈中，电动汽车支持者往往将电动汽车推广不力，归咎于交通管理部门不积极。在其眼中，交通管理部门通常认为电动汽车行驶不安全，难于管理，比如需要专门为其规划新的行车路线，这平添了工作麻烦。

电动汽车还对原有交通车行业的既得利益形成挑战。例如，交通管理部门向出租车收取执照费。但在激励机制中，新能源出租车不收取执照费。相比电动汽车，交通管理部门更愿意将现有燃油车升级为液化天然气车辆。另外，电动公交车和出租车的充电站以及停车场涉及土地使用权，但国土资源管理部门并未参与规划。充电站的土地使用权依赖市政府从国有土地中指定区域，或租用农村集体土地。如果当地政府更愿意发展房地产，或村庄决定变更土地用途停止租约，那么作为电动汽车关键基础设施的充电站就无法建造或维持。可见充电站还没有像电动汽车那样已经获得了规制合法性。支持电动汽车的被访问者再三说明，为了使电动汽车发展良好，应由国务院而非四部委直接发布政策，并要求所有相关机构协同参与。

由于面临促进产业发展以及管理环境和能源风险的双重目标，国家采取了实用主义的技术路线。纯电动汽车和插电式混合动力汽车在与其他替代性燃料汽车如液化天然气汽车、混合电力汽车、氢燃料电池汽车的竞争中，赢得了中央政府的支持。纯电动汽车能实现零碳排放，因此它们比混合动力汽车更受青睐。混合动力汽车的减排取决于驾驶者的习惯以及充电的频率。由于推广电动汽车从根本上来说是一项旨在壮大国内企业的产业政策，因此，相对于目前价格过高而无法商业化的氢燃料电池汽车和核心技术由国外控制的混合动力汽车，电池动力汽车更受政府支持。

中国是世界领先的锂电池制造者。能够制造节能产品如电动汽车和纯电动汽车所需稀有矿物，中国储藏量占世界总量的 30%（Das，2011）。约 120 家中国公司（大部分位于深圳）制造超过世界供应量一半的锂离子电池。位于深圳的比亚迪和比克等公司生产的笔记本和手机电池，在全球电池市场中占据较大份额。此外，比亚迪是全球最早生产电动汽车（即 Model E6）和混合动力汽车（Model F3DM）的公司之一，Model E6 可续航 300 公里。中国电动汽车生产者拥有电动汽车关键零件的专利权，如比亚迪的 LiFePO4 动力电池专利。

总之，电动汽车目前获得了规制合法性。这是不同行动者博弈的结果，因为现有电动汽车政策包括政府补贴很大程度上由国家发改委、财政部、工信部和科技部主导，电动汽车的推行被设定为产业政策而非风险管理。尽管纯电动汽车行业获得了国家支持，但其发展远比想象中缓慢。2009 年中央政府计划在 2011 年底生产至少 50 万辆混合动力汽车和纯电动汽车，但是在 2013 年中只有约 4 万辆汽车上路，其中多数为公共车辆（De Neve，2014）。对此，中央政府在纯电动汽车计划（2012—2020 年）中设定 2015 年生产 50 万辆，2020 年 500 万辆，并在购买补贴、研发投入和基础设施建设等方面加大政府支持力度。2014 年，国家机关事务管理局和四部委（财政部、科技部、工信部和国家发改委）出台注意事项，要求政府机构在新车辆购买时优先考虑纯电动汽车，从 2014 年到 2016 年纯电动汽车新车购买比例应为 10%，截至 2016 年该比例至少应达 30%（国管局等，2014）。2015 年，国务院通知地方政府不应像燃油汽车一样对购买和使用纯电动汽车施加限制（杨忠阳，2015）。但是，国家大力投入与电动汽车行业增长尤其是消费市场存在脱节，这需要对规范合法性和文化认知合法性做进一步分析。

三、电动汽车的规范合法性

困扰中国主要城市的雾霾使公众更为关注空气质量。温室气体排放是造成城市空气污染的主要原因之一。因此，发展纯电动汽车符合节约能源和可持续发展的社会规范，以及日益壮大的中产阶级对清洁环境的呼吁。以深圳为例，截至 2014 年底有机动车 314 万辆，据估算其 PM2.5 排放量占车辆排放总量的 41%——这是空气污染最大的污染源（深圳市人民政府，2015）。电动汽车支持者认为，深圳作为超大型城市其空气质量的提升得益于全市对电动汽车的大力推动。

尽管公众认可电动汽车的上述积极作用，公众对于电动汽车是否环保也存有疑虑，因为在中国多数电力来自燃煤发电厂。另外，由于车辆与人们的生活联系紧密，在采访中公众对电动汽车作为日常出行的主要工具仍有担心。这涉及电动汽车的安全、车速、成本、充电时间等诸多方面。目前电动汽车在消费端仍增长缓慢，原因如下。首先，低油价压缩了电动汽车节约燃油的优势。在出租车和公交车行业，虽节约了燃油费，但充电电池的成本高。其次，汽车燃油经济性标准虽然一直在提升，但这些标准的执行力往往较弱，造成现有汽车制造商缺乏投资电动汽车及其研发的动力。另外，质量和效益不高仍是电动汽车大规模商业化的阻碍。最后，充电基础设施尚不普及也是一个主要问题。在中国，多数居民住在城市公寓里，没有自己的车库。因此在家充电十分不便。充电设施要求接触便利、使用规范，但政府对充电设施普及性的支持仍不充分。换电模式仍处于早期论证阶段。

在采访中，消费者对电动汽车需求仍然很低。对于他们来说，驾驶电动汽车意味着要在日常生活中接受新的事物。他们不得不考虑在日常安排中增加额外的充电时间。电动汽车的使用者主要是出租车司机和公交车司机，由于燃油车提速慢、噪音多，以及很多车是手动挡，相比之下电动汽车更清洁、便捷。在采访中，大多数电动公交车和电动出租车司机都提到他们享受电动汽车的驾驶过程。但他们也非常担心车辆充电和日常运行时可能会产生的电池辐射和燃烧问题。在 2012 年发生的广为人知的"526事故"中，一辆比亚迪 E6 出租车在与一辆日产公司跑车相撞后起火，两名乘客和驾驶员死亡，引发公众对电动汽车安全性的强烈质疑。尽管后续调查说明这起事故与车辆设计无关，人们的疑虑依然没有被打消。虽然不能提供科学依据，访谈中司机还是担心长期暴露在电磁辐射中存在致癌的风险。

公交车公司和出租车公司对电动汽车的接纳态度十分复杂。公交车公司在座椅、空调和报站器等物品采购方面有自己倾向的供货商。采用电动公交车后，他们需要为电动汽车的设备、零件和服务寻找新的供货商。进入其供应链的只有比亚迪、五洲龙等数量有限的电动汽车车企。公交公司还需要根据充电设施的位置来设定公交路线，相关管理的工作量也增加了。接受电动汽车意味着公交公司要打破常规，改变现有商业价值链和既定行业规范。

作为演进中的技术体系，电动汽车的许多标准还未确立。车辆制造商不同的技术选择方向之间仍有很多争议。例如，是推行纯电动汽车还是混合动力汽车；应选择何种充电电池——锂电池、镍电池还是燃料电池；是应发展充电还是换电模式，以及按何种标准发展；等等。为此，对不同制造商生产的电池充电接口施行标准统一，或加大投资换电站以便应对电池短缺问题。当规范合法性不确定时，技术就缺少标准化，路径的选择就会更具弹性。

然而，这并不意味着相关部门没有在行业标准上做任何尝试。国家质量监督检验检疫总局下属的国家标准化管理委员会是电动汽车和充电设施发展、许可、发行、改进方面国家标准的领导组织。深圳于 2010 年率先出台了自己制定的标准，其中一些规定进行微小修改后成为国家标准。

另外，一些地方政府借助标准来支持本地企业。例如，一些受访者抱怨说一些地方政府基于本地车企所生产的车辆来制定地方标准，外地品牌进入当地市场十分困难。一些人还认为，地方对电动汽车厂商的补贴用于补贴当地企业，会造成本地企业生产的车辆质量不如外地产品。对此，中央政府于2013年宣布外地品牌车辆应占推广的电动汽车总量的30%以上，不得设置或变相设置障碍限制采购外地品牌车辆。[①]但是，在有效实施地方政策降低地方保护主义方面难以监控。

规范合法性上的竞争关系还体现在电动汽车的商业业务上。比如尤其是国有企业和私营企业之间潜在的竞争关系。在国务院国有资产监督管理委员会的领导下，中央企业电动车产业联盟于 2010 年设立，成员包括国有汽车制造商、中国石油、中国石化、国家电网、南方电网、中国普天等，旨在建立行业标准、分享研发成果和完善电动汽车供应链（国资委，2010）。在国家财政等资源的支持下，中国电动汽车行业至今仍由私营企业主导。来自比亚迪和五洲龙的被访者表示，与其担心国有企业，不如担心其他私营企业受到政府大力支持而投资电动汽车行业。根据他们所说，对国有汽车制造商而言，电动汽车获利寥寥，它们可从销售燃油汽车中获得更多利润，但国有企业也不希望失去获得行业潜在的丰厚利润机会，它们尽管没有像比亚迪和五洲龙一样投入纯电动汽车，但仍在建设充电站等方面保持跟随步伐。

国有企业在规范合法性方面也存在竞争。例如，国家电网支持换电模式，这对服务供应者比制造商更为有利。南方电网支持充电模式。后者已经获得更多规制合法性和规范合法性。中国普天与南方电网在电动汽车充电服务模式上也有所不同。在深圳，中国普天子公司力能公司由工作人员帮助顾客充电，而南方电网推出自助式服务。

由于电动公交车比传统公交车造价高，车辆可行驶里程短，为了鼓励公交车公司采用电动公交车，深圳摸索出"融资租赁，车电分离，充维结合"的商业模式，按这种模式公交公司支付和传统汽车同等的价钱。充维服务运营商力能公司支付差价，保持对充电电池的所有权，并向公交车公司提供电池八年担保。公交车公司租赁电动公交车，将以往要花费的公交车燃油费支付给力能公司，作为公交车的充电费用。由于电费比油价便宜，

[①]　财政部, 科技部, 工业和信息化部, 等. 关于继续开展新能源汽车推广应用工作的通知. 2013. https://www.gov.cn/govweb/zhuanti/2013-09/17/content_2595776.htm[2019-01-07].

电动汽车虽然售价更高，但从长期来看，较低的油价和保养费用抵消了前期的高购买成本。然而，这种模式也有其局限性。由于按此模式公交公司支付的电费和燃油费相等，使得公司没有转换的动力。尤其是他们已适应了燃油车供应、维护保养链条。力能公司也抱怨只有电动汽车制造商和购买者才能获得国家补贴，而像它们这样的服务提供商不得不亏本运营。这是因为政府还未估算电动汽车的充电费用。这项收费现在和电费一样低，没有反映出人工成本、设备折旧费等。像力能公司这样有国企背景的公司仍能维持经营，是因为中国普天可以用其他业务的盈利来填补这里的亏损。但是，对于进入该行业的其他公司来说将会十分困难。所以力能公司的被采访者认为，从长远来看充电站的服务费用应该纳入充电补贴范围。

总之，电动汽车获得了规范合法性。一些燃油车制造商也开始意识到电动汽车也许是汽车行业未来的发展趋势，它们希望能充分利用政府的政策支持。另外在国家的资助下，越来越多的大学实验室开始转向纯电动汽车，而非燃料电池和其他可替代技术的研究。然而，行业和专业标准仍未确立，这种不确定性使得更多行动者无法进入电动汽车行业。尽管电动出租车和电动公交车司机已经开始接纳电动汽车，很多人逐渐喜欢驾驶电动汽车，但他们仍有顾虑。与公交车行驶既定路线不同，很多出租车选择行驶路线受到充电时间和车辆可行驶里程的影响。对于出租车和公交车公司而言，采纳电动汽车意味着打破现有行业传统和既得利益。尽管电动汽车具备规范合法性，而且消费者对治理空气污染的觉悟不断提升，值得注意的是，在一些城市消费者最倾向购买的恰恰是价格便宜、可短途使用的电动自行车和低速电动汽车，这类电动交通工具却缺乏规范合法性的。分析国家推动和消费者需求看似分离的原因，需要考察另一种合法性——文化认知合法性。

四、电动汽车的文化认知合法性

尽管电动汽车在中国是新事物，但电力驱动车辆对很多中国人并不陌生。在中国两轮交通工具比四轮交通工具应用时间更长。过去十年间，电动自行车有其天然的吸引力，"到 2015 年将会超过 1.5 亿辆"（Cherry，2013）。但深圳、北京、上海和广州等大城市均对电动自行车运行区域有相关限制。尽管电动汽车获得更多政府支持和资源倾斜，电动自行车的广受欢迎与中国消费者对电动汽车的冷淡反应形成鲜明对比。另外，人们使用电动公交车或电动出租车也没有问题。在深圳，乘客无须向电动出租车支付燃油附加费，而且比亚迪 E6 的电动出租车比大众桑塔纳等燃油出租车更加宽敞，因此很多乘客更愿意乘坐电动出租车。显然，并不能认为电力驱动的交通工具在中国缺少文化认知合法性。

相比电动自行车，电动汽车作为一种昂贵的投资，除了具有通勤功能外还代表着一种身份。由于购买绿色产品还未成为大多数中国人的身份象征，电动汽车被拿来和燃油车作对比时不占优势。比亚迪 E6 价格约 36 万元，加上中央政府和深圳市政府的补贴，仍要花费 24 万元。在 20 万到 30 万元区间内，消费者有很大的购车选择空间。与传统燃油车相比，除非电动汽车性价比更优，不然消费者一般不会选择后者。

虽然成本仍被视为电动汽车大规模商业化的主要障碍，但文化认知合法性有助于人们基于身份认同视角接受电动汽车。对电动汽车前景持悲观看法的被访者多次说，那些购买价值 20 万元以上车辆的人并不在意汽车在燃油上省钱与否。在这个意义上，特斯拉采用的策略值得借鉴。特斯拉将其客户定位为想要购买第二或第三辆车来显示身份的精英群体。一旦品牌的符号价值建立了，产品价格随着需求的增长就可以下降，最终进入中产阶级家庭。

电动汽车的推广是其文化认知合法性建立的过程，也是传统燃油车文化认知合法性的消减过程。尽管比亚迪等公司数年来不断改进技术，通过增加续航能力，降低再充电时间，使电动汽车能够迎合城市使用者的需要，但是这些努力似乎难以改变人们对电动汽车无法用于城际交通的印象。消费者会担忧充电站数量有限，以及遇到碰撞或极端天气时电动汽车的安全性能。

目前政府采取的直接补贴等激励措施更多是基于消费者的理性计算，较少着力于新价值观引导。因此，除了技术环节上的革新之外，文化认知的合法性也是电动汽车推广时需要关注的重点。

五、结论

中国燃油汽车产业一直以来采取与外商建立合资公司、"以市场换技术"为主的策略。但结果却是很难获得所期望的核心技术转移。国有生产商在技术、设计等方面严重依赖外资企业。因此，发展电动汽车被认为是重振中国汽车产业的契机。这同时也是中国成为技术强国、减少能源依赖和温室气体排放的潜在推动力。

然而，中国在选择纯电动汽车而非其他可替代性技术时，存在着不同政府机构和地方政府间的协商和权力博弈等问题，并面临着技术实用主义的挑战。那些接受了中央政府设定的电动汽车指标和原则的城市，以及那些已经在国内市场处于行业领先的城市，往往不是在汽车行业取得既定利益者，也没有为中央政策预留预算。在公司层面，新进入汽车行业的企业，主要是私营企业，它们对电动汽车研发和推广更为积极。

中国电动汽车行业已经具备了规制合法性，成为中国自主创新战略的一部分。虽然有来自国家层面的支持，消费者却热情不高，地方层面的接纳程度也有很大差异。电动汽车行业若要获得规范合法性和文化认知合法性，则需要采取更完善的措施使电动汽车比传统燃油车更令人满意，使国产品牌比进口品牌更具吸引力。为此，中国企业应具备关键零件质量不低于进口产品的自主生产能力，而不是依赖进口或向外国企业支付专利费用。不仅行业要实现可靠的、效益高的技术改进，而且政府要鼓励汽车行业的所有利益相关者支持电动汽车发展。但是要做到这一点，传统国企从燃油车行业中获得的丰厚利润可能会受损，外国车企和政府也可能会抵制中国的保护主义。政府对此进退两难。

针对电动汽车规制合法性与其规范合法性、文化认知合法性的分离问题，国家已经做出了相应的政策调整。首先，中央政府正在建立电动汽车国家标准，包括电池回收、充电、维护和修理等方面。标准化将更好地提高行业整体素质，为进入领域的行动者建立明确规则。但这也意味着过早锁定一系列技术形态，从而阻碍了进一步的创新。其次，小型、便宜的迷你电动汽车已经获得了部分规制合法性。如众泰知豆E20等车辆已经获得政府补贴资质。同时，国家决定加大电池技术等电动汽车关键技术的研发投入，并为电动汽车发展提供完善的激励措施。紧随中央政策，国家电网计划到2020年建造10000台充电设施和120000台充电桩，以覆盖所有主要城际高速公路。上海、深圳、北京等城市正在考虑免除电动汽车税费及停车费，补贴充电设施建设。这些激励政策将吸引更多公司进入电动汽车行业，为消费者提供更多购车选择。此外，特斯拉等公司已经进入中国市场，中国消费者也可以选择BMW i3等全球主流车企打造的电动汽车品牌。一方面这会增强消费者对电动汽车的认知度，但另一方面则对国产电动汽车生产商构成了竞争。中国电动汽车生产商对出口也十分积极。一些新形式的合资企业，如比亚迪和戴姆勒联合创设了品牌腾势汽车（DENZA），将比亚迪在充电电池和电力驱动领域的优势与戴姆勒在专业设计技术和整车制造领域的优势相结合。

中国通过电动汽车实现汽车行业世界领先，同时拥有市场和技术的态度十分明确。这些目标多重，可能伴随冲突。平衡自主创新、产业升级、环境与能源风险管理等方面挑战仍存。电动汽车在中国的商业化和推广前景，仍取决于各级政府机构、国有和私有车企、电力服务供应商、电动汽车零件制造商、消费者等不同利益相关者之间的利益博弈，以及规制合法性、规范合法性和文化认知合法性的一致。规制合法性自上而下执行，规范合法性和文化认知合法性自下而上形成，这些过程相互联系且发展是缓慢的。

在研究创新系统时，需要关注合法性的不同维度以及它们是如何一致的。同时，行动者之间动态的权力关系和利益冲突又影响了合法性的每个维度。从中国的电动汽车案例可以看出，制度是动态而非固定不变的。当面对相互冲突的制度要求以及为保护和促进自身利益而斗争时，不同的行为者可能会以不同的方式解释、选择性地参与、操纵现有制度，或者创建新的或非正式的制度。

第十四章　如何"保护"颠覆式低碳创新

中国是世界上最大的温室气体排放国，燃油汽车的快速增长加剧了城市空气污染。同时为了满足对交通燃料日益增长的需求，中国不断增加石油进口开支（Rosenthal，2008）。国家环境保护部于 2015 年 4 月 1 日公布的分析表明，机动车是北京、杭州、广州和深圳空气污染的主要原因。在北京市产生的 PM2.5 污染中，有 31% 来自机动车（刘琴，2015）。为努力解决这些问题，同时在新兴战略性产业中构建竞争力，近 20 年来中国政府一直加快培育新能源汽车，使之快速增长。

2007 年，国家发改委颁布的《新能源汽车生产准入管理规则》首次对新能源汽车进行了正式的定义。新能源汽车包括混合动力汽车、纯电动汽车（包括太阳能汽车）、燃料电池汽车、氢发动机汽车、其他新能源（如高效储能器、二甲醚）汽车等（国家发展和改革委员会，2007；Gong et al.，2013）。"十一五"期间，中国建立起新能源汽车的研发基础。根据中国汽车工业协会 2014 年 10 月 10 日发布的统计报告，2014 年 1—9 月，我国共生产了 38 522 辆新能源汽车，其中包括 22 747 辆纯电动汽车、15 775 辆插电式混合动力汽车；销售了 38 163 辆，其中纯电动汽车 22 258 辆，插电式混合动力汽车 15 905 辆（中国汽车工业协会，2014）。虽然如此，中国新能源汽车的发展仍面临诸多亟待解决的问题，比如面向私人消费者的销售量较低，充电站、充电桩包括停车场等基础设施短缺，等等。对于新能源汽车的发展前景，舆论分为乐观主义者和悲观主义者两派。如何解释中国新能源汽车的发展历程并分析其未来？如何"保护"这一颠覆式低碳创新？政府在这个过程中的角色和作用是什么样的，如何在未来做得更好？从转型研究的视角来看，这些问题尚未得到充分研究。

　　本章旨在通过运用转型研究中的"保护空间"（Protective Space）理论（Smith and Raven，2012），来解释和评价中国新能源汽车的发展，分析将新能源汽车作为政府推动的低碳小生境的意义，进而探讨在何种情况下"保护空间"的有效性。

　　"保护空间"及其理论基石——战略小生境管理及相应的政府政策都侧重于从"外部"视角出发，以一种自上而下的管理方式来管理创新和转型的过程。但是，转型过程太复杂，很难给予非常直接有效的外部支持。史密斯和瑞文就认为，需要采取一种"内在"视角来研究"保护"，以便更能反映小生境或"保护空间"的现实情况。

　　上述视角揭示了对"保护空间"理论的重构。本文认为，还需要进一步分析转型过程，特别是重点关注"保护"之中的权力（power）关系。转型过程是复杂和凌乱的，其中充满了政治和权力论争。因此，需要超越试图"管理"转型过程的想法。在外在本体论管理政策指引下，中国的新能源汽车处在发展的困难期。通过视角转换，即采用内在的建构主义视角可以解释和预测这种发展困难。在实践层面，中国的新能源汽车发展的政策制定者正在逐步转向从内部的角度来考虑政策工具。通过近距离地重视"保护空间"内部的权力关系，可以重构转型实践过程中的权力关系，从而有效获取而不是放弃国家和政府的支持。

一、"保护空间"及其不同理解

目前对转型研究有重要贡献的理论，有战略小生境管理、多层视角和转型管理等，着眼于战略的、长期的转型过程是这些理论和方法的核心（Schot et al.，1994；Weber et al.，1999；Rotmans et al.，2001；Hoogma，2002；Elzen et al.，2004；Geels，2004，2005a；Grin et al.，2010；Weber and Rohracher.，2012）。转型研究的核心问题，是要探讨"低碳技术小生境如何壮大，使之突破小生境层面，进而与主导的社会技术体制相竞争，最终实现创造性破坏"（Smith et al.，2014）。对于战略小生境管理而言，上述问题转译成"系统构建者（system builder）如政府如何积极地支持上述进程"。目前对上述问题的回答较少，这也是一个新兴的研究热点。一些相邻的学术领域有类似的探讨。比如在战略小生境管理和产业政策领域，学者们对 20 世纪末期东亚国家摆脱"中等收入陷阱"中政府所扮演的角色进行了评估。其中比较典型的是马祖卡托（Mazzucato）提出的创业型国家（entrepreneurial state）概念。

基于战略小生境管理中小生境与主导社会技术体制之间关系的论述，史密斯和瑞文（Smith and Raven，2012）指出，现有的文献对颠覆式创新摆脱其"保护空间"，进而改变更大范围的主导社会技术体制的研究并不充分[①]。为解决这一问题，他们建议将"赋权"（empowerment）作为小生境在实现低碳创新过程中的一个功能特性而予以重视，进而提出了一个区别于战略小生境管理的转型理论——"保护空间"。他们认为在广泛的转型过程中，有效的保护具有三个特性或功能：遮蔽、培育和赋权。对前两个特性现有文献具有研究，而赋权则没有被强调。赋权反映了小生境跨越具体时间和空间时，通过不同的政治性叙事增强其生命力。

基于这一观点和理论分析框架，已经有多篇论文发表（Verhees et al.，

---

① Köhler J, Geels F W, Kern F, et al. An agenda for sustainability transitions research: state of the art and future directions. Environmental Innovation and Societal Transitions, 2019, 31: 1-32.

2013；Boon et al.，2014；Kern et al.，2014；Smith et al.，2014）。这些文献详细阐述了"保护空间"在更大范围内不断进行的动态的转型过程中，所体现的三个功能特性。遮蔽是指在多维选择环境下，积极或被动地抵抗颠覆式创新所面临的压力的过程。遮蔽的方式有容忍颠覆式创新在盈利或者技术上的劣势，提供金融支持和规则的豁免，在有利于颠覆式创新发展的地区实施创新，等等。遮蔽可分为积极和消极两种类型。消极遮蔽主要指创造特定的适合颠覆式创新生存的地理或制度空间。积极遮蔽，则是为颠覆式创新抵抗所处主流环境的选择压力，而不是搜索或等待适合颠覆式创新生存的情境条件（Smith and Raven，2012：1027）。培育是指在遮蔽的空间内，培育颠覆式创新的过程。主要包括三方面：在关键行动者之间形成可清晰表达的、共享的发展目标；进行反思性学习；以及构建稳定的行动者网络。赋权是在颠覆式创新发展过程中积极激活新的行动者的过程。赋权有两种形式，一种是"适应和顺从"（fit and conform），即无法改变颠覆式创新的选择环境，颠覆式创新只能与不变的选择环境相抗争。另一种是"弹性和变形"（stretch-and-transformation），即改变选择环境使之有利于颠覆式创新的发展。

此外，与史密斯（Smith，2007）、罗梅恩（Romijn）与卡尼尔斯（Caniëls）讨论行动者之间存在紧张关系的观点一致（Romijn and Caniëls，2011），史密斯和瑞文（Smith and Raven，2012）透过建构主义的视角，认为传统的对颠覆式创新的保护理论存在第二个缺陷，"鉴于小生境在演化转型过程中所发挥的功能，很多人会迷恋于采用管理的、'局外人'的本体论视角来看待小生境的发展。但是，采用这种本体论立场有风险，即忽视了转型过程中所产生的内在动力，而这种动力是发起和支撑转型的所在"（Smith and Stirling，2007；Garud et al.，2010：761）。通过强调创造意义的能动者和能动性在"保护空间"中的动态性，史密斯和瑞文（Smith and Raven，2012：1026）呼吁，我们需要认真思考什么是"保护"，"保护"从何处而来，以及谁参与其中塑造了"保护"。

　　从史密斯与瑞文的研究中可以看出，系统建设者（system builder），由于其不同的认识论基础，对"保护空间"有两种不同的理解方式。对于持外在本体论（outsider ontology）的系统建设者而言，他们采用一种外在管理式的实体论视角。这种视角将小生境看成是一个客观客体，认为可以通过上述的三个过程从外部促使其发展。"保护空间具有推动小生境演化发展的功能……应该去庇护、培育它并赋予其力量，使之朝向可持续发展方向转变。同时，坚信可以用外在客观的指标来衡量可持续发展、小生境的表现以及占主导地位的社会技术体制的现状"（Smith and Stirling，2007；Smith and Raven，2012：1031；Garud et al.，2010）。相反，对于持内在本体论（insider ontology）的系统建设者而言，上述三个过程是参与小生境"社会技术"配置的行动者能动性的内在展现。在行动者庇护、培育并赋予小生境力量的过程中，多个行动者之间的关系存在政治性。这种政治性使得保护小生境的行为远非一个有秩序的、非常理性的管理任务。人们就保护的形式、重点以及如何去保护所下的断言也是多样化的（Smith and Raven，2012）。

　　这两种本体论的差异体现在瑞普（Rip，2006）、史密斯和斯特林（Smith and Stirling，2007）之前的研究中。史密斯和斯特林将"客观"的、"外在"的认识论观点与从社会技术系统内部来反思治理的内在本体论观点进行了比较。瑞普持类似的观点，他认为现代主义者的操控（modernist steering）是参与治理的相关行动者将他们自己以及行动的目标视为其所干涉的系统外在的东西。非现代操控（non-modern steering）是治理行动者认识到他们只是所处系统演化模式中的一部分，他们只能尽最大可能地调节系统——"如同其他行动者一样，有意无意地通过其自身行动和相互作用来调节系统演化的模式"（Rip，2006：83；Shove and Walker，2010）。通过上述比较可以发现，小生境的成长是一个"赋予力量"的过程。认识论基础从"外在"向"内在"的转变，体现了对什么是"保护空间"（包括小生境壮大以及相应的战略小生境管理政策）的理解的转变上。

上述变化可以通过现实案例研究来反映。本章便以 1991—2015 年中国新能源汽车的发展为例，来说明中国新能源汽车发展模式由典型的自上而下的管理方法向更多的建构主义方法演变的过程。这一政策学习过程（policy learning process）深刻地表明，试图从外部以自上而下地来管理电动汽车的转型并不有效。在中国这样一个能够用多种手段来调整国民经济支柱产业发展、非常适合自上而下管理的政治经济环境中也是如此。为解决外部的、自上而下政策失灵问题，中国新能源汽车政策的制定者们开始认识到外部管理方法存在的问题，并着手寻找新的方法，在实践中表现为从外部管理观点向内在的建构主义观点的深刻转变。因此，重新采用一个建构主义“内部”视角，聚焦和促进小生境内部的学习和网络形成，能够提供更有效的转型政策工具。

史密斯和瑞文认为“保护空间”的重要方面是“赋权”。本书进一步认为，首要问题是充分重视“保护空间”中的权力，以及权力在系统转型中的作用。本书将社会技术体制的转型理解为权力-知识关系的转型，将讨论如何对战略小生境管理的分析框架转变为实践智慧分析，或可称为专注于实践和权力研究的智慧（Flyvbjerg，2001）。这种分析视角的转换将显示出两个优势。首先，实践智慧揭示了运用建构主义视角重新解读实际干预措施中的“保护空间”概念所遇到的挑战。其次，它提供了对政策本身的重新架构，以提出一些有帮助和实用性的建议。如在实践过程中通过重构权力-知识关系，来融合而非放弃或反对国家和政府的支持，从而推动低碳创新。

二、政府保护新能源汽车的原因及措施

下面对1991—2015年中国新能源汽车发展过程和相应政策进行分析。

1. 政府发展电动汽车的战略

在中国，新能源汽车产业被视为国家战略的重要组成部分。这些策略将减轻中国对于进口石油的依赖，保障能源安全，减轻温室气体排放和空

气污染，并通过"弯道超车"（在某一新兴产业中取得全球主导地位）培育发展战略性新兴产业。其中，"从追赶到超越"一词反映了过去 20 年对电动汽车发展的重要策略变革，而关于高科技机器人制造的《中国制造 2025》一书也有类似表述。

自 2006 年以来，中国一直积极推动"自主创新"，旨在减少对国外企业的技术依赖，推动中国在 2020 年成为"技术强国"，到 2050 年成为"全球领导者"（Wang and Kimble，2013）。《国家中长期科学和技术发展规划纲要（2006—2020 年）》作为具有里程碑意义的启动文件，其被视为实现"中华民族伟大复兴"的"科技发展蓝图"。该纲要序言呼吁中国人抓住机遇，迎接新科学和技术革命带来的挑战。（McGregor，2010）

汽车行业在这一战略中占据显著地位。对于中央政府来说，中国燃油汽车行业以大型国有企业和全球汽车巨头为主的合资企业战略，以及"市场换技术"策略，并不成功。国内企业缺乏对核心内燃机技术的知识产权（Winebrake et al.，2008），因此，在全球范围内，中国汽车产业想要跟上，仍有很大的难度。从这个角度来看，发展电动汽车不仅是本土创新的结果，而且也是应对全球金融危机（也是高度金融化的全球汽车行业的危机）的机会，并能享有作为全球新技术、新产业领导者所带来的经济效益。通过对政策文件的分析显示，"弯道超车"是中国政府在保护电动汽车方面使用最多的叙述。

然而在电动汽车研发过程中，政策重点发生变化，这反映电动汽车发展形势和中央政府的偏好随时间而发生变化。20 世纪 90 年代末，"十五"期间，混合动力技术关注度最高，主要原因在于诸如丰田的普锐斯车型等混合动力产品的引进在此阶段之后，燃料电池技术被发现应用前景广阔。近些年，纯电气化成为政策扶持的重点（Gong et al.，2013）。此外，"从追赶到超越"，其政策措辞变得更加明确。电动汽车重点项目被列入国家 863 计划是最重要的时刻之一。

地方政府和一些私营企业也注意到了弯道超车的机会。譬如，深圳是电池及电动汽车制造商比亚迪，以及华为、腾讯的所在地。深圳市政府迫切需要调整产业结构，而产业链较长的汽车产业就是其中的最佳选择。然而就政府的规划而言，目前全国汽车产业布局已经完成，主要企业并不在深圳。这就意味着，如果地方政府想要发展本地燃油汽车产业，将很难得到中央政府的支持。电动汽车正因为与燃油汽车产业在零部件和产业链方面有很大不同，它为当地政府和非传统燃油汽车制造业提供了一个改变中国燃油汽车主导的交通制度的好机会。

2. 政府打造电动汽车"保护空间"的三种发展阶段

根据政府政策目标的不同，中国电动汽车发展大致可分为三个阶段（图 14.1）：1991 年至今的研究开发；2008—2012 年的示范应用；2012年至今的推广应用。政府对电动汽车管理的战略重心和方式经历了从遮蔽到培育，再到赋权的转变。国家和地方政府首先重点在研发项目中调动和塑造遮蔽空间，之后转移到培育电动汽车的产业保护空间，最终通过动员燃油汽车的生产和消费机制来赋权电动汽车的保护空间。过去 20 年来，政府一直致力于推动电动汽车从研发到批量生产。这些都是政府以"局外人"的角度推动进行的。在下一节中将予以详细分析作为局外人实施政策的问题。

研究开发（1991年至今）

示范应用（2008—2012年）

推广应用（2012年至今）

图 14.1　电动汽车发展的政策目标阶段

1）研究开发阶段

尽管直到 2007 年才出现电动汽车的官方定义，但电动汽车的开发工作早在 20 世纪 90 年代早期便已开端。中国计划在新能源汽车领域开展超过 20 年的研发工作，这一重点研发工作可以追溯至"八五"计划，并延续至今（表 14.1）。科技部对电动汽车的研发支持至关重要，制定了相匹配的创新战略。

表 14.1　国家五年计划中的国家研发项目

五年计划	国家研发项目	关键技术	部门
"八五"计划 （1991—1995 年）	国家电动汽车关键技术研究项目	电动汽车蓄电池	科技部
"九五"计划 （1996—2000 年）	空气净化工程——清洁汽车行动	内燃机、可替代能源（如酒精、乙醚、生物质能、柴油）等广泛领域	科技部、环保总局，等
"十五"计划 （2001—2005 年）	国家 863 电动汽车重点项目； 《节能中长期专项规划》	动力控制、驱动电机、混合动力汽车电池、纯电动汽车/充电式电动汽车、燃料电池汽车、混合 & 汽车柴油化	科技部、发改委
"十一五"计划 （2006—2010 年）	《国家中长期科学和技术发展规划纲要（2006—2020 年）》；863 计划中的节能和新能源汽车重点项目	电动汽车（混合动力汽车、替代燃料汽车和燃料电池汽车）；全面研发框架	科技部、发改委
"十二五"计划 （2011—2015 年）	国家"十二五"科学与技术发展规划；《国务院关于加快培育和发展战略性新兴产业的决定》	纯电动汽车和充电式电动汽车	国务院、科技部、发改委、工信部、财政部

从"八五"计划（1991—1995 年）起，中国开始研发电动汽车，实施国家电动汽车关键技术研究项目。蓄电池电动汽车被列为国家重点工程。在此基础上，清华大学研发出中国第一代蓄电池电动汽车，并将其应用于校园交通运输中。

"九五"期间最重要的研发项目是 1999 年的"空气净化工程——清洁汽车行动"。该方案由科技部和国家环保总局（环境保护部前身）组成的 13 个部门共同推出。其目标是通过开发清洁能源车辆来减少车辆废气排放。在这个项目中，清洁车辆覆盖领域广泛，包括清洁的常规内燃机车辆、压缩天然气汽车（CNGVs）、液化石油气汽车（LPGVs）（两种替代燃料车辆）、混合动力汽车和纯电动汽车。"九五"计划期间科技部和其他部门投入研发费用 5 亿元，在广东汕头成立了电动汽车试验示范区，并建立电动汽车标准技术委员会指导制定电动汽车相关标准（Gong et al., 2013）。

"十五"计划（2001—2005 年）中，科技部的电动汽车重点项目被列为国家高技术研究发展计划（863 计划）。该重点项目主要关注混合动力汽车、BEV/PEV（蓄电池/纯电动汽车）和燃料电池汽车等，采取"三纵三横"研发布局。这项 863 计划始于国家汽车工业发展战略，选择新一代电动汽车技术作为技术创新方向。这一方案的实施联合了企业、大学和研究机构。国家、地方政府和企业的资金规模达 2.9 亿美元（Gong et al., 2013）。2004 年，国家发改委修订了《汽车产业发展政策》，制定《节能中长期专项规划》，其中首次确立汽车产业于 2010 年成为国民经济的支柱产业。

2006 年"十一五"初期，国务院通过的《国家中长期科学和技术发展规划纲要（2006—2020 年）》专门提及了"低能耗与新能源汽车"，重点介绍混合动力汽车、替代燃料汽车和燃料电池汽车（国务院，2006；Gong et al., 2013）。同时，科技部继续支持电动汽车，并启动 863 计划中的节能和新能源汽车项目。与上一个五年规划相比，中国建立了全面的研发框架。超过 200 家大型汽车企业、零部件企业、大学和研究机构，以及 3000 多名高级研究人员直接参与电动汽车研究与开发。"十一五"期间，包括国家和地方政府在内的资金总额超过 15 亿美元。"十一五"推动电动汽车从实验室或模型走向市场，成为中国电动汽车发展史上的一个里程碑（Gong et al., 2013）。新一批 863 计划将所有类型的电动汽车纳入其中，新的研发模式也随之确立。中国政府已经投资了 11 亿元来推进电动汽车关键技术的开发，并取得了不错进展。

2010 年 10 月，《国务院关于加快培育和发展战略性新兴产业的决定》发布，将新能源汽车列为七大战略产业之一，旨在调整经济结构，向资源节约型、环境友好型社会转型，肯定了电动汽车对未来汽车行业的战略影响。在政策层面，充电式混合动力汽车和电动汽车作为试点和商业化重点进一步得到推进（国务院办公厅，2010）。2012 年 3 月，科技部发布《国家"十二五"科学与技术发展规划》，明确指出以纯电动驾驶为目标，计划于 2015 年实现电动汽车人口达 100 万人（科技部，2011）。

2）示范应用阶段

2009—2012 年的三年示范应用影响深远。2009 年，中央政府提出要"振兴汽车产业"，这对中国替代能源汽车行业意义重大（国务院办公厅，2009）。面对全球经济危机，国务院办公厅于 2009 年发布了 10 项产业振兴计划，以刺激国民经济。其中包括汽车产业重组和振兴计划。该计划制定了一系列车辆年销售目标，并采取奖励政策支持。例如，2009 年新车销量应超过 1000 万辆，2009—2011 年的平均增长率应至少为 10%（Gong et al.，2013）。由于经济增长和汽车产业激励计划，中国在 2009 年超过美国成为全球最大的新车市场。该计划共计投资 100 亿元人民币，用于汽车技术的发展，其中包括替代燃料车辆（AFV，Alternative Fuel Vehicle）的研发（Zheng et al.，2012）。同时，该计划要求启动节能和新能源汽车试点，计划在 2009—2012 年，实现 50 万辆电动汽车（包括纯电动汽车、普通型混合动力汽车和充电式混合动力汽车）的生产目标，且新能源汽车销量占乘用车销售总量的 5%（国务院办公厅，2009）。

为实现这一为期三年的示范项目，2009 年 1 月，财政部、商务部、发改委和工信部联合启动了"十城千辆"项目。试点的大中型城市将主要在公共汽车、出租车、政府车队、卫生、邮政和机场服务等公共部门部署节能和新能源汽车。到 2010 年，共有 25 个城市分三批参加示范项目。如果某一试点城市到 2012 年底没有实现目标，那么将被淘汰。只有"十城千辆"推荐目录中列出的车辆才会得到补贴。中央政府只会对购买试点车辆进行补贴，而市政府的资金将支持建设辅助设施和车辆维修。2010 年 6 月，深圳和其他 5 个城市进一步被确定为试点城市，对购买电动汽车的私人买家进行补贴。

以城市为单位推进的"十城千辆"工程于 2012 年末结束，得益于此，中国电动汽车数量增长迅速。该项目让一些有基础的城市为当地发展电动汽车积累了宝贵经验。但是，"十城千辆"目标落空。就算推广情况较好的城市也与当初雄心勃勃的目标相差甚远。[①]

3）推广应用阶段

尽管"十城千辆"工程的结果远未达到原定目标，但政策效果优于独立项目的推广应用。

2012 年 6 月国务院发布《节能与新能源汽车产业发展规划（2012—2020 年）》，明确指出电力驱动是电动汽车发展和汽车工业转型的未来战略方向，纯电动汽车和插电式混合动力汽车的产业化是当前的重点。计划到 2015 年纯电动汽车和插电式混合动力汽车的累计产销量力争达到 50 万辆。到 2020 年，纯电动汽车和插电式混合动力汽车生产能力达 200 万辆、累计产销量超过 500 万辆，燃料电池汽车、车用氢能源产业与国际同步发展（国务院办公厅，2012）。

2013 年 9 月，在补贴项目结束近一年后，商务部、财政部、发改委和工信部出台《关于继续开展新能源汽车推广应用工作的通知》，实行新一轮补贴政策。此后，四部委于 2013 年 11 月发布了"电动车推广应用首批城市名单"，标志着电动汽车行业进入新的发展阶段（中国汽车报，2013）。该政策得到了等待将近 9 个月的电动汽车企业和试点地方政府的欢迎。虽然国家预算拨付电动汽车发展资金的期限延长了三年，但据估计，期限结束后政府可能会限制其投资规模，并希望电动汽车制造商不再需要政府资助和补贴。政府资助战略预计将在这三年期限之后改变激励机制和刺激机制。这轮补贴政策有几点不同：依托大城市或城市群；电池电量标准从电池电量转为行驶里程；同时新补贴更加注重收费基础设施建设，克服地方保护主义。2014 年 7 月，国务院发布了两项新的规定即《关于加快新能源汽车推广应用的指导意见》和《政府机关及公共机构购买

---

① 人民网. "十城千辆"目标落空 完成情况差距甚远. https://www.d1ev.com/news/shichang/20198[2023-07-09].

新能源汽车实施方案》。

三、外在管理视角下的新能源汽车政策

本节将从外在本体论视角评估政府作为"保护空间"建设者的逻辑：遮蔽、培育和赋权。

中央政府是新能源汽车产业路线的顶层设计者，制定了《节能与新能源汽车产业发展规划（2012—2020）》，明确了新能源汽车行业的目标。产业技术路线具有明显的线性逻辑：基础研发→应用研发→试点→商业化→扩散。同时，地方政府为实现顶层设计，采取"摸着石头过河"的做法，超越了技术的线性扩散过程。表 14.2 列举了政府保护和管理电动汽车的一些措施。这些政策措施为电动汽车提供了保护空间的三种功能：遮蔽（消极遮蔽和积极遮蔽）、培育（明确愿景、构建网络和促进学习）和赋权（适应和顺从式赋权；弹性和变形式赋权）。

表 14.2　政府保护和管理电动汽车的措施举例

遮蔽	培育	赋权
消极遮蔽 •一般性研发计划，如材料科学研究计划； •作为早期使用者，较少的环保人士愿意为电动汽车较差性能支付较高价格 **积极遮蔽** •实施技术专项研发支持计划； •政府补贴、采购； •对燃油汽车体制外的企业（如比亚迪）和地方政府进行鼓励	**明确愿景** •宏观层面（弯道超车、能源安全、气候改变）； •中观层面（战略性新兴行业、产业转型升级）； •微观层面（外观、功能） **构建网络** •建立电动汽车产业链； •建立产业联盟（央企电动车产业联盟、区域电动车产业联盟、中国电动汽车百人会）； •协同政府部门（科技部、财政部、发改委、工信部）；建立市级新能源汽车领导组织； •建立示范推广城市群 **促进学习** 第一轮学习：研发；制定技术标准；建设基础设施；培训驾驶员、维修人员，提供新服务；推广新的商业模式 第二轮学习：很少进行	促进新能源汽车小生境与内燃机生产和消费体制以及公共内燃机交通体制竞争 **适应和顺从** •提高产品性能；通过大规模生产降低价格；注重竞争力； •实施退坡机制 **弹性和变形** •电动出租车和内燃机出租车的竞争； •以电动公交替换内燃机公交系统； •电动汽车司机体检； •限购燃油汽车； •增加燃油汽车的排污税和停车费

1. 遮蔽及其影响

在中央政府决定推广电动汽车之前，比亚迪等一些为外资代工手机电池的企业已经处于电动汽车制造的起步阶段。一些产业和公共研发项目支持电池材料的科研活动。当时比亚迪等电池制造商以及深圳等地方政府，都在燃油汽车的生产体制之外。但是，在电动汽车的技术和行业发展成为国家战略后，上述消极的遮蔽空间被新能源汽车的倡导者积极动员起来。中央、部分地方政府和企业开始积极保护电动汽车的研发。2011 年时任科技部部长万钢在国际电动汽车示范城市及产业发展论坛上指出，近十年科技部在电动汽车关键技术的研发投入累计已经超过 20 亿元人民币，带动社会和企业投入超过百亿元人民币。[①]"十一五"（2006—2010 年）期间我国建立了全面的研发框架（图 14.2）。

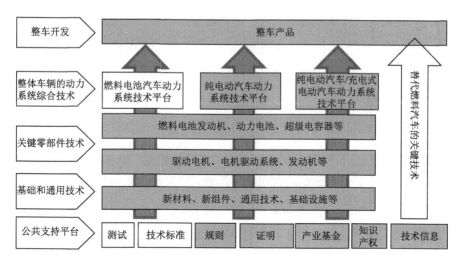

图 14.2　国家 863 项目中节能与新能源汽车发展"三纵三横"布局[②]

在政府支持下，国有和民营企业与大学建立了研发机构或合作研究中心。然而，从对高校、企业科研人员及工程师的访谈中发现，尽管研发投

① 万钢：电动车发展需国际统一的标准. http://auto.sina.com.cn/news/2011-04-21/1507757249.shtml [2011-04-21].
② 陈晓敏. 论低碳经济——新一轮的产业革命. 科学管理研究, 2011, 29(4)：105-108.

入很高，但电池相关技术如能量密度比、充电时长、安全性能等方面的进展仍然相当缓慢，未能实现政策预期的依靠"技术推动"推进系统转型。

2. 培育及其影响

1）明确愿景

中央和地方政府分别从战略层面（如"弯道超车"，确保能源安全和减轻气候变化的影响）、产业层面（如战略性新兴行业和高技术行业；创造就业机会）、操作层面（如替代燃油汽车）明确了对电动汽车发展的预期。

在这一愿景的影响下，电动汽车行业发生了明显的转变，尤其体现于越来越多国企积极参与这一行业。国际主要汽车制造商在中国推出了他们的电动汽车车型。如特斯拉的汽车直销受到中国精英阶层的欢迎。比亚迪作为国内电动汽车生产商的代表，则开始生产其第二代电动汽车、双模混合动力车型"秦"。比亚迪和戴姆勒成立的合资公司推出了他们的第一台纯电动汽车 DENZA。财政部、科技部、国家发改委和工信部在《关于继续开展新能源汽车推广应用工作的通知》中发布了新一轮的补贴政策，比亚迪总裁王传福对此表示，2014 年将成为电动汽车发展的转折点。此时全球电动汽车发展并非一帆风顺。例如 Better Place 和 Fisk 破产，2015 年美国调整了其 1 亿美元的电动汽车销售计划，德国建设充电基础设施的计划也遭遇诸多困难。中国电动汽车市场有望在全球推动电动汽车发展中发挥重要作用，最终成为全球最大的电动汽车市场。

2）构建网络

为实施电动汽车示范推广项目，中国成立了电动车产业联盟如中央企业电动车产业联盟、区域电动车产业联盟、中国电动汽车百人会。在第二轮示范城市中，鼓励城市群而非独立城市来实施该项目。在地方层面，以深圳为代表的试点城市，试点的地方政府如深圳将成立由市政府有关部门组成、由市长任组长的市政电动汽车领导小组。

同时，新能源汽车产业链开始快速打造。在国家政策的激励下，许多地方政府已经积极申请成为试点城市，并制定计划生产电动汽车和推广电动出租车，建设基础设施，以及提供财政补贴。越来越多的私营企业和国有企业已经进入该行业，运营充电站、修理厂、汽车共享公司等，国家电网就是其中的代表。2014 年 8 月，特斯拉宣布与中国联通合作建设电动汽车充电基础设施。目标是在 120 个城市 400 个联通营业厅建设充电桩，在 20 个城市建立超级充电站。[①]这些网络建设活动伴随着组织之间的协同合作。但私人消费者由于对电动汽车的价格、速度、驾驶安全性能和基础设施收费等方面心存疑虑，并没有积极参与网络的建构之中。

3）促进学习

由于电动汽车技术是新兴领域，因此学习实践知识非常重要。通过学习，对电动汽车和燃油汽车在性能和特点等方面的区别更加清晰。比亚迪等企业开始对员工进行培训，向他们传输有关电动汽车生产和服务的新知识。为了交流经验，比亚迪在深圳鹏程电动集团有限公司停车场设立了电动汽车修理厂，方便了电动汽车司机与维修人员相互学习。力能公司和比亚迪培训充电岗位的工人。新职业和岗位也从中诞生。

通过对性能特征、系统制造等专业知识的学习，以比亚迪、五洲龙为代表的一些电动汽车企业已经生产出第二代电动汽车。2010 年比亚迪投放出租车市场的纯电动汽车 E6 单车行驶里程，在 2014 年均超过 50 万公里。同时，通过学习摸索，多项电动汽车的地方标准建立起来，为推进国家标准进程打下了基础。

虽然国家政策规划明确提出了电动汽车的发展目标，但是如何实施"顶层设计"却并不明朗。在此过程中，地方政府以有限的信息"摸着石头过河"。由于电动汽车价格昂贵，公共交通难以承受这样的成本，因此在一些地方发展出了几种新的商业模式。深圳开发的"融资租赁、车电分离、充维结合"模式，就是其中之一。

---

① 新华网. 中国联通和特斯拉共建充电桩涉 120 城市 400 营业厅. http://www.xinhuanet.com//world/2014-08/30/c_126935976.htm[2014-08-30]

3. 赋权及其影响

政府部门推广新能源汽车的逻辑，正在从技术小生境转向市场小生境。与此相对应的是，相比遮蔽和培育，电动汽车小生境更需要赋权。电动汽车面对的是两个燃油车主导的消费市场——私家车和公共交通市场。2015 年虽然电动汽车销售有显著增长，私人购买市场依旧规模小而不景气，政府还是通过政府采购计划鼓励在公共交通中使用电动汽车。在深圳等一些城市，电动出租车的收费低于燃油出租车（电动出租车租金仍高于燃油出租车的租金），且司机不必支付出租车经营牌照费。但是，2015 年对电动出租车司机的采访显示，对于那些希望从事出租车业务的人来说，燃油出租车仍然是首选，因为它的利润更高。因此，对电动出租车赋权仍然不足以推动重大转型，更不用说对私人电动汽车小生境赋权了。

在赋权的形式方面，政策侧重于采用"适应和顺从"选择环境的形式。如电动汽车主要通过提高产品性能，以及扩大生产规模以降低价格，来与燃油汽车生产者进行竞争。也有一些改变选择环境的"弹性和变形"政策形式。比如深圳、上海等大城市通过车牌拍卖或抽签，严格限制燃油车数量，而电动汽车上牌不受限制。但相比而言，政策中采用的"弹性和变形"的形式尚显不足。因为后者比前者更困难。以充电基础设施建设为例，在市中心建立充电站，城市规划部门选址困难，设置停车位难以获得业主支持，更不用说要改变国家及地方政府合法批准的城市土地使用规划。

总之，尽管国家和地方政府努力为扩大电动汽车"保护空间"进行遮蔽、培育和赋权，但新能源汽车的数量远未达到示范项目设定的目标。截至 2012 年底，共建设 174 个充电站和 8107 个充电桩。25 个城市的公共交通工具中有 27 432 辆电动汽车，其中 23 032 辆电动汽车用于公共服务，私人购买只有 4400 辆。但是，近一半试点城市尚未实现项目初期设定的目标。同时私人购买的前景尚不明朗。

此外，尽管汽车牌照限制和国家采购电动汽车等其他激励措施也发挥了重要作用，但最重要和最有影响力的政策是来自政府的补贴。电动汽车的发展过度依赖于政府补贴。在 2013 年 9 月第二轮补贴开始前，一些电动汽车企业甚至推迟下达生产指令。

四、内在建构视角下的政府政策学习

通过外在管理的视角人们会认为，理想的社会技术替代方案无法顺利开展，是因为保护措施不完整或不够充分（Smith，2007；Romijn and Caniëls，2011）。但是，如果采取内在建构论视角，就能发现在电动汽车保护空间的遮蔽、培育和赋权过程中充满争议，对电动汽车社会技术配置存在不同叙事。显示出对受"保护"的"新能源汽车"的定义也在变化之中。

1. 遮蔽过程中的不同话语

与遮蔽过程相伴的另一种话语是"保护主义"。2009 年和 2010 年，工信部依次发布了两个正式文件：《新能源汽车生产企业及产品准入管理规定》和《新能源汽车推广应用推荐车型目录》。这两个官方文件直接决定了汽车制造商是否有资格生产替代燃料汽车，所生产的电动汽车可否获得示范项目财政补贴，以及市政府是否可以抓住机遇发展当地汽车产业（Zheng et al.，2011）。在"十城千辆"示范项目中，首批电动汽车车型示范和电动汽车生产基地均来自试点城市的当地企业（耿慧丽，2009）。根据调查，一些受访者抱怨，某些本地企业将采购外国先进技术和零件，然后按照电动汽车示范模式组装，从而享受到政府扶持自主创新的补贴。

为此，我国于 2014 年 7 月出台了《关于加快新能源汽车推广应用的指导意见》，提出制定国家统一的电动汽车推广目录，以破除地方保护主义。

此外，对新兴话语的分析深刻揭示了围绕政府补贴政策的争议。比如，在制造商、消费者、基础设施提供商、运输公司（出租车公司、公交公司和物流公司）、服务机构（电动汽车维修和保养）以及私营和国有企业之间，谁为优先考虑的群体；退坡机制在电动汽车产业链的不同行动者之间如何实施，等等。

2. 培育过程中的不同话语

纯电动汽车、燃料电池汽车或充电式混合动力汽车所体现的电动汽车愿景，各不相同。电动汽车是一个概述性术语，对电动汽车的定义有不同观点，涉及哪种电动汽车技术路线应是首选。例如，《节能与新能源汽车产业发展规划（2012—2020 年）》讨论了很长时间。其中一个原因是，科技部和工信部对电动汽车发展重点持不同看法。科技部优先考虑电动汽车，而工信部则倾向于"两条腿走路"，即节能型汽车（包括燃油汽车）和新能源汽车。时任国务院总理温家宝于 2011 年 7 月在《求是》杂志上发表文章，指出新能源汽车发展的方向和目标模糊，需要尽快明确。关于电池充电或交换模式的话语也不同。实际上，电动汽车的这些不同愿景将会影响培育过程中的网络建设和学习。

3. 赋权过程中的不同话语

目前中国新能源汽车"保护空间"的所处环境更为复杂，在新能源汽车的赋权过程中大致面临以下几种竞争关系。

（1）新能源汽车与燃油汽车路线之间的关系。围绕"弯道超车"的讨论一直存在，即中国是否可以绕过混合动力汽车，直接开发纯电动汽车。2013 年 9 月，机械工业部前部长何光远公开证实了这些疑虑，并告诉媒体说"超车"的策略并不合适，内燃机仍将主导（搜狐汽车，2013）。燃油汽车支持者担心因电动汽车的炒作，政府会忽视传统燃油汽车节能环保技术的自主创新能力。国家 836 计划"节能与新能源汽车"重点项目第一轮项目获得政府支出 4.13 亿元，而高效率燃油汽车的研发经费仅1600 万元。[①]

（2）新能源汽车和燃油车公共交通体制之间的关系。在公共交通小生境方面，随着不断增加新能源汽车保护空间的赋权，电动汽车公交系统与现有燃油汽车公交系统之间的冲突变得越来越激烈。公共交通管理部门

---

① http://www.dooland.com/iptv/article.php?id=16837.

不愿意增加公交线路上的电动公交车数量，公开拒绝大规模使用电动汽车，表示电动公交车仍然存在安全性、维修保养费用、充电时间和场地等未解决问题。在出租车小生境方面，电动出租车公司面临着来自传统燃油出租车公司的竞争压力。如深圳鹏程电动集团有限公司被批评其电动出租车对旅客不安全，对驾驶员有放射性并导致不健康。

（3）电动汽车小生境之间的关系。这些小生境包括以特斯拉为代表的国际高端汽车小生境，受中国精英群体青睐；尽管尚未获得政府承认，低速电动汽车在山东省农村等地深受欢迎、发展迅速；DENZA 等合资产品，因其具备来自国外的高科技成分而具有吸引力。面对来自燃油汽车社会技术体制的压力以及其他电动汽车小生境的竞争，国产品牌电动汽车未来的发展具有不确定性。例如，2013 年 10 月，在电动汽车首轮政府补贴结束且没有明确的后续补贴信号时，深圳电动公交车行业领先企业五洲龙与山东低速电动车企业时风新能源车辆有限公司开展资本和技术的合作。在智能化、网联化变革的浪潮推动下，国产汽车电动化小生境存在与自动驾驶小生境合作的广大空间。

总之，从内在的建构主义观点来看，现实中受"保护"的"新能源汽车"也在变化之中。局外人视角往往认定培育的对象以及"保护空间"很容易明确。但是，这种想象在现实中却常常遭遇重重困难，实施结果往往令人失望。究其原因，在于"保护空间"内部充满争议。在高度不确定的、开放的产业技术创新和更广泛的社会技术转型过程之中，所培育的多个行动者的利益、观点和侧重点都会有所不同。当政策讨论谁应该被培育和赋权时，在现实中往往存在争议，有时难以清晰化。这必然会导致基于"客观"判断以确定"正确"的举措，从而进行自上而下的管理难有效果。

因此，伴随着电动汽车转型的挑战，赋权的政策方法也需要转变，即从外在本体论转向内在本体论视角（图 14.3）。采用内在的建构主义视角，去分析社会技术体制转型的政治性，应是政策学习的重点。中国电动汽车政策的演化恰好突显了这一转向，体现了内在的建构主义视角的敏锐洞察力。

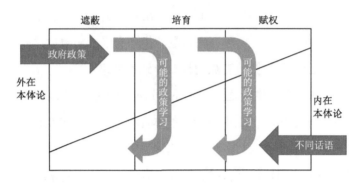

图 14.3 不同本体论对"保护空间"的解释

五、结论：从"建构性打开"到"实践智慧运用"

用遮蔽、培育和赋权等概念来描述转型过程，并非将其视为解决转型的万能"银弹"（silver bullets），而是将其作为理解和评价中国战略驱动下新能源汽车快速发展的一种有效的分析框架。这一分析框架不论是用于历史回顾还是未来展望，都具有重要的意义。

就中国新能源汽车发展的案例而言，中国新能源汽车的保护空间明显经历了三个过程：遮蔽→培育→赋权。在上述过程中，决策者对"保护空间"的理解发生了变化，实质上对"保护空间"本体论的认识基础发生了变化（图 14.4）。这涉及对"保护对象"边界的不同理解。"保护空间"和"小生境"是某一行动者眼中的固定对象，如某些政策文本中明确定义的新能源汽车；是几个确定的行动者共同构建的预期目标，如政府和其他行动者包括消费者一起所构想的新能源汽车；还是在一个开放式的转型实践场中所产生的、不确定的行动者的非预期的目标，比如兴起的低速电动汽车、未来无人驾驶电动汽车等。不同行动者对"保护空间"的认识论基础不同，将会给出不同的电动汽车发展政策。

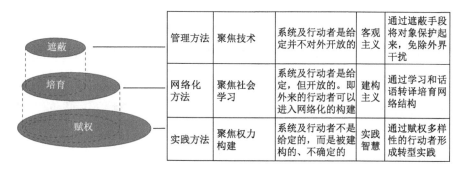

	管理方法	聚焦技术	系统及行动者是给定并不对外开放的	客观主义	通过遮蔽手段将对象保护起来，免除外界干扰
	网络化方法	聚焦社会学习	系统及行动者是给定，但开放的。即外来的行动者可以进入网络化的构建	建构主义	通过学习和话语转译培育网络结构
	实践方法	聚焦权力构建	系统及行动者不是给定的，而是被建构的、不确定的	实践智慧	通过赋权多样性的行动者形成转型实践

图 14.4　遮蔽、培育和赋权三者认识论基础的不同与重叠

从外部本体论视角出发，国家和地方政府对发展新能源汽车采用了管理办法（management approach），这种办法在对新能源汽车进行遮蔽的过程中十分成功，在对新能源汽车进行培育过程中效果明显，但在对新能源汽车赋权的过程中却处于无知（ignorance）状态，其表现为新能源汽车发展未来的不确定性（uncertainty）。本文认为，当进入到培育过程时，行动者从内部本体论视角出发采用网络方法（networking approach）就更为合理，这样行动者可以发现和解释为什么新能源汽车发展目标在培育阶段时会遇到挫折或"失败"。正如史密斯和瑞文（Smith and Raven，2012）等人的研究表明，有必要超越以外在本体论为基础的管理方法，提出更有效的转型政策。"分析和理论化以小生境为基础的动态化的可持续转型过程，需要补充内部的本体论视角，以强调参与小生境构建和主导社会技术体制再生产的行动者的能动性。"（Smith and Raven，2012：1031）

尽管相较于外在管理方法，建构主义方法强调打开黑箱以及话语的建构和转译，有其合理性。但建构主义方法也有其自身的问题，带来如下困惑：对于政策制定者而言，如果采用建构主义方法，会因为局面的复杂性和不定型，导致政府的政策介入无从下手；对于利益相关者而言，即便能够参与公开的话语过程，事实上也会因为不断考虑其他相关者的利益而无法达成一致意见，进而形成一致行动。这种内在的网络方法在面对理解意想不到的小生境所带来的竞争时，会面临困惑。比如，面对低速电动汽车

小生境带来的挑战时，新能源汽车政策应该如何应对。

就建构主义认识方法而言，问题依然存在：如何实时地（in real-time）实现低碳转型？推动一个停滞的低碳转型，有更多的利益相关者参与，将会更有效和公平吗？如果政府不是以打造新能源汽车"保护空间"的方式大力扶持新能源汽车，那么如何能够实时地发挥各级政府在发展新能源汽车中的作用？

本书认为，"建构性打开"（constructivist opening up）方法导致上述问题的根本原因，在于建构主义方法将话语和网络分析作为其研究的焦点，而忽略了权力关系（power relations），仅仅将权力理解为阻碍打开（open-up）创新轨迹以及理性多方参与的障碍。建构主义视角分析的重点在于将话语、认知和理性共识当作问题的核心，认为这是小生境通过不断斗争最终推动转型成功的关键要素。因而，以建构主义为基础的政策研究着重关注建立利益相关者联盟、行动者网络、学习和话语转译等等。的确，建构主义的分析有助于我们聚焦和理解低碳转型的具体形式和过程。比如，了解低碳创新是如何类似于一个社会技术体制运行的；如何通过引人入胜的故事和未来的展望来形成联盟；或者通过话语分析来了解新兴的颠覆式小生境成长的轨迹。但是，所有这些都系统性地忽视了权力-知识关系和战略的能动性（strategic agency）问题，导致小生境竞争或系统锁定的重点并不在于叙事层面的话语达成一致或存在分歧。在转型实践中认真对待权力关系，实时、能动地推动低碳转型至关重要。

基于此，需要重塑与保护空间相关的"培育"与"赋权"。能够影响系统转型的关键，在于利益相关者联盟的大小及其内部一致性程度。建立联盟的关键在于通过积极的反馈循环实现多方、散乱的行动者之间不断增加的联合。这离不开具体行动者的战略能动性，以及"赋权"具体低碳创新的制度环境。对于行动者而言，战略能动性可能永远也不能达成共识，但就其自身而言十分清晰。这样，各种行动者为追求其自身的战略利益而参与创新实践中的知识创造，即赋权，由此产生创新轨迹的扩展。

因此，转型问题的核心在于赋权机制或知识-权力关系的改变，而不在于深化越来越多的利益相关者参与的共识。转型过程中的共识并不重要。转型过程被理解为通过各种形式的赋权，来引发关系变化。这种关系的变化甚至是由于激烈对抗、论争与反控制，而被激发或动态化。一个成功的转型并不取决于每个人来认同它，而是依赖于逐步地、递归地构建一种新的权力关系，并与沉淀的、与之相应的社会结构相互生成。这种转型不论在战略层面还是在动态机制上都会存在下去，无论其是否存在广泛参与的共识基础。

进一步而言，行动者所呈现的身份认同、主体性或所处的制度逻辑是由其自身在转型实践过程中所建构的。因此，不论对于自上而下地用"遮蔽"方式来管理和操控转型，还是采用自下而上的参与式"培育"的方法，在一开始就不存在明显的、身份固定的、给定存在的参与者或利益相关者。对与社会技术体制转型密切相关的"学习"概念的理解一样。这种学习并不完全是对一系列新的低碳生产和消费的技术及其社会化过程的学习，而是政府、企业、研究机构、消费者等多个行动者的能动性学习。比如在实践的具体困境中，思考和解决"我怎样才能通过低碳创新提高我的战略地位？"这一类问题。

这特别体现出分析视角向专注于权力的实践智慧的转变（图14.4）。转型政策分析的首要目标，既不是推测客观的普遍规律和"最佳实践"，以作为自上而下管理的政策工具；也不是作为永恒的道德良心和说教，呼吁创新过程更多地对利益相关者开放，并关注他们对低碳创新的叙事和想象。相反，作为永无止境的过程，实践智慧旨在通过行动，来启发更多的利益相关者明白其面前宏观层面的战略景观，以及赋权给他们所带来的机遇与挑战，以此来改变具体小生境在中观层面的发展轨迹，朝向低碳路径发展。"实践智慧"转向并不是检验和说明转型中"给定的"权力的存在，并将阻碍转型的权力移开，而是打开建构的权力关系并使之动态化。为此需要在行动中，启发更多的利益相关者明白社会技术体制的权力关系是如何形成的；动态的、系统化的权力-知识关系是如何导致主导社会-技术体制被锁定的，以及小生境的挣扎过程；并通过直接的行动参与，使权力关系动态化以实现转型。

由此，实践智慧方法（phronetic approach）给战略小生境管理为代表的转型管理方法开辟了一个完全不同、潜力巨大的分析路径。它使得传统的战略小生境管理方法能够得以转变成有效的低碳转型政策干预工具。这种政策干预承认社会技术体制转型是一个开放的、不确定的过程，而不是因为要判断政策下一步需要做些什么，于是在事实上锁定转型的权力关系。由此，政策干预变成了一种新的干预形式。在这种形式中，政策支持旨在刺激更广泛的行动基础，以激发转型的能动性为方向。

城市电动汽车转型中新的权力-知识关系的构建，是实践智慧关注的焦点。对一个自上而下管理的政策过程而言，转向实践智慧视角存在挑战。这是因为，新的权力-知识关系的构建是凌乱的和正在进行的。赋权和新社会技术体制的建设是同一过程不可分割的两面。在创新和转型过程中，知识（包括政策反馈信息）不断产生，权力关系不断变化。在这一能动性过程中，新激活的行动者的身份、特征以及兴趣等等在事前均难以确定。在未来某个具体的时间和地点，当低碳转型实践已经取得了成功，我们就可以拥有足够的事后理解，从而对这一政策过程进行归纳总结。

上述政策总结尤其要考虑创新及其所发生的具体情境。正如转型地理学所强调的，因为这涉及在具体情境中与知识创新相关的权力关系的锁定和打开。一系列研究文献表明，产业经济史、政策史的研究和战略小生境管理研究之间存在相互交叉和借鉴的关系。比如，战略小生境管理与较早对东亚产业政策研究的文献密切相关。这些研究完全忽视了日本、韩国、新加坡和我国的台湾、香港等国家和地区的东亚经验。不论是从地缘政治还是国内政治体制角度而言，东亚上述国家或地区的发展都完全依赖于战后其特定的权力结构。显然，吸取东亚区域经验来研制产业政策的通用处方，具有误导性。战略小生境管理方法在阐明了很多工业或创新政策案例的内部机制时，恰好忽视了分析具体的社会历史情境中的权力关系。这正是本章在此强调的关键问题。

总之，低碳转型的过程复杂、凌乱，充满了政治和权力的论争。"遮蔽"、"培育"和"赋权"过程的政治性，表明创建一个"保护空间"的任务远非一个有序的、非常理性的管理任务。实践智慧的方法是把权力关系置于转型管理方法的核心，关注当下、短期和长期的技术社会系统中动态的权力-知识关系，分析在低碳创新的具体情境中这三者如何共同生成。基于此，以战略小生境管理为代表的转型管理方法被重塑为一种新的、高效的低碳转型研究方法。在这种方法中，转型管理的政策和实际措施可以实时地参与到复杂的、开放式的转型过程中去。由此实践获得了给定的具体内容，不再是一个抽象的概念。

参 考 文 献

埃·弗洛姆. 1988. 为自己的人. 孙依依译. 北京: 生活·读书·新知三联书店: 25.

安维复. 2002. 走向社会建构主义: 海德格尔、哈贝马斯和芬伯格的技术理念. 科学技术与辩证法, (6): 33-38.

安维复. 2003. 社会建构主义与网络社会的人学——兼论马克思本体论的社会建构性. 社会科学辑刊, (1): 34-40.

北京大学外国哲学研究所. 1980. 外国哲学资料(第五辑). 北京: 商务印书馆: 178.

布赖恩·温内. 2004. 公众理解科学//希拉·贾撒诺夫, 杰拉尔德·马克尔, 詹姆斯·彼得森, 等. 科学技术论手册. 盛晓明, 孟强, 胡娟, 等译. 北京: 北京理工大学出版社: 282-283.

财政部, 科技部. 2009. 关于开展节能与新能源汽车示范推广试点工作的通知. http://www.gov.cn/zwgk/2009-02/05/content_1222338.htm[2023-03-14].

财政部新闻办公室. 2016. 关于地方预决算公开和新能源汽车推广应用补助资金专项检查的通报. http://www.mof.gov.cn/gkml/bulinggonggao/tongzhitonggao/201609/t20160908_2413434.htm[2023-03-11].

曹克. 2003. 马克思哲学与马克思的技术视域. 自然辩证法研究, (3): 44-48, 96.

曹志平, 陈建安. 2010. 以实践的观点理解科学——从马克思到劳斯、伊德. 社会科学, (3): 114-121, 190.

陈文化, 江河海. 2001. 创新: 一种新的社会经济发展观——关于创造观与创新观的思考. 科研管理, (1): 1-7.

谌融. 2010. 中国首次超越美国跃居世界第一大汽车产销国. http://www.chinadaily.com. cn/hqcj/2010-01/12/content_9306273.htm[2023-03-10].

成素梅, 郭贵春. 2007. 语境论的真理观. 哲学研究, (5): 73-78, 128.

程海东, 刘炜. 2014. 情境: 技术认知的一个必要维度. 科学技术哲学研究, 31(3): 59-64.

大卫·布鲁尔. 2001. 知识和社会意象. 艾彦译. 北京: 东方出版社: 61.

德鲁克. 2021. 创新与企业家精神(中英文双语版). 魏江, 陈侠飞译. 北京: 机械工业出版社.

杜和平. 2016. 记者采访: 公共充电桩建起来难用起来烦. http://www.lg.gov.cn/xxgk/xwzx/lgyw/jddt/content/post_2574606.html[2023-03-11].

杜燕飞. 2016. 报告称 2015 年中国石油对外依存度首次突破 60%. https://finance.china. com.cn/roll/20160126/3563489.shtml[2023-03-10].

傅家骥. 1998. 技术创新学. 北京: 清华大学出版社.

傅家骥, 姜彦福, 雷家骕. 1991. 技术创新理论的发展. 经济学动态, (7): 48-51.

高建. 2017. 重磅独家: 深圳充电桩 2017 年度白皮书. https://www.powerlife.com.cn/9951. html[2023-03-11].

高亮华. 2009. 论当代技术哲学的经验转向——兼论分析技术哲学的兴起. 哲学研究, (2): 110-115, 129.

耿慧丽. 2009. "十城千辆" 推广央地博弈. http://www.eeo.com.cn/industry/real_estate/ 2009/05/04/136762.shtml[2023-03-15].

郭贵春. 2006. "语境" 研究纲领与科学哲学的发展. 中国社会科学, (5): 28-32, 205-206.

国管局, 财政部, 科技部, 等. 2014. 《政府机关及公共机构购买新能源汽车实施方案》印发. http://www.gov.cn/xinwen/2014-07/13/content_2716565.htm[2023-03-15].

国家发展和改革委员会. 2007. 新能源汽车生产准入管理规则. https://www.ndrc.gov.cn/ xxgk/zcfb/gg/200710/t20071023_961341.html[2023-03-15].

国家能源局. 2012. "深圳模式" 给力纯电动汽车发展. http://www.nea.gov.cn/2012-09/05/ c_131828199.htm[2023-03-11].

国家统计局. 2005. 中国统计年鉴（2004）. 北京：中国统计出版社.

国家统计局. 2011. 中国统计年鉴（2010）. 北京：中国统计出版社.

国务院. 2006. 国家中长期科学和技术发展规划纲要(2006—2020 年). http://www.gov.cn/

gongbao/content/2006/content_240244.htm[2023-03-15].

国务院办公厅. 2009. 汽车产业调整和振兴规划. http://www.gov.cn/zwgk/2009-03/20/content_1264324.htm[2023-03-13].

国务院办公厅. 2010. 国务院关于加快培育和发展战略性新兴产业的决定. http://www.gov.cn/zwgk/2010-10/18/content_1724848.htm[2023-03-15].

国务院办公厅. 2012. 国务院关于印发节能与新能源汽车产业发展规划(2012—2020年)的通知. http://www.gov.cn/zwgk/2012-07/09/content_2179032.htm[2023-03-15].

国务院发展研究中心产业经济研究部, 中国汽车工程学会, 大众汽车集团(中国). 2015. 中国汽车产业发展报告(2015). 北京: 社会科学文献出版社.

国资委. 2010. 中央企业电动车产业联盟在京成立. http://www.sasac.gov.cn/n2588020/n2588072/n2590902/n2590904/c3721284/content.html[2023-03-15].

汉唐有轨电车. 2018. 美国有轨电车正在卷土重来的原因. https://www.sohu.com/a/249421158_492547[2023-03-31].

胡滨, 李时岳. 1980. 论李鸿章的洋务思想. 吉林大学社会科学学报, (3): 24-32.

胡泽君. 2017. 国务院关于 2016 年度中央预算执行和其他财政收支的审计工作报告. http://www.gov.cn/xinwen/2017-06/23/content_5204961.htm[2023-03-11].

胡政. 2010. 招商局创办之初. 北京: 中国社会科学出版社.

卡尔·米切姆. 2018. 对技术哲学五个问题的回答. 薛桂波译. 科学文化评论, (6): 20-32.

柯礼文. 1991. 技术与社会的整合研究. 自然辩证法通讯, (5): 31-38.

科技部. 2011. 关于印发国家十二五科学和技术发展规划的通知. https://www.most.gov.cn/xxgk/xinxifenlei/fdzdgknr/qtwj/qtwj2011/201107/t20110713_88228.html[2023-03-15].

李鸿章. 1872. 试办招商轮船折. 招商局历史博物馆藏。

李三虎, 赵万里. 1994. 技术的社会建构——新技术社会学评介. 自然辩证法研究, (10): 30-35, 52.

李勇, 陈凡. 2009. 当代技术哲学研究的困境及其超越——基于《Techne》的话语综合. 自然辩证法研究, 25(4): 36-41.

梁锋涛. 2015. 充换电模式之争告一段落 国家电网让步. https://news.mydrivers.com/1/377/377678.htm[2023-03-10].

刘兵. 2004. 人类学对技术的研究与技术概念的拓展. 河北学刊, (3): 20-23, 33.

刘俊晶. 2016. 五部委强推充电新国标 近半充电企业或遭淘汰. http://www.eeo.com.cn/

2016/0104/282238.shtml[2023-02-28].

刘琴. 2015. 环保部首次明确北京首要污染源为机动车. https://chinadialogue.net/zh/7/42688/
　　[2023-03-15].

刘雪, 吴宇. 2015. 专家: 2030 年我国石油消费将达到峰值 6.8 亿吨. http://energy.people.
　　com.cn/n/2015/0921/c71661-27614660.html[2023-03-10].

路风. 2006. 走向自主创新: 寻求中国力量. 桂林: 广西师范大学出版社.

马尔库塞. 1988. 单向度的人: 发达工业社会意识形态研究. 张峰, 吕世平译. 重庆: 重
　　庆出版社: 124.

马克思, 恩格斯. 1974. 马克思恩格斯全集·第 26 卷·第 3 册. 中共中央马克思恩格斯
　　列宁斯大林著作编译局译. 北京: 人民出版社.

马克思, 恩格斯. 1979. 马克思恩格斯全集·第 42 卷. 中共中央马克思恩格斯列宁斯大
　　林著作编译局译. 北京: 人民出版社.

马克思, 恩格斯. 2018. 德意志意识形态（节选本）. 北京: 人民出版社: 38.

马克斯·霍克海默, 特奥多·阿多尔诺. 1990. 启蒙辩证法(哲学片断). 洪佩郁, 蔺月峰
　　译. 重庆: 重庆出版社: 21.

马克斯·韦伯. 1987. 新教伦理与资本主义精神. 于晓, 陈维纲, 等译. 北京: 生活·读
　　书·新知三联书店: 143.

马士. 1957. 中华帝国对外关系史. 张汇文, 等译. 北京: 生活·读书·新知三联书店.

马肃平. 2016. 新能源汽车"骗补"清查近收尾 有企业骗补, 但没人承认. http://www.
　　infzm.com/contents/116056[2023-02-28].

麦仲华. 1901. 皇朝经世文新编（卷十三上）. 上海: 上海书局.

南方日报. 2017. 公交纯电动化背后的产业红利. http://evpartner.com/news/66/detail-30122.
　　html[2023-03-11].

倪玉平. 2002. 漕粮海运与清代运输业的变迁. 江苏社会科学, (1): 125-130.

聂宝璋. 1983. 中国近代航运史资料·第一辑(1840—1895)·上册. 上海: 上海人民出
　　版社.

聂宝璋, 朱荫贵. 2002. 中国近代航运史资料·第二辑(1895—1927). 北京: 中国社会科
　　学出版社.

潘恩荣. 2012. 技术哲学的两种经验转向及其问题. 哲学研究, (1): 98-105, 128.

饶玲一. 2005. 清代上海郁氏家族的变化及与地方之关系. 史林, (2): 39-48, 123.

容承. 2017. 深圳推广纯电动公交车 16359 辆, 专营公交车已实现纯电动化.

https://www.ithome.com/0/341/025.htm[2023-03-11].

阮晓光, 鲍文娟, 钟达文, 等. 2010-06-01. 5 年后接近新加坡. 广州日报, 第 A19 版.

深圳商报. 2018. 深圳成全球纯电动出租车运营规模最大城市规模已近 1.3 万辆. https://www.d1ev.com/news/shichang/65315[2023-03-11].

深圳市交通运输局. 2019. 深圳市小汽车增量调控管理实施细则. https://xqctk.jtys.sz.gov.cn/glbf/[2023-03-11].

深圳市交通运输委员会. 2019. 深圳已运营的纯电动出租车有 20135 辆, 占出租车总量 94.21%. http://www.sz.gov.cn/cn/xxgk/zfxxgj/bmdt/content/post_1460073.html [2023-03-11].

深圳市人民政府. 2015. 深圳市人民政府关于实行小汽车增量调控管理的通告. http://www.sz.gov.cn/zfgb/2015/gb905/content/post_4997384.html[2023-03-14].

深圳市水务局. 2016. 深圳市水务局关于印发《深圳市水土保持规划(2016—2030 年)》的通知. http://swj.sz.gov.cn/xxgk/zfxxgkml/lsgd/ghjh/content/post_2923839.html [2023-03-11].

深圳市统计局. 2019. 深圳市 2018 年国民经济和社会发展统计公报. https://www.cnstats.org/tjgb/201904/szsszs-2018-yew.html[2023-03-11].

深圳特区报. 2010. 全国私人购买新能源汽车补贴试点工作会议在深召开. http://www.sz.gov.cn/cn/xxgk/zfxxgj/zwdt/content/post_1565756.html[2023-03-11].

舒尔曼. 1995. 科技文明与人类未来: 在哲学深层的挑战. 李小兵, 谢京生, 张锋, 等译. 北京: 东方出版社: 88, 120.

搜狐汽车. 2013. 何光远: 电动车超车论胡扯 内燃机仍将主导. https://auto.sohu.com/20130906/n386075175.shtml[2023-03-15].

王韬. 2002. 弢园文录外编. 上海: 上海书店出版社.

王治东, 萧玲. 2011. 技术研究的一种哲学进路——马克思生存论之视角、思路与方法. 哲学动态, (2): 64-69.

温家宝. 2011. 关于科技工作的几个问题. 求是, (14): 3-11.

乌尔里希·贝克. 2004. 风险社会. 何博闻译. 南京: 译林出版社: 20.

乌尔里希·贝克, 约翰内斯·威尔姆斯. 2001. 自由与资本主义: 与著名社会学家乌尔里希·贝克对话. 路国林译. 杭州: 浙江人民出版社: 145.

吴致远. 2009. 技术哲学经验转向的后现代解析. 广西民族大学学报(哲学社会科学版), 31(2): 106-110.

西·甫·里默. 1958. 中国对外贸易. 卿汝楫译. 北京: 生活·读书·新知三联书店.

肖玲. 1997. 从人工自然观到生态自然观. 南京社会科学, (12): 22-26.

肖文杰. 2015. 谁来买新能源汽车? http://www.cbnweek.com/v/article?id=20772#/article_detail/11909[2023-03-15].

邢怀滨. 2004. 社会建构论的技术界定与政策含义. 科学技术与辩证法, (4): 46-49.

严中平. 1955. 英国资产阶级纺织利益集团与两次鸦片战争史料(下). 经济研究, (1): 64-72.

杨忠阳. 2011. 技术瓶颈期待新突破. http://paper.ce.cn/jjrb/html/2011-08/01/content_162144.htm[2023-02-28].

杨忠阳. 2015. 新能源汽车: 好风频借力 提速正当时. http://www.gov.cn/zhengce/2015-11/02/content_2958132.htm[2023-03-15].

于光远. 1995. 自然辩证法百科全书. 北京: 中国大百科全书出版社: 225.

余江, 陈凯华. 2012. 中国战略性新兴产业的技术创新现状与挑战——基于专利文献计量的角度. 科学学研究, 30(5): 682-695.

约瑟夫·熊彼特. 2020. 经济发展理论. 何畏, 易家详译. 北京: 商务印书馆.

张程. 2017-08-31. 深圳新能源汽车继续领跑. 深圳特区报, 第A19版.

张华夏, 张志林. 2002. 关于技术和技术哲学的对话——也与陈昌曙、远德玉教授商谈. 自然辩证法研究, (1): 49-52.

张一兵. 2010. 科学实践场与社会历史构境——兼评皮克林的《实践的冲撞》. 哲学研究, (6): 11-20, 128.

张志勇. 2013. 新能源汽车技术路线变奏的背后. https://www.d1ev.com/kol/18416[2023-02-28].

赵尔巽, 等. 1998. 清史稿. 北京: 中华书局.

赵乐静, 郭贵春. 2004. 我们如何谈论技术的本质. 科学技术与辩证法, (2): 45-50, 93.

郑观应. 2002. 盛世危言. 北京: 华夏出版社.

郑振铎. 1937. 晚清文选. 上海: 上海书店.

中国汽车报. 2013. "十城千辆"工程, 初探新能源汽车市场化. http://www.caam.org.cn/chn/8/cate_81/con_5109126.html[2023-03-15].

中国汽车工业协会. 2014. 2014年9月汽车工业经济运行情况. http://www.auto-stats.org.cn/ReadArticle.asp?NewsID=8615[2023-03-15].

中国汽车技术研究中心, 日产(中国)投资有限公司, 东风汽车有限公司. 2013. 中国新能源汽车产业发展报告(2013). 北京: 社会科学文献出版社.

中国汽车技术研究中心, 日产(中国)投资有限公司, 东风汽车有限公司. 2018. 中国新能源汽车产业发展报告(2018). 北京: 社会科学文献出版社.

钟天骐. 2015. 地方保护不除 新能源汽车推广难以大步前行. http://zqb.cyol.com/html/2015-01/08/nw.D110000zgqnb_20150108_1-T10.htm[2023-02-28].

周永明. 2013. 中国网络政治的历史考察: 电报与清末时政. 尹松波, 石琳译. 北京: 商务印书馆.

朱春艳, 陈凡. 2011. 语境论与技术哲学发展的当代特征. 科学技术哲学研究, 28(2): 21-25.

朱荫贵. 1994. 国家干预经济与中日近代化: 招商局与三菱·日本邮船会社的比较研究. 北京: 东方出版社.

朱荫贵. 2000. 1927—1937年的中国轮船航运业. 中国经济史研究, (1): 37-54.

朱滢. 2014. 汉口租界时期城市的规划法规与建设实施. 北京: 清华大学.

U. 菲尔特. 2006. 为什么公众要"理解"科学//迪尔克斯, 冯·格罗特. 在理解与信赖之间: 公众, 科学与技术. 田松, 卢春明, 陈欢, 等译. 北京: 北京理工大学出版社: 21.

F. 拉普. 1986. 技术哲学导论. 刘武译. 沈阳: 辽宁科学技术出版社.

Abbott A D. 2001. Time Matters: on Theory and Method. Chicago: University of Chicago Press.

Abell P. 2004. Narrative explanation: an alternative to variable-centered explanation? Annual Review of Sociology, 30: 287-310.

Altenburg T, Bhasin S, Fischer D. 2012. Sustainability-oriented innovation in the automobile industry: advancing electromobility in China, France, Germany and India. Innovation and Development, 2(1): 67-85.

Anagnost A. 2004. The corporeal politics of quality. Public Culture, 16: 189-208.

Arthur W B. 1989. Competing technologies, increasing returns, and lock-in by historical events. The Economic Journal, 99(394): 116.

Arthur W B. 2009. The Nature of Technology: What It is and How It Evolves. New York: Free Press.

Asheim B T, Gertler M S. 2006. The geography of innovation: regional innovation systems//Fagerberg J, Mowery D C. The Oxford Handbook of Innovation. New York: Oxford University Press: 291-317.

Ashford N, Ayres C, Stone R. 1985. Using regulation to change the market for innovation.

Harvard Environmental Law Review, 9(2): 419-466.

Avelino F, Grin J, Pel B, et al. 2016. The politics of sustainability transitions. Journal of Environmental Policy & Planning, 18(5): 557-567.

Avelino F, Rotmans J. 2009. Power in transition: an interdisciplinary framework to study power in relation to structural change. European Journal of Social Theory, 12(4): 543-569.

Avelino F, Wittmayer J M. 2016. Shifting power relations in sustainability transitions: a multi-actor perspective. Journal of Environmental Policy & Planning, 18: 628-649.

Ayres R U, Simonis U E. 1994. Industrial Metabolism: Restructuring for Sustainable Development. Tokyo, New York: United Nations University Press.

Bakker S, Budde B. 2012. Technological hype and disappointment: lessons from the hydrogen and fuel cell case. Technology Analysis & Strategic Management, 24(6): 549-563.

Barry A, Slater D. 2002. Technology, politics and the market: an interview with Michel Callon. Economy and Society, 31(2): 285-306.

Basalla G. 1988. The Evolution of Technology. Cambridge, New York: Cambridge University Press.

Basalla G. 1989. The Evolution of Technology. Reprint edition. Cambridge, New York: Cambridge University Press.

Beck U. 2013. Why "class" is too soft a category to capture the explosiveness of social inequality at the beginning of the twenty-first century: why "class" is too soft a category to capture the explosiveness of social inequality. The British Journal of Sociology, 64(1): 63-74.

Bell M. 2007. Developments in innovation systems thinking: past, current and future applications of the innovation systems perspective//Keynote Paper to the UNIDO Expert Group Meeting on Innovation Systems in Practice. Vienna.

Bento N, Wilson C. 2016. Measuring the duration of formative phases for energy technologies. Environmental Innovation and Societal Transitions, 21: 95-112.

Bergek A, Hekkert M, Jacobsson S, et al. 2015. Technological innovation systems in contexts: conceptualizing contextual structures and interaction dynamics. Environmental Innovation and Societal Transitions, 16: 51-64.

Bergek A, Jacobsson S, Carlsson B, et al. 2008. Analyzing the functional dynamics of technological innovation systems: a scheme of analysis. Research Policy, 37(3): 407-429.

Berger P L, Luckmann T. 1967. The Social Construction of Reality: a Treatise in the Sociology of Knowledge. New York: Anchor Books: 204.

Berggren C, Magnusson T, Sushandoyo D. 2015. Transition pathways revisited: established firms as multi-level actors in the heavy vehicle industry. Research Policy, 44(5): 1017-1028.

Berkhout F, Angel D, Wieczorek A J. 2009. Asian development pathways and sustainable socio-technical regimes. Technological Forecasting and Social Change, 76(2): 218-228.

Berkhout F G H, Smith A, Stirling A. 2004. Socio-technological regimes and transition contexts//Elzen B, Geels F W, Green K. System Innovation and the Transition to Sustainability: Theory, Evidence and Policy. Cheltenham: Edward Elgar: 48-75.

Bernard W D, Hall W H. 1845. Narrative of the Voyages and Services of the Nemesis from 1840 to 1843. London: Henry Colburn.

Biggart N W. 1991. Explaining Asian economic organization. Theory and Society, 20(2): 199-232.

Biggs S. 2005. Chinese car sales trail consumer aspirations. https://www.scmp.com/article/494103/chinese-car-sales-trail-consumer-aspirations[2023-03-11].

Bijker W E. 1987. The Social Construction of Technological Systems: New Directions in the Sociology and History of Technology. Cambridge: The MIT Press.

Bijker W E. 1992. The social construction of fluorescent lighting, or how an artifact was invented in its diffusion stage//Bijker W E (ed.). Shaping Technology/Building Society: Studies in Sociotechnical Change. Cambridge: The MIT Press: 75-104.

Bijker W E. 1993. Do not despair: there is life after constructivism. Science, Technology, & Human Values, 18(1): 113-138.

Bijker W E. 1995. Of Bicycles, Bakelites, and Bulbs: Toward a Theory of Sociotechnical Change. Cambridge: The MIT Press.

Binz C, Harris-Lovett S, Kiparsky M, et al. 2016. The thorny road to technology legitimation — institutional work for potable water reuse in California. Technological

Forecasting and Social Change, 103: 249-263.

Boon W P C, Moors E H M, Meijer A J. 2014. Exploring dynamics and strategies of niche protection. Research Policy, 43 (4): 792-803.

Bradsher K. 2012. BYD releases details about electric taxi fire. https://www.nytimes.com/2012/ 05/30/business/global/byd-releases-details-about-electric-taxi-fire.html[2023-03-11].

Breschi S, Malerba F. 1997. Sectoral innovation systems: technological regimes, schumpeterian dynamics, and spatial boundaries//Edquist C (ed.). Systems of Innovation: Technology, Institutions, and Organizations. London: Pinter: 130-156.

Brey P. 1997. Philosophy of technology meets social constructivism. Society for Philosophy and Technology, 2 (3-4): 1-17.

Brey P. 2010. Philosophy of technology after the empirical turn. Techné: Research in Philosophy and Technology, 14 (1): 36-48.

Broeze F. 1982. The international diffusion of Ocean steam navigation: the myth of the retardation of Netherlands steam navigation to the East Indies. Economisch-en Sociaal-Historisch Jaarboek, 45: 77-95.

Brown N, Michael M. 2003. A sociology of expectations: *Retrospecting Prospects and Prospecting Retrospects*. Technology Analysis & Strategic Management, 15 (1): 3-18.

Bryant L, Hunter L C. 1991. A History of Industrial Power in the United States, 1780-1930. Cambridge: The MIT Press.

Bulkeley H, Betsill M M. 2013. Revisiting the urban politics of climate change. Environmental Politics, 22 (1): 136-154.

Bulkeley H, Betsill M. 2005. Rethinking sustainable cities: multilevel governance and the "urban" politics of climate change. Environmental Politics, 14 (1): 42-63.

Bulkeley H, Castán Broto V, Maassen A. 2014. Low-carbon transitions and the reconfiguration of urban infrastructure. Urban Studies, 51 (7): 1471-1486.

Bush R E, Bale C S E, Powell M, et al. 2017. The role of intermediaries in low carbon transitions—empowering innovations to unlock district heating in the UK. Journal of Cleaner Production, 148: 137-147.

Callon M, Latour B. 1992. Don't throw the baby out with the bath school! A reply to collins and yearley//Pickering A. Science as Practice and Culture. Chicago: University of Chicago Press: 343-368.

Callon M. 1986. The sociology of an actor-network: the case of the electric vehicle//Callon M, Law J, Rip A. Mapping the Dynamics of Science and Technology: Sociology of Science in the Real World. London: Palgrave Macmillan UK: 19-34.

Callon M. 1987. Society in the making: the study of technology as a tool for sociologic alanalysis//Bijker W E(ed.). The Social Construction of Technological Systems: New Directions in the Sociology and History of Technology. Cambridge: The MIT Press: 83-103.

Carlsson B, Stankiewicz R. 1991. On the nature, function and composition of technological systems. Journal of Evolutionary Economics, 1(2): 93-118.

Castán Broto V. 2016. Innovation territories and energy transitions: energy, water and modernity in Spain, 1939-1975. Journal of Environmental Policy & Planning, 18(5): 712-729.

Castán Broto V, Bulkeley H. 2013. A survey of urban climate change experiments in 100 cities. Global Environmental Change, 23(1): 92-102.

Chen K, Kenney M. 2007. Universities/research institutes and regional innovation systems: the cases of Beijing and Shenzhen. World Development, 35(6): 1056-1074.

Cherry C. 2013. Electric bikes: what experiences in China can tell us. https://www.theguardian.com/local-government-network/2013/nov/20/lessons-electric-bikes-china[2023-03-15].

Chilvers J, Longhurst N. 2016. Participation in transition(s): reconceiving public engagements in energy transitions as co-produced, emergent and diverse. Journal of Environmental Policy & Planning, 18(5): 585-607.

Christensen C M. 2016. The Innovator's Dilemma: When New Technologies Cause Great Firms to Fail. Boston: Harvard Business Review Press.

Clayton A, Spinardi G, Williams R. 1999. Policies for Cleaner Technology: a New Agenda for Government and Industry. London: Earthscan.

Coenen L, Truffer B. 2012. Places and spaces of sustainability transitions: geographical contributions to an emerging research and policy field. European Planning Studies, 20: 367-374.

Cohen M J. 2010. Destination unknown: pursuing sustainable mobility in the face of rival societal aspirations. Research Policy, 39(4): 459-470.

Cohen M J. 2012. The future of automobile society: a socio-technical transitions perspective. Technology Analysis & Strategic Management, 24 (4): 377-390.

Cole H S D. 1973. Thinking About the Future: a Critique of the Limits to Growth. London: Chatto & Windus for Sussex University Press.

Collingridge D. 1980. The Social Control of Technology. New York: St. Martin's Press.

Constant E W. 1980. The Origins of the Turbojet Revolution. Baltimore: Johns Hopkins University Press.

Coutard O, Rutherford J. 2010. Energy transition and city — region planning: understanding the spatial politics of systemic change. Technology Analysis & Strategic Management, 22 (6): 711-727.

Cox M. 2016. The pathology of command and control: a formal synthesis. Ecology and Society, 21 (3): 33.

Crowther M, Thomas N. 2006. Daily Research News Online—Chinese Car Market Evolves. https://www. mrweb.com/drno/news6174.htm[2023-03-11].

Curran D. 2013. Risk society and the distribution of bads: theorizing class in the risk society: risk society and the distribution of bads. The British Journal of Sociology, 64 (1): 44-62.

Das A. 2011. 2011 spells desperate search for rare earth minerals. https://www.ibtimes.com/ 2011-spells-desperate-search-rare-earth-minerals-253177[2023-03-15].

Davids J. 1973. American Diplomatic and Public Papers: the United States and China. Vol. 20. Wilmington: Scholarly Resources.

De Neve P A. 2014. Electric Vehicles in China. Cambridge: the Belfer Center.

Dean M. 2010. Governmentality: Power and Rule in Modern Society. 2nd ed. London, Thousand Oaks: SAGE.

Dennis K, Urry J. 2009. After the Car. Cambridge, Malden: Polity.

Dewald U, Truffer B. 2012. The local sources of market formation: explaining regional growth differentials in German photovoltaic markets. European Planning Studies, 20: 397-420.

Dietz T, Burns T R. 1992. Human agency and the evolutionary dynamics of culture. Acta Sociologica, 35 (3): 187-200.

Dimaggio P J, Powell W W. 1983. The iron cage revisited: institutional isomorphism and collective rationality in organizational fields. American Sociological Review, 23:

147-160.

Dirkzwager J M. 1993. Scheepsbouw, Geschiedenis van de techniek in Nederland. De wording van een moderne samenleving 1800-1890. https://www.dbnl.org/tekst/lint011 gesc04_01/lint011gesc04_01_0003.php[2023-08-20].

Disco C, van der Meulen B. 1998. Getting New Technologies Together: Studies in Making Sociotechnical Order. Berlin: Walter de Gruyter.

Dobbin F, Dowd T. 2000. The market that antitrust built: public policy, private coercion, and railroad acquisitions, 1825 to 1922. American Sociological Review, 65(5): 631-657.

Dosi G. 1982. Technological paradigms and technological trajectories: a suggested interpretation of the determinants and directions of technical change. Research Policy, 11(3): 147-162.

Dreyer M, Renn O. 2009. Food Safety Governance: Integrating Science, Precaution and Public Involvement. Berlin: Springer-Verlag.

Edquist C. 2005. Systems of innovation: perspectives and challenges//Fagerberg J, Mowery D C(eds.). The Oxford Handbook of Innovation. Oxford: Oxford University Press: 181-208.

Edquist C. 1997. Systems of Innovation: Technologies, Institutions, and Organizations. London, Washington, D.C.: Pinter.

Elliott B. 1988. Technology and Social Process. Edinburgh: Edinburgh University Press.

Elzen B, Geels F W, Green K. 2004. System Innovation and the Transition to Sustainability: Theory, Evidence and Policy. Cheltenham: Edward Elgar.

Elzen B, Geels F W, Leeuwis C, et al. 2011. Normative contestation in transitions "in the making": animal welfare concerns and system innovation in pig husbandry. Research Policy, 40(2): 263-275.

Evans J, Karvonen A, Raven R. 2018. The Experimental City. London, New York: Routledge, Taylor & Francis Group.

Farla J, Markard J, Raven R, et al. 2012. Sustainability transitions in the making: a closer look at actors, strategies and resources. Technological Forecasting and Social Change, 79(6): 991-998.

Feenberg A. 1999. Questioning Technology. London, New York: Routledge.

Fischer K, Schot J W. 1993. Environmental Strategies for Industry: International

Perspectives on Research Needs and Policy Implications. Washington, D.C.: Island Press.

Fligstein N. 1987. The intraorganizational power struggle: rise of finance personnel to top leadership in large corporations, 1919-1979. American Sociological Review, 52(1): 44-58.

Flyvbjerg B. 2001. Making Social Science Matter: Why Social Inquiry Fails and How it Can Succeed Again. Sampson S(trans.). Cambridge: Cambridge University Press.

Foucault M. 2009. Security, Territory, Population: Lectures at the Collège de France, 1977-1978. Burchell G(trans.). New York: Picador.

Foucault M. 2010. The Birth of Biopolitics: Lectures at the Collège de France, 1978-1979. New York: Picador.

Fouquet R. 2010. The slow search for solutions: lessons from historical energy transitions by sector and service. Energy Policy, 38(11): 6586-6596.

Freeman C, Louçã F. 2002. As Time Goes By: from the Industrial Revolutions to the Information Revolution. Oxford: Oxford University Press.

Freeman C, Perez C. 1988. Structural crises of adjustment: business cycles and investment behaviour//Dosi G, Freeman C, Nelson R R, et al. Technical Change and Economic Theory. London, New York: Pinter Publishers: 38-66.

Freeman C. 1979. The determinants of innovation: market demand, technology, and the response to social problems. Futures, 11(3): 206-215.

Freeman C. 1988. Japan: a new national system of innovation. Technical Change and Economic Theory: 38-66.

Freeman C. 1995. The "National System of Innovation" in historical perspective. Cambridge Journal of Economics, 19(1): 5-24.

Freeman C, Soete L. 1997. The Economics of Industrial Innovation. 3rd ed. Cambridge: The MIT Press.

French P, Chambers S. 2010. Oil on Water: Tankers, Pirates and the Rise of China. London, New York: Zed Books.

Fu W, Diez J R, Schiller D. 2012. Regional innovation systems within a transitional context: evolutionary comparison of the electronics industry in Shenzhen and Dongguan since the opening of China. Journal of Economic Surveys, 26(3): 534-550.

Fuenfschilling L, Truffer B. 2014. The structuration of socio-technical regimes—conceptual foundations from institutional theory. Research Policy, 43 (4): 772-791.

Fuenfschilling L, Truffer B. 2016. The interplay of institutions, actors and technologies in socio-technical systems — an analysis of transformations in the Australian urban water sector. Technological Forecasting and Social Change, 103: 298-312.

Gailing L, Moss T. 2016. Conceptualizing Germany's Energy Transition: Institutions, Materiality, Power, Space. London: Palgrave Macmillan.

Gallagher K S. 2006. Limits to leapfrogging in energy technologies? Evidence from the Chinese automobile industry. Energy Policy, 34 (4): 383-394.

Garud R, Karnøe P. 2003. Bricolage versus breakthrough: distributed and embedded agency in technology entrepreneurship. Research Policy, 32 (2): 277-300.

Garud R, Kumaraswamy A, Karnøe P. 2010. Path dependence or path creation: path dependence or path creation? Journal of Management Studies, 47 (4): 760-774.

Garud R, Rappa M A. 1994. A socio-cognitive model of technology evolution: the case of cochlear implants. Organization Science, 5 (3): 344-362.

Geels F W, Kemp R. 2012. The multi-level perspective//Geels F W, Kemp R, Dudley G, et al. Automobility in transition? A Socio-Technical Analysis of Sustainable Transport. New York: Routledge.

Geels F W, Kemp R, Dudley G, et al. 2012. Automobility in Transition? New York: Routledge.

Geels F W, Kemp R P M. 2000. Transities Vanuit Sociotechnisch Perspectief. Netherlands: Ministerie van VROM.

Geels F W, Raven R. 2006. Non-linearity and expectations in niche-development trajectories: ups and downs in Dutch biogas development (1973-2003). Technology Analysis & Strategic Management, 18 (3-4): 375-392.

Geels F W. 2002. Technological transitions as evolutionary reconfiguration processes: a multi-level perspective and a case-study. Research Policy, 31 (8): 1257-1274.

Geels F W. 2004. From sectoral systems of innovation to socio-technical systems: insights about dynamics and change from sociology and institutional theory. Research Policy, 33 (6): 897-920.

Geels F W. 2005a. Technological transitions and system innovations: a co-evolutionary and socio-technical analysis. Cheltenham, Northampton: Edward Elgar.

Geels F W. 2005b. The dynamics of transitions in socio-technical systems: a multi-level analysis of the transition pathway from horse—drawn carriages to automobiles (1860-1930). Technology Analysis & Strategic Management, 17(4): 445-476.

Geels F W. 2006a. Co-evolutionary and multi-level dynamics in transitions: the transformation of aviation systems and the shift from propeller to turbojet (1930-1970). Technovation, 26(9): 999-1016.

Geels F W. 2006b. The hygienic transition from cesspools to sewer systems (1840-1930): the dynamics of regime transformation. Research Policy, 35(7): 1069-1082.

Geels F W. 2006c. Major system change through stepwise reconfiguration: a multi-level analysis of the transformation of American factory production (1850-1930). Technology in Society, 28(4): 445-476.

Geels F W. 2010. Ontologies, socio-technical transitions (to sustainability), and the multi-level perspective. Research Policy, 39(4): 495-510.

Geels F W. 2011. The multi-level perspective on sustainability transitions: responses to seven criticisms. Environmental Innovation and Societal Transitions, 1(1): 24-40.

Geels F W. 2012. A socio-technical analysis of low-carbon transitions: introducing the multi-level perspective into transport studies. Journal of Transport Geography, 24: 471-482.

Geels F W. 2014. Regime Resistance against low-carbon transitions: introducing politics and power into the multi-level perspective. Theory, Culture & Society, 31(5): 21-40.

Geels F W, Schot J. 2010. The dynamics of transitions: a socio-technical perspective//Grin J, Rotmans J, Schot J. Transitions to Sustainable Development: New Directions in the Study of Long Term Transformative Change. London: Routledge: 11-104.

Geels F W, Schot J W. 2007. Typology of sociotechnical transition pathways. Research Policy, 36(3): 399-417.

Genus A, Coles A M, 2008. Rethinking the multi-level perspective of technological transitions. Research Policy, 37(9): 1436-1445.

Giddens A. 1984. The Constitution of Society: Outline of the Theory of Structuration. Berkeley Los Angeles: University of California Press.

Gilfillan S C. 1935. Inventing the Ship: a Study of the Inventions Made in Her History

Between Floating Log and Rotorship. Chicago: Follett.

Gong H, Wang M Q, Wang H. 2013. New energy vehicles in China: policies, demonstration, and progress. Mitigation and Adaptation Strategies for Global Change, 18(2): 207-228.

Gorissen L, Spira F, Meynaerts E, et al. 2018. Moving towards systemic change? Investigating acceleration dynamics of urban sustainability transitions in the Belgian City of Genk. Journal of Cleaner Production, 173: 171-185.

Graham G S. 1956. The ascendancy of the sailing ship 1850-851. The Economic History Review, 9(1): 74-88.

Green K, McMeekin A, Irwin A. 1994. Technological trajectories and R&D for environmental innovation in UK firms. Futures, 26(10): 1047-1059.

Grin J, Rotmans J, Schot J. 2010. Transitions to Sustainable Development: New Directions in the Study of Long Term Transformative Change. London: Routledge.

Guy S. 2011. Shaping Urban Infrastructures: Intermediaries and the Governance of Socio-Technical Networks. London, Washington, D.C.: Earthscan.

Habermas J. 1985. The Theory of Communicative Action: Reason and the Rationalization of Society. MacCarthy T(trans.). Boston: Beacon Press.

Han S J, Shim Y H. 2010. Redefining second modernity for East Asia: a critical assessment: redefining second modernity for East Asia. The British Journal of Sociology, 61(3): 465-488.

Hargreaves T, Longhurst N, Seyfang G. 2013. Up, down, round and round: connecting regimes and practices in innovation for sustainability. Environment and Planning A: Economy and Space, 45(2): 402-420.

Haxeltine A, Whitmarsh L, Bergman N, et al. 2008. A conceptual framework for transition modelling. International Journal of Innovation and Sustainable Development, 3(1-2): 93-114.

Hekkert M P, Suurs R A A, Negro S O, et al. 2007. Functions of innovation systems: a new approach for analysing technological change. Technological Forecasting and Social Change, 74(4): 413-432.

Hendriks C M. 2008. On inclusion and network governance: the democratic disconnect of Dutch energy transitions. Public Administration, 86(4): 1009-1031.

Hendriks C M, Grin J. 2007. Contextualizing reflexive governance: the politics of Dutch transitions to sustainability. Journal of Environmental Policy & Planning, 9(3-4): 333-350.

Hess D J. 2014. Sustainability transitions: a political coalition perspective. Research Policy, 43(2): 278-283.

Hess D J. 2016. The politics of niche-regime conflicts: distributed solar energy in the United States. Environmental Innovation and Societal Transitions, 19: 42-50.

Hildermeier J, Villareal A. 2011. Shaping an emerging market for electric cars: how politics in France and Germany transform the European automotive industry. European Review of Industrial Economics and Policy, (3): ⟨hal-03469137⟩.

Hjalmarsson L. 2015. Biogas as a boundary object for policy integration—the case of Stockholm. Journal of Cleaner Production, 98: 185-193.

Hodgson G M, Knudsen T. 2006. Why we need a generalized Darwinism, and why generalized Darwinism is not enough. Journal of Economic Behavior & Organization, 61(1): 1-19.

Hodson M, Marvin S. 2010. Can cities shape socio-technical transitions and how would we know if they were? Research Policy, 39(4): 477-485.

Hodson M, Marvin S. 2012. Mediating low-carbon urban transitions? Forms of organization, knowledge and action. European Planning Studies, 20(3): 421-439.

Hoffman A J. 1999. Institutional evolution and change: environmentalism and the U. S. chemical industry. Academy of Management Journal, 42(4): 351-371.

Hoffman J, Loeber A. 2016. Exploring the micro-politics in transitions from a practice perspective: the case of greenhouse innovation in the Netherlands. Journal of Environmental Policy & Planning, 18(5): 692-711.

Hoogma R. 2000. Exploiting Technological Niches: Strategies for Experimental Introduction of Electric Vehicles. Enschede: Universiteit Twente.

Hoogma R. 2002. Experimenting for Sustainable Transport: the Approach of Strategic Niche Management. London: Spon.

Hoogma R, Kemp R, Schot J, et al. 2002. Experimenting for Sustainable Transport: The Approach of Strategic Niche Management. London: Spon Press.

Howes R, Skea J, Whelan B. 1997. Clean and Competitive. London: Routledge.

Huang P, Castán Broto V. 2018. Interdependence between urban processes and energy transitions: the dimensions of urban energy transitions （DUET） framework. Environmental Innovation and Societal Transitions, 28: 35-45.

Huang P, Castán Broto V, Liu Y, et al. 2018. The governance of urban energy transitions: a comparative study of solar water heating systems in two Chinese cities. Journal of Cleaner Production, 180: 222-231.

Hughes C R. 2006. Chinese Nationalism in the Global Era. London, New York: Routledge.

Hughes T P. 1987. The evolution of large technological systems//Bijker W E, Hughes T P, Pinch T. The Social Construction of Technological Systems: New Directions in the Sociology and History of Technology. Cambridge: The MIT Press: 51-82.

Hughes T P. 1993. Networks of Power: Electrification in Western Society, 1880-1930. Baltimore: John Hopkins University Press.

Hughes T P. 1994. Technological momentum//Smith M R, Marx L （eds.）. Does Technology Drive History? Cambridge: The MIT Press: 101-114.

Huo H, Zhang Q, Wang M Q, et al. 2010. Environmental implication of electric vehicles in China. Environmental Science & Technology, 44（13）: 4856-4861.

Iammarino S. 2005. An evolutionary integrated view of regional systems of innovation: concepts, measures and historical perspectives. European Planning Studies, 13（4）: 497-519.

ICET. 2011. Electric Vehicles in the Context of Sustainable Development in China. Beijing, Los Angeles, New York: UN Commission on Sustainable Development, Nineteenth Session.

Ihde D. 1991. Instrumental Realism: the Interface Between Philosophy of Science and Philosophy of Technology. Bloomington: Indiana University Press.

Inglehart R. 1997. Modernization and Postmodernization: Cultural, Economic, and Political Change in 43 Societies. Princeton: Princeton University Press.

Ingram J. 2015. Framing niche-regime linkage as adaptation: an analysis of learning and innovation networks for sustainable agriculture across Europe. Journal of Rural Studies, 40: 59-75.

International Energy Agency. 2009. Transport, Energy and CO_2: Moving Toward Sustainability. Paris: International Energy Agency.

Islas J. 1997. Getting round the lock-in in electricity generating systems: the example of the gas turbine. Research Policy, 26(1): 49-66.

Jackson G. 1998. Ports, ships and government in the nineteenth and twentieth centuries//van Royan P C, Fischer L R, Williams D M. Proceedings of the Second International Congress of Maritime History on Frutta di Mare: Evolution and Revolution in the Maritime World in the 19th and 20th Centuries. Amsterdam: Batavian Lion International: 161-176.

Jacobsson S, Johnson A. 2000. The diffusion of renewable energy technology: an analytical framework and key issues for research. Energy Policy, 28(9): 625-640.

Jaglin S. 2014. Urban energy policies and the governance of multilevel issues in cape town. Urban Studies, 51(7): 1394-1414.

Jonas A E G, Gibbs D, While A. 2011. The new urban politics as a politics of carbon control. Urban Studies, 48(12): 2537-2554.

Jørgensen U. 2012. Mapping and navigating transitions—the multi-level perspective compared with arenas of development. Research Policy, 41(6): 996-1010.

Karltorp K, Sandén B A. 2012. Explaining regime destabilisation in the pulp and paper industry. Environmental Innovation and Societal Transitions, 2: 66-81.

Keith M, Lash S, Arnoldi J, et al. 2014. China Constructing Capitalism: Economic Life and Urban Change. New York: Routledge.

Kemp R. 1994. Technology and the transition to environmental sustainability: the problem of technological regime shifts. Futures, 26(10): 1023-1046.

Kemp R, Loorbach D. 2006. Transition management: a reflexive governance approach//Voss J P, Bauknecht D, Kemp R. Reflexive Governance for Sustainable Development. London: Edward Elgar Publishing: 103-130.

Kemp R, Rip A, Schot J. 2001. Constructing Transition Paths Through the Management of Niches//Garud R, Karnøe P. Path Dependence and Creation. New York: Psychology Press: 269-299.

Kemp R, Rotmans J, Loorbach D. 2007. Assessing the Dutch energy transition policy: how does it deal with dilemmas of managing transitions? Journal of Environmental Policy & Planning, 9(3-4): 315-331.

Kemp R, Schot J, Hoogma R. 1998. Regime shifts to sustainability through processes of niche formation: the approach of strategic niche management. Technology Analysis &

Strategic Management, 10(2): 175-198.

Kern F. 2015. Engaging with the politics, agency and structures in the technological innovation systems approach. Environmental Innovation and Societal Transitions, 16: 67-69.

Kern F, Smith A. 2008. Restructuring energy systems for sustainability? Energy transition policy in the Netherlands. Energy Policy, 36(11): 4093-4103.

Kern F, Smith A, Shaw C, et al. 2014. From laggard to leader: explaining offshore wind developments in the UK. Energy Policy, 69: 635-646.

Kim L, Nelson R R. 2000. Technology, Learning and Innovation: Experiences of Newly Industrializing Economies. Cambridge: Cambridge University Press.

Kivimaa P, Kern F. 2016. Creative destruction or mere niche support? Innovation policy mixes for sustainability transitions. Research Policy, 45(1): 205-217.

Klitkou A, Bolwig S, Hansen T, et al. 2015. The role of lock-in mechanisms in transition processes: the case of energy for road transport. Environmental Innovation and Societal Transitions, 16: 22-37.

Köhler J, Geels F W, Kern F, et al. 2019. An agenda for sustainability transitions research: state of the art and future directions. Environmental Innovation and Societal Transitions, 31: 1-32.

Konrad K. 2016. Expectation dynamics: ups and downs of alternative fuels. Nature Energy, 1(3): 1-2.

Konrad K, Truffer B, Voß J P. 2008. Multi-regime dynamics in the analysis of sectoral transformation potentials: evidence from German utility sectors. Journal of Cleaner Production, 16(11): 1190-1202.

Kroes P. 2000. Engineering design and the empirical turn in the philosophy of technology//Kroes P, Meijers A W M(ed.). The Empirical Turn in the Philosophy of Technology. Amsterdam: JAI (Elsevier Science): 19-43.

Kroes P A, Meijers A W M. The Empirical Turn in the Philosophy of Technology. Amsterdam: JAI: XVII-XXXV.

Kroes P, Meijers A W M. 2002. The dual nature of technical artifacts: presentation of a new research programme. Techné, 6(2): 4-8.

Kukk P, Moors E H M, Hekkert M P. 2015. The complexities in system building strategies —

the case of personalized cancer medicines in England. Technological Forecasting and Social Change, 98: 47-59.

Kungl G, Geels F W. 2018. Sequence and alignment of external pressures in industry destabilisation: understanding the downfall of incumbent utilities in the German energy transition (1998-2015). Environmental Innovation and Societal Transitions, 26: 78-100.

Kuzemko C. 2013. Working paper: understanding the politics of low carbon transition. Exeter: University of Exeter.

Lafferty W M. 1996. The politics of sustainable development: global norms for national implementation. Environmental Politics, 5(2): 185-208.

Langley A. 2007. Process thinking in strategic organization. Strategic Organization, 5(3): 271-282.

Latour B, Woolgar S. 1986. Laboratory Life: The Construction of Scientific Facts. Princeton: Princeton University Press.

Latour B. 1993. We Have Never been Modern. Cambridge: Harvard University Press.

Latour B. 1996. Aramis, or, The Love of Technology. Cambridge: Harvard University Press.

Latour B. 2015. Science in Action: How to Follow Scientists and Engineers Through Society. Cambridge: Harvard University Press.

Law J. 1987. Technology and heterogeneous engineering: the case of Portuguese Expansion//Bijker W E(ed.). The Social Construction of Technological Systems: New Directions in the Sociology and History of Technology. Cambridge: The MIT Press: 111-134.

Law J, Callon M. 1992. The life and death of an aircraft: a network analysis of technical change//Bijker W E(ed.). Shaping Technology/Building Society: Studies in Sociotechnical Change. Cambridge: The MIT Press: 21-52.

Lee T, von Tunzelmann N. 2005. A dynamic analytic approach to national innovation systems: the IC industry in Taiwan. Research Policy, 34(4): 425-440.

Leftwich A. 1983. Redefining Politics: People, Resources, and Power. London, New York: Methuen.

Levinthal D A. 1998. The slow pace of rapid technological change: gradualism and punctuation in technological change. Industrial and Corporate Change, 7(2): 217-247.

Li Y, Zhan C, De Jong M, et al. 2016. Business innovation and government regulation for the promotion of electric vehicle use: lessons from Shenzhen, China. Journal of Cleaner Production, 134: 371-383.

Lie M, Sørensen K H. 1996. Making Technology Our Own?: Domesticating Technology into Everyday Life. Oslo: Scandinavian University Press.

Liu K-C. 1962. Anglo-American Steamship Rivalry in China, 1862-1874. Cambridge: Harvard University Press.

Lo K. 2014. A critical review of China's rapidly developing renewable energy and energy efficiency policies. Renewable and Sustainable Energy Reviews, 29: 508-516.

Lockwood M, Kuzemko C, Mitchell C, et al. 2017. Historical institutionalism and the politics of sustainable energy transitions: a research agenda. Environment and Planning C: Politics and Space, 35(2): 312-333.

Loorbach D. 2007. Transition Management: New Mode of Governance for Sustainable Development. Rotterdam: International Books.

Loorbach D. 2010. Transition management for sustainable development: a prescriptive, complexity-based governance framework. Governance, 23(1): 161-183.

Lubbock B. 1933. The Opium Clippers. Glasgow: Brown, Son & Ferguson.

Lundvall B Å. 1988. Innovation as an interactive process: from user producer interaction to national systems of innovation//Dosi G, Freeman C, Nelson R, et al. Technical Change and Economic Theory. London: Pinter: 349-369.

Lundvall B Å. 1992. National Systems of Innovation: Toward a Theory of Innovation and Interactive Learning. London: Pinter.

Lundvall B, Joseph K, Chaminade C, et al. 2009. Handbook of Innovation Systems and Developing Countries: Building Domestic Capabilities in a Global Setting. Cheltenham: Edward Elgar: 30.

Lyons G, Goodwin P. 2014. Grow, peak or plateau-the outlook for car travel. https://core.ac.uk/download/pdf/323890217.pdf[2023-03-15].

MacKenzie D A, Wajcman J. 1999. The Social Shaping of Technology. 2nd ed. Philadelphia: Open University Press.

Maddocks M, Rudolph H. 1985. Die Überquerung des Atlantiks. Amsterdam: Time-Life Bücher.

Magnusson T, Berggren C. 2018. Competing innovation systems and the need for redeployment in sustainability transitions. Technological Forecasting and Social Change, 126: 217-230.

Malerba F. 2002. Sectoral systems of innovation and production. Research Policy, 31(2): 247-264.

Mansfield E. 1968. Industrial Research and Technological Innovation. New York: W. W. Norton.

Markard J. 2018. The next phase of the energy transition and its implications for research and policy. Nature Energy, 3(8): 628-633.

Markard J, Hekkert M, Jacobsson S. 2015. The technological innovation systems framework: response to six criticisms. Environmental Innovation and Societal Transitions, 16: 76-86.

Markard J, Hoffmann V H. 2016. Analysis of complementarities: framework and examples from the energy transition. Technological Forecasting and Social Change, 111: 63-75.

Markard J, Raven R, Truffer B. 2012. Sustainability transitions: an emerging field of research and its prospects. Research Policy, 41(6): 955-967.

Markard J, Stadelmann M, Truffer B. 2009. Prospective analysis of technological innovation systems: identifying technological and organizational development options for biogas in Switzerland. Research Policy, 38(4): 655-667.

Markard J, Suter M, Ingold K. 2016b. Socio-technical transitions and policy change — advocacy coalitions in Swiss energy policy. Environmental Innovation and Societal Transitions, 18: 215-237.

Markard J, Truffer B. 2008. Technological innovation systems and the multi-level perspective: towards an integrated framework. Research Policy, 37(4): 596-615.

Markard J, Wirth S, Truffer B. 2016a. Institutional dynamics and technology legitimacy — a framework and a case study on biogas technology. Research Policy, 45(1): 330-344.

Martin B R. 2013. Innovation studies: an emerging agenda//Fagerberg J, Martin B R, Andersen E S. Innovation Studies: Evolution & Future Challenges. Oxford: Oxford University Press: 168-186.

Mazzucato M. 2013. The Entrepreneurial State: Debunking Public vs. Private Sector Myths. Revised edition. London, New York: Anthem Press.

McEwan C. 2017. Spatial processes and politics of renewable energy transition: land, zones and frictions in South Africa. Political Geography, 56: 1-12.

McFarlane C, Rutherford J. 2008. Political Infrastructures: Governing and Experiencing the Fabric of the City. International Journal of Urban and Regional Research, 32(2), 363-374.

McGregor J. 2010. China's drive for "indigenous innovation": a web of industrial policies. https: //jamesmcgregor-inc. com/books/chinas-drive-for-indigenous-innovation-a-web-of-industrial-policies/[2023-03-15].

McMeekin A, Southerton D. 2012. Sustainability transitions and final consumption: practices and socio-technical systems. Technology Analysis & Strategic Management, 24(4): 345-361.

Meadowcroft J. 2005. Environmental political economy, technological transitions and the state. New Political Economy, 10(4): 479-498.

Meadowcroft J. 2007. Who is in charge here? Governance for sustainable development in a complex world. Journal of Environmental Policy & Planning, 9(3-4): 299-314.

Meadowcroft J. 2009. What about the politics? Sustainable development, transition management, and long term energy transitions. Policy Sciences, 42(4): 323-340.

Meadowcroft J. 2011. Engaging with the politics of sustainability transitions. Environmental Innovation and Societal Transitions, 1(1): 70-75.

Meadows D H, Randers J, Meadows D L. 2004. The Limits to Growth: the 30-year Update. White River Junction, Vt: Chelsea Green Publishing Company.

Meijers A W M, Kroes P A. 2000. Introduction: a discipline in search of its identity//Kroes P, Meijers A W M(ed.). The Empirical Turn in the Philosophy of Technology. London: JAI: XVII-XXXV.

Mertha A. 2009. "Fragmented Authoritarianism 2.0": Political pluralization in the Chinese policy process. The China Quarterly, 200: 995-1012.

Mokyr J. 1992. The Lever of Riches: Technological Creativity and Economic Progress. New York: Oxford University Press.

Mole V, Elliott D. 1987. Enterprising Innovation: an Alternative Approach. London: F. Pinter.

Moss T. 2014. Socio-technical change and the politics of urban infrastructure: managing energy in Berlin between dictatorship and democracy. Urban Studies, 51(7): 1432-1448.

Musiolik J, Markard J. 2011. Creating and shaping innovation systems: formal networks in the innovation system for stationary fuel cells in Germany. Energy Policy, 39(4): 1909-1922.

Musiolik J, Markard J, Hekkert M. 2012. Networks and network resources in technological innovation systems: towards a conceptual framework for system building. Technological Forecasting and Social Change, 79(6): 1032-1048.

Negro S O, Suurs R A A, Hekkert M P. 2008. The bumpy road of biomass gasification in the Netherlands: explaining the rise and fall of an emerging innovation system. Technological Forecasting and Social Change, 75(1): 57-77.

Nelson R R, Winter S G. 1985. An Evolutionary Theory of Economic Change: Cambridge: Belknap Press.

Nelson R R, Winter S G. 2004. An Evolutionary Theory of Economic Change. digitally reprinted. Cambridge: The Belknap Press of Harvard University Press.

Nelson R R. 1993. National Innovation Systems: a Comparative Analysis. New York: Oxford University Press.

Nelson R R. 1994. The co-evolution of technology, industrial structure, and supporting institutions. Industrial and Corporate Change, 3(1): 47-63.

Nelson R R. 1995. Recent evolutionary theorizing about economic change. Journal of Economic Literature, 33(1): 48-90.

Nelson R R. 2008. Factors affecting the power of technological paradigms. Industrial and Corporate Change, 17(3): 485-497.

Niosi J, Saviotti P, Bellon B, et al. 1993. National systems of innovation: in search of a workable concept. Technology in Society, 15(2): 207-227.

Nolan P. 2004. Transforming China: Globalization, Transition, and Development. London: Anthem Press.

OECD. 2015. System innovation: synthesis report. Paris.

OICA. 2016. Motorization Rate 2015 — Worldwide. https://www.oica. net/category/vehicles-in-use/[2023-03-11].

Oudshoorn N, Pinch T. 2003. How Users Matter: the Co-Construction of Users and

Technology. Cambridge: The MIT Press.

Papachristos G, Sofianos A, Adamides E. 2013. System interactions in socio-technical transitions: extending the multi-level perspective. Environmental Innovation and Societal Transitions, 7: 53-69.

Partzsch L. 2017. "Power with" and "power to" in environmental politics and the transition to sustainability. Environmental Politics, 26(2): 193-211.

Paterson M. 2007. Automobile Politics: Ecology and Cultural Political Economy. Cambridge, New York: Cambridge University Press.

Patil P G. 2008. Developments in lithium-ion battery technology in the Peoples Republic of China. Argonne: Argonne National Lab.

PBL. 2007. China now no. 1 in CO_2 emissions: USA in second position. https://www.pbl.nl/en/Chinanowno1inCO2emissionsUSAinsecondposition[2023-02-28].

Pearce D W, Markandya A, Barbier E. 1989. Blueprint for a Green Economy. London: Earthscan.

Pedriana N. 2005. Rational choice, structural context, and increasing returns: a strategy for analytic narrative in historical sociology. Sociological Methods & Research, 33(3): 349-382.

Pel B. 2016. Trojan horses in transitions: a dialectical perspective on innovation "capture". Journal of Environmental Policy & Planning, 18(5): 673-691.

Penna C C R, Geels F W. 2012. Multi-dimensional struggles in the greening of industry: a dialectic issue lifecycle model and case study. Technological Forecasting and Social Change, 79(6): 999-1020.

Penna C C R, Geels F W. 2015. Climate change and the slow reorientation of the American car industry (1979-2012): an application and extension of the Dialectic Issue LifeCycle (DILC) model. Research Policy, 44(5): 1029-1048.

Perez C. 2002. Technological Revolutions and Financial Capital: the Dynamics of Bubbles and Golden Ages. Cheltenham: Elgar.

Pettigrew A M. 1997. What is a processual analysis? Scandinavian Journal of Management, 13(4): 337-348.

Pettman R. 2000. Commonsense Constructivism, or, the Making of World Affairs. Armonk: M. E. Sharpe.

Pfaffenberger B. 1992. Social anthropology of technology. Annual Review of Anthropology, 21(1): 491-516.

Pfeffer J, Salancik G R. 1978. The External Control of Organizations: a Resource Dependence Perspective. New York: Harper & Row.

Pistorius C W I, Utterback J M. 1997. Multi-mode interaction among technologies. Research Policy, 26(1): 67-84.

Pitt J C, 1995. On the philosophy of technology, past and future. Society for Philosophy and Technology Quarterly Electronic Journal, 1(1/2): 18-22.

Pitt J C. 1990. In search of a new prometheus//Durbin P T(ed.). Broad and Narrow Interpretations of Philosophy of Technology. Dordrecht: Springer Netherlands: 3-15.

Planko J, Cramer J M, Chappin M M H, et al. 2016. Strategic collective system building to commercialize sustainability innovations. Journal of Cleaner Production, 112: 2328-2341.

Porter M. 1991. Towards a dynamic theory of strategy. Strategic Management Journal, 12: 95-117.

Rajan S C. 2006. Automobility and the liberal disposition. The Sociological Review, 54(1): 113-129.

Rammert W. 1997. New rules of sociological method: rethinking technology studies. The British Journal of Sociology, 48(2): 171.

Raven R. 2007a. Niche accumulation and hybridisation strategies in transition processes towards a sustainable energy system: an assessment of differences and pitfalls. Energy Policy, 35(4): 2390-2400.

Raven R. 2007b. Co-evolution of waste and electricity regimes: multi-regime dynamics in the Netherlands (1969-2003). Energy Policy, 35(4): 2197-2208.

Raven R, Geels F W. 2010. Socio-cognitive evolution in niche development: comparative analysis of biogas development in Denmark and the Netherlands (1973-2004). Technovation, 30(2): 87-99.

Raven R, Kern F, Verhees B, et al. 2016. Niche construction and empowerment through socio-political work. A meta-analysis of six low-carbon technology cases. Environmental Innovation and Societal Transitions, 18: 164-180.

Raven R, Verbong G. 2007. Multi-regime interactions in the Dutch energy sector: the case of combined heat and power technologies in the Netherlands 1970-2000. Technology Analysis & Strategic Management, 19(4): 491-507.

Reckwitz A. 2002. Toward a theory of social practices: a development in culturalist theorizing. European Journal of Social Theory, 5(2): 243-263.

Rip A. 1992. A quasi-evolutionary model of technological development and a cognitive approach to technology policy. RISESST—Rivista di Studi Epistemologici e Sociali Sulla Scienza e la Tecnologia, (2): 69-102.

Rip A. 1995. Introduction of new technology: making use of recent insights from sociolcmgy and economics of technology. Technology Analysis & Strategic Management, 7(4): 417-432.

Rip A. 2000. There's no turn like the empirical turn in the philosophy of technology//Kroes P A, Meijers A W M. The Empirical Turn in the Philosophy of Technology. Greenwich: Elsevier/JAI Press: 3-19.

Rip A. 2006. A co-evolutionary approach to reflexive governance - and its ironies//Voss J P, Bauknecht D, Kemp R. Reflexive Governance for Sustainable Development. Incorporating Unintended Feedback in Societal Problem-Solving. Cheltenham: Edward Elgar: 82-100.

Rip A, Kemp R. 1996. Towards a theory of socio-technical change. Enschede: Mimeo University of Twente.

Rip A, Kemp R. 1998. Technological change//Rayner S, Malone E L. Human Choice and Climate Change: Resources and Technology. Vol.II. Columbus: Battelle Press: 327-399.

Roberts J C D. 2017. Discursive destabilisation of socio-technical regimes: negative storylines and the discursive vulnerability of historical American railroads. Energy Research & Social Science, 31: 86-99.

Rock M, Murphy J T, Rasiah R, et al. 2009. A hard slog, not a leap frog: globalization and sustainability transitions in developing Asia. Technological Forecasting and Social Change, 76(2): 241-254.

Rogers E M. 1995. Diffusion of Innovations. 4th ed. New York: Free Press.

Rogge K S, Johnstone P. 2017. Exploring the role of phase-out policies for low-carbon energy transitions: the case of the German Energiewende. Energy Research & Social Science, 33: 128-137.

Rogge K S, Reichardt K. 2016. Policy mixes for sustainability transitions: an extended concept and framework for analysis. Research Policy, 45 (8): 1620-1635.

Romijn H A, Caniëls M C J. 2011. The Jatropha biofuels sector in Tanzania 2005-2009: evolution towards sustainability? Research Policy, 40 (4): 618-636.

Røpke I. 2009. Theories of practice — new inspiration for ecological economic studies on consumption. Ecological Economics, 68 (10): 2490-2497.

Rosenberg N. 1976. Perspectives on Technology. Cambridge, New York: Cambridge University Press.

Rosenberg N. 1982. Inside the Black Box: Technology and Economics. Cambridge, New York: Cambridge University Press.

Rosenbloom D. 2017. Pathways: an emerging concept for the theory and governance of low-carbon transitions. Global Environmental Change, 43: 37-50.

Rosenkopf L, Tushman M. 1998. The coevolution of community networks and technology: lessons from the flight simulation industry. Industrial and Corporate Change, 7: 311-346.

Rosenthal E. 2008. China increases lead as biggest carbon dioxide emitter. https://www.nytimes.com/2008/06/14/world/asia/14china.html[2023-03-15].

Rotmans J, Kemp R, van Asselt M. 2001. More evolution than revolution: transition management in public policy. Foresight, 3 (1): 15-31.

Rutherford J. 2014. The vicissitudes of energy and climate policy in Stockholm: politics, materiality and transition. Urban Studies, 51 (7): 1449-1470.

Rutherford J, Coutard O. 2014. Urban energy transitions: places, processes and politics of socio-technical change. Urban Studies, 51 (7): 1353-1377.

Rutherford J, Jaglin S. 2015. Introduction to the special issue — urban energy governance: local actions, capacities and politics. Energy Policy, 78: 173-178.

Sandén B A, Hillman K M. 2011. A framework for analysis of multi-mode interaction among technologies with examples from the history of alternative transport fuels in Sweden. Research Policy, 40 (3): 403-414.

Sandow E. 2011. On the Road: Social Aspects of Commuting Long Distances to Work. Umeå, Sweden: Umeå Universitet.

Sayer A. 1992. Method in Social Science: a Realist Approach. London: Routledge.

Schamp E W. 2014. The formation of a new technological trajectory of electric propulsion in the French automobile industry: 12/2014. German Institute of Development and Sustainability (IDOS).

Schot J. 1992. The policy relevance of the quasi-evolutionary model. The case of stimulating clean technologies//Coombs R, Saviotti P, Walsh V. Technological Change and Company Strategies. London: Academic Press: 185-200.

Schot J. 1998. The usefulness of evolutionary models for explaining innovation. The case of the Netherlands in the nineteenth century. History and Technology, 14(3): 173-200.

Schot J. 2016. Confronting the second deep transition through the historical imagination. Technology and Culture, 57(2): 445-456.

Schot J, Geels F W. 2007. Niches in evolutionary theories of technical change. Journal of Evolutionary Economics, 17(5): 605-622.

Schot J, Geels F W. 2008. Strategic niche management and sustainable innovation journeys: theory, findings, research agenda, and policy. Technology Analysis & Strategic Management, 20(5): 537-554.

Schot J, Hoogma R, Elzen B. 1994. Strategies for shifting technological systems. Futures, 26(10): 1060-1076.

Schot J, Kanger L, Verbong G. 2016. The roles of users in shaping transitions to new energy systems. Nature Energy, 1(5): 1-7.

Schot J, Steinmueller W E. 2018. Three frames for innovation policy: R&D, systems of innovation and transformative change. Research Policy, 47(9): 1554-1567.

Schuman M, G2 EXPRESSWAY. 2014. Car Ownership has Become a Hallmark of Affluence in China//Time. https://time.com/22845/chinas-road-show/[2023-03-11].

Schumpeter J A. 1934. The Theory of Economic Development: an Inquiry into Profits, Capital, Credit, Interest, and the Business Cycle. Cambridge: Harvard University Press.

Schwanen T, Banister D, Anable J. 2011. Scientific research about climate change mitigation in transport: a critical review. Transportation Research Part A: Policy and Practice, 45(10): 993-1006.

Scoones I, Leach M, Newell P. 2015. The Politics of Green Transformations. London, New York: Routledge.

Scoones I, Leach M, Smith A, et al. 2007. Dynamic Systems and the Challenge of

Sustainability. Brighton: STEPS Centre.

Scott W R. 1995. Institutions and Organizations: Ideas, Interests, and Identities. Los Angeles: SAGE.

Scott W R. 2001. Institutions and Organizations: Ideas, Interests, and Identities. 2nd ed. Los Angeles: SAGE.

Scott W R. 2003. Organizations: Rational, Natural, and Open Systems. 5th ed. Upper Saddle River: Prentice Hall.

Scrase I, Smith A. 2009. The (non-)politics of managing low carbon socio-technical transitions. Environmental Politics, 18(5): 707-726.

Sengers F, Wieczorek A J, Raven R. 2019. Experimenting for sustainability transitions: a systematic literature review. Technological Forecasting and Social Change, 145: 153-164.

Seo M G, Creed W E D. 2002. Institutional contradictions, praxis, and institutional change: a dialectical perspective. The Academy of Management Review, 27(2): 222.

Seyfang G, Haxeltine A. 2012. Growing grassroots innovations: exploring the role of community-based initiatives in governing sustainable energy transitions. Environment and Planning C: Government and Policy, 30(3): 381-400.

Seyfang G, Smith A. 2007. Grassroots innovations for sustainable development: towards a new research and policy agenda. Environmental Politics, 16(4): 584-603.

Sheller M, Urry J. 2006. The new mobilities paradigm. Environment and Planning A: Economy and Space, 38(2): 207-226.

Shove E. 2003. Comfort, Cleanliness and Convenience: the Social Organization of Normality. Oxford: Berg.

Shove E, Pantzar M, Watson M. 2012. The Dynamics of Social Practice: Everyday Life and How It Changes. Los Angeles: SAGE.

Shove E, Walker G. 2007. Caution! transitions ahead: politics, practice, and sustainable transition management. Environment and Planning A: Economy and Space, 39(4): 763-770.

Shove E, Walker G. 2010. Governing transitions in the sustainability of everyday life. Research Policy, 39(4): 471-476.

Smith A. 2006. Green niches in sustainable development: the case of organic food in the

United Kingdom. Environment and Planning C: Government and Policy, 24(3): 439-458.

Smith A. 2007. Translating sustainabilities between green niches and socio-technical regimes. Technology Analysis & Strategic Management, 19(4): 427-450.

Smith A. 2012. Civil society in sustainable energy transitions//Verbong G, Loorbach D. Governing the Energy Transition: Reality, Illusion or Necessity? New York: Routledge: 180-202.

Smith A, Kern F. 2009. The transitions storyline in Dutch environmental policy. Environmental Politics, 18(1): 78-98.

Smith A, Kern F, Raven R, et al. 2014. Spaces for sustainable innovation: solar photovoltaic electricity in the UK. Technological Forecasting and Social Change, 81: 115-130.

Smith A, Raven R. 2012. What is protective space? Reconsidering niches in transitions to sustainability. Research Policy, 41(6): 1025-1036.

Smith A, Stirling A. 2007. Moving outside or inside? objectification and reflexivity in the governance of socio-technical systems. Journal of Environmental Policy & Planning, 9(3-4): 351-373.

Smith A, Stirling A. 2010. The Politics of social-ecological resilience and sustainable socio-technical transitions. Ecology and Society, 15(1): 11.

Smith A, StirlingA, Berkhout F. 2005. The governance of sustainable socio-technical transitions. Research Policy, 34(10): 1491-1510.

Smith A, Voß J P, Grin J. 2010. Innovation studies and sustainability transitions: the allure of the multi-level perspective and its challenges. Research Policy, 39(4): 435-448.

Smith E C, Cowan P J. 1938. A Short History of Naval and Marine Engineering. Cambridge: Cambridge University Press.

Sovacool B K. 2016. How long will it take? Conceptualizing the temporal dynamics of energy transitions. Energy Research & Social Science, 13: 202-215.

Späth P, Rohracher H. 2010. "Energy regions": the transformative power of regional discourses on socio-technical futures. Research Policy, 39(4): 449-458.

Sperling D, Gordon D. 2009. Two Billion Cars: Driving Toward Sustainability. Oxford, New York: Oxford University Press.

Stegmaier P, Kuhlmann S, Visser V R. 2014. The discontinuation of socio-technical systems as a governance problem//Borras S, Edler J. The Governance of Socio-Technical Systems: Explaining Change. London: Edward Elgar: 111-131.

Steward F. 2012. Transformative innovation policy to meet the challenge of climate change: sociotechnical networks aligned with consumption and end-use as new transition arenas for a low-carbon society or green economy. Technology Analysis & Strategic Management, 24(4): 331-343.

Stirling A. 1999. The appraisal of sustainability: some problems and possible responses. Local Environment, 4(2): 111-135.

Stirling A. 2006. Precaution, foresight and sustainability: reflection and reflexivity in the governance of science and technology//Voss J P, Bauknecht D, Kemp R. Reflexive Governance for Sustainable Development. Cheltenham: Edward Elgar: 225-272.

Stirling A. 2008. "Opening up" and "closing down": power, participation, and pluralism in the social appraisal of technology. Science, Technology, & Human Values, 33(2): 262-294.

Stump D J. 2000. Socially constructed technology. Inquiry, 43(2): 217-224.

Suchman M C. 1995. Managing legitimacy: strategic and institutional approaches. The Academy of Management Review, 20(3): 571-610.

Summerton J. 1994. Changing Large Technical Systems. Boulder: Westview Press.

Swilling M, Musango J, Wakeford J. 2016. Developmental states and sustainability transitions: prospects of a just transition in South Africa. Journal of Environmental Policy & Planning, 18(5): 650-672.

Tillemann L. 2015. The Great Race: the Global Quest for the Car of the Future. New York: London: Simon & Schuster.

Tolbert P S, Zucker L G. 1983. Institutional sources of change in the formal structure of organizations: the diffusion of civil service reform, 1880-1935. Administrative Science Quarterly, 28(1): 22-39.

Transport (LCSTR), China & Mongolia Sustainable Dev (EASCS). 2011. The China new energy vehicles program: challenges and opportunities. https://documents.shihang.org/zh/publication/documents-reports/documentdetail/333531468216944327/The-China-new-energy-vehicles-program-challenges-and-opportunities[2023-03-15].

Truffer B. 2008. Society, technology, and region: contributions from the social study of technology to economic geography. Environment and Planning A: Economy and Space, 40(4): 966-985.

Truffer B, Coenen L. 2012. Environmental innovation and sustainability transitions in regional studies. Regional Studies, 46(1): 1-21.

Truffer B, Murphy J T, Raven R. 2015. The geography of sustainability transitions: contours of an emerging theme. Environmental Innovation and Societal Transitions, 17: 63-72.

TSPORT100. 2012. Chinese probe clears BYD electric battery in deadly accident. http://www.electric-vehiclenews.com/2012/08/chinese-probe-clears-byd-electric.html[2023-03-11].

Turnheim B, Geels F W. 2012. Regime destabilisation as the flipside of energy transitions: lessons from the history of the British coal industry (1913-1997). Energy Policy, 50: 35-49.

Tushman M L, Anderson P. 1986. Technological discontinuities and organizational environments. Administrative Science Quarterly, 31(3): 439-465.

Tyfield D. 2013. Transportation and low carbon development//Frauke U, JohanN. Low Carbon Development. London: Routledge.

Tyfield D. 2014a. Putting the power in "Socio-Technical Regimes" — e-mobility transition in China as political process. Mobilities, 9(4): 585-603.

Tyfield D. 2014b. Complexity, knowledge politics and the remaking of class: response to levins. International Critical Thought, 4(2): 241-254.

Tyfield D. 2014c. Tesla-Unicom deal ignites new possibilities in China's EV market. https://chinadialogue.net/en/business/7418-tesla-unicom-deal-ignites-new-possibilities-in-china-s-ev-market/[2023-03-11].

Tyfield D, Ely A, Urban F, et al. 2015. Low-Carbon Innovation in China: Prospects, Politics and Practices. Vol. 69. Brighton: STEPS Centre.

Tyfield D, Zuev D. 2016. Case study 5: low carbon mobility transitions in China//HighaM J, Hopkins D. Handbook of Low Carbon Mobility Transitions. Oxford: Goodfellow Publishers: 247-255.

United Nations. 2017. Take action for the sustainable development goals. https://www.un.org/sustainabledevelopment/sustainable-development-goals/[2023-03-06].

Unruh G C. 2000. Understanding carbon lock-in. Energy Policy, 28(12): 817-830.

Unruh G C. 2002. Escaping carbon lock-in. Energy Policy, 30(4): 317-325.

Urry J. 2011. Climate Change and Society. Cambridge, Malden: Polity Press.

Urry J. 2013. Societies Beyond Oil: Oil Dregs and Social Futures. London, New York: Zed Books.

van de Ven A H, Garud R. 1994. The coevolution of technical and institutional events in the development of an innovation//Baum J A, Singh J V. Evolutionary Dynamics of Organizations. Oxford: Oxford University Press: 425-443.

van den Belt H, Rip A. 1987. The Nelson-Winter-Dosi model and synthetic dye chemistry//Bijker W E, Hughes T P, Pinch T(eds.). The Social Construction of Technological Systems: New Directions in the Sociology and History of Technology. Cambridge: The MIT Press: 135-158.

van den Ende J, Kemp R. 1999. Technological transformations in history: how the computer regime grew out of existing computing regimes. Research Policy, 28(8): 833-851.

van der Brugge R, van Raak R. 2007. Facing the adaptive management challenge: insights from transition management. Ecology and Society, 12(2): 33.

van Driel H, Schot J. 2005. Radical innovation as a multilevel process: introducing floating grain elevators in the port of rotterdam. Technology and Culture, 46(1): 51-76.

van Lente H, Spitters C, Peine A. 2013. Comparing technological hype cycles: towards a theory. Technological Forecasting and Social Change, 80(8): 1615-1628.

Verbong G, Geels F W, Raven R. 2008. Multi-niche analysis of dynamics and policies in Dutch renewable energy innovation journeys (1970-2006): hype-cycles, closed networks and technology-focused learning. Technology Analysis & Strategic Management, 20(5): 555-573.

Verhees B, Raven R, Veraart F, et al. 2013. The development of solar PV in the Netherlands: a case of survival in unfriendly contexts. Renewable and Sustainable Energy Reviews, 19: 275-289.

Vernay A L, Mulder K F, Kamp L M, et al. 2013. Exploring the socio-technical dynamics of systems integration — the case of sewage gas for transport in Stockholm, Sweden. Journal of Cleaner Production, 44: 190-199.

Ville S. 1990. Transport and the Development of the European Economy, 1750-1918. London: Palgrave Macmillan.

von Hippel E. 1988. The Sources of Innovation. New York: Oxford University Press.

von Tunzelmann N, Malerba F, Nightingale P, et al. 2008. Technological paradigms: past, present and future. Industrial and Corporate Change, 17(3): 467-484.

Walker W. 2000. Entrapment in large technology systems: institutional commitment and power relations. Research Policy, 29(7-8): 833-846.

Wallerstein I. 1974. The rise and future demise of the world capitalist system: concepts for comparative analysis. Comparative Studies in Society and History, 16(4): 387-415.

Wang H, Kimble C. 2013. Innovation and leapfrogging in the Chinese automobile industry: examples from geely, BYD, and Shifeng. Global Business and Organizational Excellence, 32(6): 6-17.

Wang J. 2008. Brand new China: advertising, media, and commercial culture. Cambridge, London: Harvard University Press.

Wang T. 2013. China's New Electric Vehicle Policies. https://carnegieendowment.org/2014/09/12/china-s-new-electric-vehicle-policies-pub-56602[2023-03-15]

Weber K M, Rohracher H. 2012. Legitimizing research, technology and innovation policies for transformative change. Research Policy, 41(6): 1037-1047.

Weber M, Hemmelskamp J. 2005. Towards Environmental Innovation Systems. Berlin, New York: Springer.

Weber M, Schot J, Hoogma R, et al. 1999. Experimenting with Sustainable Transport Innovations. Enschede: University of Twente.

Westphal J D, Gulati R, Shortell S M. 1997. Customization or conformity? An institutional and network perspective on the content and consequences of TQM adoption. Administrative Science Quarterly, 42(2): 366-394.

Wieczorek A J, Hekkert M P, Coenen L, et al. 2015. Broadening the national focus in technological innovation system analysis: the case of offshore wind. Environmental Innovation and Societal Transitions, 14: 128-148.

Williams R, Edge D. 1996. The social shaping of technology. Research Policy, 25(6): 865-899.

Winebrake J, Rothenberg S, Luo J, et al. 2008. Automotive transportation in China: technology, policy, market dynamics, and sustainability. International Journal of Sustainable Transportation, 2(4): 213-233.

Wirth S, Markard J, Truffer B, et al. 2013. Informal institutions matter: professional culture and the development of biogas technology. Environmental Innovation and Societal Transitions, 8: 20-41.

Wodrig S. 2018. New subjects in the politics of energy transition? Reactivating the northern German oil and gas infrastructure. Environmental Politics, 27 (1): 69-88.

Wu Z, Tang J, Wang D. 2016. Low carbon urban transitioning in Shenzhen: a multi-level environmental governance perspective. Sustainability, 8 (8): 720.

Yan Y. 2010. The Chinese path to individualization: the Chinese path to individualization. The British Journal of Sociology, 61 (3): 489-512.

Yang C. 2012. Restructuring the export-oriented industrialization in the Pearl River Delta, China: institutional evolution and emerging tension. Applied Geography, 32 (1): 143-157.

Yu L. 2014. Consumption in China. Cambridge: Polity.

Zavoretti R. 2016. Rural Origins, City Lives: Class and Place in Contemporary China. Seattle: University of Washington Press.

Zhao L, Gallagher K S. 2007. Research, development, demonstration, and early deployment policies for advanced-coal technology in China. Energy Policy, 35 (12): 6467-6477.

Zhao Y. 2010. China's pursuits of indigenous innovations in information technology developments: hopes, follies and uncertainties. Chinese Journal of Communication, 3 (3): 266-289.

Zheng J, Mehndiratta S, Guo J Y, et al. 2011. Strategic policies and demonstration program of electric vehicle in China. Transport Policy, 19: 17-25.

Zheng J, Mehndiratta S, Guo J Y, et al. 2012. Strategic policies and demonstration program of electric vehicle in China. Transport Policy, 19 (1): 17-25.

Zhou X, Qin C. 2010. Globalization, social transformation, and the construction of China's middle class//Cheng L. China's Emerging Middle Class. Washington, D.C.: Brookings Institution Press: 84-103.

Zimmerman M, Zeitz G. 2002. Beyond survival: achieving new venture growth by building legitimacy. Academy of Management Review, 27 (3): 414-431.